《资本论》的再现

王庆丰 著

REPRESENTATION
OF
DAS KAPITAL

本书为国家社会科学基金重大项目"《资本论》哲学思想的当代阐释"（12&ZD107）、教育部基地重大项目"《资本论》与当代社会发展道路研究"（14JJD720003）、教育部新世纪优秀人才支持计划项目"历史唯物主义与中国发展道路研究"（NCET-13-0249）的阶段性研究成果

目录

导言：《资本论》的重新激活 // · 1
    一、文本 // · 3
    二、思想 // · 6
    三、现实 // · 10

第一论题 ｜ 《资本论》哲学思想的解读模式

第一章　何谓政治经济学批判——柯尔施解读《资本论》的
        核心议题 // · 3
    一、政治经济学批判的革命性立场 // · 4
    二、政治经济学的前提批判 // · 9
    三、政治经济学批判的核心 // · 14
第二章　具体历史实践的"奥德赛"——科西克对《资本论》
        的"具体的总体"式解读 // · 19
    一、如何解读《资本论》// · 20

二、《资本论》的具体总体性 // ·24

三、实践的奥德赛 // ·28

第三章　对《资本论》的三个诘难——雷蒙·阿隆解读
　　　　马克思《资本论》的启示及意义 // ·35

一、对总体理论的诘难 // ·36

二、对剩余价值学说的诘难 // ·40

三、对历史唯物主义的诘难 // ·43

四、对雷蒙·阿隆诘难的回应 // ·46

第四章　如何再现《资本论》——詹姆逊的《资本论》解读 // ·50

一、《资本论》的方法论 // ·52

二、《资本论》再现的核心 // ·57

三、《资本论》的政治后果 // ·61

第五章　重释剩余价值理论——马克思《资本论》的柄谷行人解读 // ·67

一、《资本论》的哥白尼转向 // ·68

二、剩余价值产生的根源 // ·72

三、革命主体的转换 // ·76

第二论题 | 《资本论》哲学思想的深度阐释

第六章　马克思的《资本论》与古典政治经济学 // ·85

一、《资本论》与古典政治经济学的界限 // ·87

二、《资本论》科学术语的革命 // ·92

三、《资本论》的存在论超越 // ·97

第七章　重思马克思对黑格尔辩证法的"颠倒" // ·103

一、颠倒与翻转 // ·104

二、颠倒与转向 // ·109

三、颠倒与退回 // ·113

第八章 欲望形而上学批判——《资本论》的形上意义 // ·119

一、欲望与历史形成的需要 // ·120

二、欲望形而上学何以可能 // ·124

三、《资本论》与欲望形而上学批判 // ·128

第九章 《资本论》与哲学的未来 // ·134

一、《资本论》与马克思的新哲学 // ·134

二、《资本论》与我们时代的哲学 // ·140

三、《资本论》的存在论道路 // ·145

第十章 存在的澄明与人类的解放——海德格尔与马克思的存在论思想之比较 // ·152

一、存在的意义与存在的样态 // ·153

二、现象学与辩证法 // ·155

三、此在与实践 // ·158

四、澄明之境与共产主义 // ·160

第三论题 《资本论》哲学思想的当代意义

第十一章 马克思关于资本主义社会的三个隐喻 // ·167

一、"机械怪物" // ·167

二、"吸血鬼" // ·171

三、"魔术师" // ·175

四、问题及其他 // ·179

第十二章 历史唯物主义与中国问题 // ·183

一、为什么是历史唯物主义 // ·183

二、经济发展的三个悖论与中国问题 // ·188

三、社会主义对资本力量 // ·195

第十三章　金融资本批判——马克思资本理论的当代效应
　　　　及其逻辑理路 // ·200

一、我们时代的资本主义 // ·201

二、金融资本与资本主义危机 // ·205

三、金融资本的本质 // ·209

第十四章　超越资本的文明——"后改革开放时代"的中国道路 // ·215

一、作为现代性的资本主义 // ·216

二、"驯服资本"的精神建制 // ·221

三、"驯服资本"的制度建构 // ·225

第十五章　批判的辩证法与共产主义 // ·231

一、理解共产主义的辩证法立场 // ·231

二、共产主义与资本主义批判 // ·235

三、消灭现存状况的现实运动 // ·239

主要参考文献 // ·245

后　记 // ·257

导言：《资本论》的重新激活

马克思是一个19世纪的人，《资本论》也是关于早期资本主义的"资本论"。"就个人来说，每个人都是他那时代的产儿。哲学也是这样，它是被把握在思想中的它的时代。妄想一种哲学可以超出它那个时代，这与妄想个人可以跳出他的时代，跳出罗陀斯岛，是同样愚蠢的。"① 因此，无论是思想家本人，还是他的著作都无法脱离他那个时代的罗陀斯岛。马克思写作《资本论》的时代已经离我们非常遥远：那是法国大革命的年代，是英国工业革命的年代，是黑格尔哲学的年代，同时也是狄更斯文学作品中所描述的年代。那个年代已经离我们远去，思考那个时代的《资本论》是否也应该被抛进历史的故纸堆。这成为我们今天研究《资本论》所必须思考的首要问题。"为什么要回到马克思，尤其是为什么要回到这部特殊的名为《资本论》的19世纪作品？如果马克思的思想仍然有效，那么我们就不需要重新解读这部著名的、受人膜拜的经典。如果马克思的思想不再有效，那么为什么不提出新的思想，把第一卷中那些熟悉的口号统统送进档案公墓，就像所有曾经正确而现在已经完全过时的科学观点一样？"②

詹姆逊的这一追问促使我们重新审视《资本论》。在人类的历史长河

---

① 黑格尔：《法哲学原理》，范扬、张企泰译，北京：商务印书馆，1996年版，第12页。
② 詹姆逊：《重读〈资本论〉》，胡志国、陈清贵译，北京：中国人民大学出版社，2013年版，第7页。

中,"大多数智力或想像力的创作,经过短的不过饭后一小时,长的达到一个世纪的时间,就永远消失了。但有一些创作却不是这样。它们遭受几度隐没,复又重现"①。我们把人类思想史上那些几度隐没复又重现的著作称之为"伟大的创作"。伟大的创作之所以伟大就在于其具有永恒的人类性价值。任何一种真正的哲学都是"时代精神的精华"和"文明的活的灵魂"。这些伟大的哲学著作在表征时代精神的同时,获得了永恒的人类性的意义。《资本论》正是这样的一部著作,表面上看来它仅仅是对西欧尤其是对英格兰19世纪上半叶社会现状的描述,但它一眼望穿了人类历史的深处。通过《资本论》,马克思不仅揭示了现代资本主义生产方式和它所产生的资产阶级社会的特殊的运动规律,他还发现了人类历史的发展规律。从人的存在方式出发,马克思把资本主义社会定义为"以物的依赖性为基础的人的独立性",亦即我们常说的"人正在受抽象的统治"。也正是在这个意义上,批判资本主义就是消解"物的依赖性"。马克思指出,人类历史发展的目标应该是"建立在个人全面发展和他们共同的、社会的生产能力成为从属于他们的社会财富这一基础上的自由个性"。② 不消解"物的依赖性","人的独立性"是无法发展成"自由个性"的。马克思在存在论的意义上指明了人类历史发展的方向,这就是《资本论》所具有的永恒的人类性价值。即使马克思所寻找到的具体的、现实的人类社会发展道路被现代人遗忘到了历史的角落,但马克思作为一个"道德预言家"将与世长存。

在现时代,《资本论》再现的过程就是将维多利亚时代的早期工业资本主义的符码转换为发达资本主义时代的语言和概念。这一转换的实质就是《资本论》所具有的永恒的人类性价值在现代性语境下的重新激活。为了重新激活《资本论》,我将采取"文本—思想—现实"的再现路径。

---

① 熊彼特:《资本主义、社会主义与民主》,吕良健译,北京:商务印书馆,1999年版,第1页。
② 《马克思恩格斯全集》(第30卷),北京:人民出版社,1995年版,第107—108页。

一、文本

文本研究是重新激活《资本论》的第一步。对任何思想的研究和阐释都离不开文本解读，没有对文本的深入研究，所谓的思想创新就是空中楼阁、人云亦云。对《资本论》的文本研究应当包含对两大类文本的研究：第一大类是对马克思《资本论》及其相关文本的研究。这一部分的文本是马克思本人的经典著作，主要包括《资本论》（第1—3卷）、剩余价值学说史（第1—3卷）、《1857—1858年经济学手稿》、《1861—1863年经济学手稿》、《1863—1865年经济学手稿》、《马克思恩格斯〈资本论〉书信集》以及《1844年经济学哲学手稿》、《德意志意识形态》、《哲学的贫困》等相关早期著作。在关于马克思经典文本的研究过程中，我们对一个问题必须有清醒的认识：那就是早期文本尤其是《1844年经济学哲学手稿》和《资本论》的关系问题。朗兹胡特和迈尔认为，《1844年经济学哲学手稿》"表明马克思的观点已达到了完善的高度。虽然从表面形式上可以看出，手稿不是为发表而写的，而是表现出自己弄清问题的强烈特点，但是这份手稿毕竟是包括马克思思想的整个范围的唯一文献"①。在他们看来，在《1844年经济学哲学手稿》中发现的人道主义的马克思才是"真正的马克思"，而《资本论》则表现出晚年马克思在思想创造力上的衰退和减弱。与这种观点相反，阿尔都塞虽然肯定了《1844年经济学哲学手稿》的出版是一件"了不起的大事"，但他主张我们只能把《手稿》"当作《资本论》的先声，《资本论》的草稿，或《资本论》的草图。这幅草图虽然已初具规模，但毕竟还没有完全画好"。并且《手稿》"依然是哲学的含义，我这里所说的哲学是马克思后来予以彻底否定的那种意义上的哲学"②。阿尔都

---

① 《〈1844年经济学哲学手稿〉研究（文集）》，长沙：湖南人民出版社，1983年版，第285页。
② 阿尔都塞：《保卫马克思》，顾良译，北京：商务印书馆，2006年版，第149页。

塞认为，在马克思的思想发展中存在着一个"认识论断裂"，《资本论》与其早期著作之间是一种"断裂"关系。"断裂"意味着前后两者之间的转换一定是"异质性的"。这意味着，《资本论》和其早期文本《1844年经济学哲学手稿》是两种截然不同的东西。如果说阿尔都塞主张在《资本论》中能够读到马克思"真正的哲学"，那么在其早期文本中，我们所看到的只能是"不成熟的"，甚至是"虚假的"马克思的哲学。这两种观点看似针锋相对，却有一个共同的特征：把马克思的早期文本《1844年经济学哲学手稿》和成熟时期的文本《资本论》对立了起来。在《资本论》中，马克思有一个重要的理论节点就是"劳动力成为商品"。劳动力成为商品意味着什么？一方面，劳动力成为商品是资本得以形成的前提和关键；另一方面，劳动力成为商品所导致的直接后果就是异化劳动。"劳动力成为商品"的真实理论意义就在于这一命题沟通了《1844年经济学哲学手稿》和《资本论》。《资本论》和《手稿》之间虽然存在着诸多重大的差别，但并不存在本质上的断裂。科拉柯夫斯基指出："'异化'这个词在《政治经济学批判大纲》中还经常出现，可是此后在马克思的作品中就不那么常见了，《资本论》里更是极少使用。不过，这是用语的改变，不是内容主旨的改变；因为《资本论》中讲了人的劳动及其产物变得与人不相容的过程，所用的词语清楚表明马克思心里想着《手稿》中叙述的那种现象。"①《资本论》和《手稿》之间并不矛盾。研究《资本论》，我们需要不断地回溯到《1844年经济学哲学手稿》，只有回溯到《手稿》，我们才能更加清晰透彻地理解《资本论》的理论旨趣，而不至于迷失在《资本论》中的事实材料里。

第二大类是对《资本论》哲学思想解读史的研究，亦即对解读《资本论》的文本进行研究。《资本论》的历史就是《资本论》的解读史，每个

---

① 科拉柯夫斯基：《马克思主义的主流》（一），马元德译，台北：远流出版事业股份有限公司，1992年版，第307页。

时代的人们都强调同一文本的不同方面，赋予某些方面特殊的重要性，从而揭示出它的不同意义。马克思去世之后，如何解读《资本论》就一直是马克思主义研究的核心问题之一，形成了不胜枚举的研究性文本。这些著作主要包括：（1）马克思主义经典作家对《资本论》哲学思想的解读。恩格斯对《资本论》哲学思想的解读，重点在三个方面：一是恩格斯在某种意义上参与了马克思《资本论》的写作，并整理出版了《资本论》的第二卷和第三卷。在与马克思共同完成的《资本论》创作过程中，恩格斯独特的理论贡献是什么？二是恩格斯的《反杜林论》对《资本论》哲学思想的阐释和发展；三是恩格斯晚年关于历史唯物主义通信与《资本论》的关系。列宁对《资本论》哲学思想的解读，重点有三：一是列宁的《帝国主义论》与《资本论》的理论传承发展关系；二是列宁的《哲学笔记》对《资本论》的理论实质与方法的深刻阐释；三是列宁的《俄国资本主义的发展》将《资本论》所阐释的资本主义生产方式理论运用于具体社会形态的重要尝试的研究。（2）恩格斯之后以第二国际理论家为核心的对《资本论》思想的宣传和拓展。重点研究对象为：考茨基的《马克思的经济学说》对《资本论》的解读，希法亭的《金融资本》将《资本论》理论应用于金融领域的尝试，卢森堡的《资本积累论》对《资本论》思想的创造性发展，梅林和普列汉诺夫等对《资本论》哲学思想的阐释等。（3）苏联学者对《资本论》哲学思想的解读。重点是凯德洛夫、柯普宁及弗罗洛夫等关于《资本论》的辩证法和历史唯物主义的理解。（4）20世纪西方马克思主义学者对《资本论》哲学思想的解读。重点包括：一是卢卡奇的《历史与阶级意识》和《关于社会存在的本体论》中有关《资本论》哲学思想的理解；二是阿尔都塞的《读〈资本论〉》中关于《资本论》哲学思想的重要阐释，尤其是关于《资本论》对象及其理论性质的研究；三是东欧新马克思主义科西克等关于马克思人道主义思想与《资本论》关系的理解；四是英国"分析马克思主义"柯亨等围绕剥削问题、社会正义问题等对《资本论》哲学思想的新理解；五是20世纪80年代以后西方的左翼学者结合晚期资本主义最新发展对《资本论》的一些新的解读，如梅扎罗斯、施韦卡特、大卫·哈维、詹姆逊、雅各·比岱、克林尼克斯等人对《资本论》的研究。（5）日本学者望月清司、柄谷行人、见田石介、宫川彰、内田弘等人对《资本论》的研究。（6）中国学者关于《资本论》哲学思想的解读。长期以来由于马克思主义在中国所占据的意识形态地位，《资本论》一直是中国学术界关注的焦点之一，但仅限于经济学界，哲学界更看重马克思早期哲学意味比较浓厚的《1844年经济学哲学手稿》、《德意志意识形态》、《神圣家族》等。哲学界对《资本论》关心者寥寥，并且从来都是把《资本论》仅仅当做一本经济学著作，研究其中的哲学思想，而不是把《资本论》当作哲学著作去看待。《资本论》很少受到中国哲学界的关注，但是这一情况在本世纪初得到很大改观，涌现出一大批相当有学术分量的著作和论文。

二、思想

重新激活《资本论》的第二步是思想。文本研究的目的并不是单纯的训诂和考证，而是为了出思想。学问家和思想家并不是互相排斥的，而是统一的。思想必须建立在坚实的学术研究之上，才能言之有物、言之成理，否则就是胡思乱想。恩格斯所谓的哲学"是建立在通晓思维的历史和成就的基础上的理论思维"讲的就是这个道理。学问家如果不推出自己的思想，做出自己的理论创见，所谓的学问永远是"小学"，而其人充其量也只是学术工匠而已。

如何通过文本研究形成我们自己关于《资本论》的思想呢？在研究《资本论》哲学思想解读史的过程中，我们可以发现，自卢卡奇开始西方马克思主义逐渐形成了两条解读马克思的思路：人本主义的马克思主义和科学主义的马克思主义。这两种解读各执一端、针锋相对。虽然分别把马克思主义的人本主义倾向和科学主义倾向非常系统地揭示了出来,但同时也造成了对马克思思想取向的割裂。因此,无论是人本学的马克思主义,还是科学主义的马克思主义都是对马克思的误解。如果把马克思整个思想的发展看成是一个过程或总体的话,我们就绝对不能排斥掉早期《1844年经济学哲学手稿》所展现的人本主义,也不能排斥掉《资本论》所侧重的科学主义,应该从两者相统一的视角去解读《资本论》。用马克思的话来说,就是要从"揭露人在非神圣形象中的异化"和"现实的人及其历史发展的科学"相统一的角度去解读《资本论》。《资本论》也正是在两者相统一的意义上构建了马克思的"新哲学"。

马克思在《〈黑格尔法哲学批判〉导言》中指出,"真理的彼岸世界消逝以后,历史的任务就是确立此岸世界的真理。人的自我异化的神圣形象被揭穿以后,揭露具有非神圣形象的自我异化,就成了为历史服务的哲学的迫切任务。于是,对天国的批判变成对尘世的批判,对宗教的批判变成对法的批判,对神学的批判变成对政治的批判。"[①] 相对于传统哲学而言,马克思把现代哲学的任务定位为"揭露人在非神圣形象中的异化"。马克思的这一定位绝对是从存在论的意义上得出的,从而奠定了整个马克思哲学的理论旨趣。但是,马克思并不仅仅想揭示人类的这种"异化"的生存状况,还想揭露这种异化的根源,并且找到扬弃这种异化的现实道路。马克思把共产主义理解为异化的扬弃,理解为人向人的本性的复归。《资本论》中的大部分概念虽然在《1844年经济学哲学手稿》中都已出场,但都是在存在论的意义上进行规定的。因此,人本学的马克思主义以马克思《1844年经济学哲学手稿》为文本和理论依据,从而将马克思理解为一个抽象的人道主义者,也就不奇怪了。这种人本主义的价值取向是马克思哲学的本质性特征之一,不应该遭到拒斥和否定。

---

① 《马克思恩格斯文集》(第1卷),北京:人民出版社,2009年版,第4页。

到了1846年的《德意志意识形态》，马克思通过批判青年黑格尔派开始彻底清算黑格尔的"思辨哲学"，试图构建"真正的历史发展的科学"。马克思恩格斯指出："在思辨终止的地方，在现实生活面前，正是描述人们实践活动和实际发展过程的真正的实证科学开始的地方。关于意识的空话将终止，它们一定会被真正的知识所代替。对现实的描述会使独立的哲学失去生存环境，能够取而代之的充其量不过是从对人类历史发展的考察中抽象出来的最一般的结果的概括。这些抽象本身离开了现实的历史就没有任何价值。"① 终止黑格尔思辨哲学之后，马克思重新建立起来的新哲学是"真正的实证科学"。这种"真正的实证科学"并不是"经验科学意义上"的实证科学。它是以"现实的个人"为出发点的马克思的新世界观——"历史唯物主义"。历史唯物主义的出发点是"现实的个人"，而不是"抽象的个人"。马克思恩格斯提出，"我们开始要谈的前提不是任意提出的，不是教条，而是一些只有在想象中才能撇开的现实前提。这是一些现实的个人，是他们的活动和他们的物质生活条件，包括他们已有的和由他们自己的活动创造出来的物质生活条件。"② 在马克思看来，"人们的存在就是他们的现实生活过程"。因此，从"现实的个人"的活动和物质生活条件出发对"现实生活过程"的揭示，就是在破解"存在的秘密"。马克思把在"理性具体"的意义上所揭示的"现实生活过程"称为"现实的历史"。恩格斯在《路德维希·费尔巴哈和德国古典哲学的终结》中，又非常明确地对马克思主义哲学做出这样的论断："关于现实的人及其历史发展的科学"。③

"揭露人在非神圣形象中的异化"和"现实的人及其历史发展的科学"构成了马克思主义的理论目标，也成为我们解读《资本论》的方法论原则。阿尔都塞把《资本论》和其早期文本对立起来，实际上就是把马克思

---

① 《马克思恩格斯文集》（第1卷），北京：人民出版社，2009年版，第526页。
② 《马克思恩格斯选集》（第1卷），北京：商务印书馆，1995年版，第66—67页。
③ 《马克思恩格斯选集》（第4卷），北京：商务印书馆，1995年版，第241页。

"揭露人在非神圣形象中的异化"的人本主义取向和"现实的人及其历史发展的科学"的科学主义取向割裂开来。排斥科学主义的人本主义的马克思主义最终陷入的是抽象的人道主义,阿尔都塞批判人本学的马克思主义也是由于认识到了这一点,但是阿尔都塞完全拒斥和不顾马克思的人本主义追求,而试图将马克思主义恢复到纯粹的科学主义,这是走向了另外一个极端。雷蒙·阿隆批评萨特和阿尔都塞对马克思的解读,是从"一个神圣家族到另一个神圣家族",这种评价是极其到位的。马克思在批判孔德和斯宾塞的实证主义社会学的时候,就已经指出纯粹的、客观的没有任何价值预设的社会科学是不存在的。真正的社会科学必然是由价值取向的,没有价值取向的社会科学是对时代问题的回避。问题是时代的呼声,马克思主义正是在对早期资本主义问题回应的基础上形成的,是真正的无产阶级的社会科学。

《资本论》正是在"揭露人在非神圣形象中的自我异化"与"现实的人及其历史发展的科学"统一的意义上,构建了马克思的新哲学。一方面,马克思通过"商品拜物教"、"货币拜物教"、"资本拜物教"等三大拜物教,揭露了资本主义社会条件下人的异化的生活状态,提出了人类自由解放的价值理想;另一方面马克思揭示了资本主义社会经济运动的逻辑,论证了资本主义社会必然走向共产主义社会的历史发展规律。雷蒙·阿隆从剩余价值理论的视角揭示了《资本论》的这一特征。他指出:"剩余价值的理论具有科学的和道义的两种作用。这两种因素结合在一起使马克思主义具有一种无与伦比的威力。"[①] 由于不了解《资本论》的这种统一性,在《资本论》的解读史上,就出现了一种奇怪的现象。一些解读者企图把《资本论》解读成同传统哲学一样的哲学文本,消解掉《资本论》中的经济学内容。而另一些解读者则试图排斥掉《资本论》中晦涩的哲学内容,发现一个作为经济学家的马克思。雷蒙·阿隆正视《资本论》的这种

---

① 雷蒙·阿隆:《社会主要思潮》,葛智强、胡秉诚、王沪宁译,上海:上海译文出版社,2013年版,第142页。

奇特结构，但他认为，《资本论》是经验科学和道德判断的混合物，是一个"模棱两可"或"含混不清"的文本。如果不从二者相统一的角度，去理解和把握《资本论》，也就无法理解马克思的新哲学，无法理解马克思在《资本论》中所把握到的独特的存在——"现实的历史"。"《资本论》表明，马克思的人道主义理想与他对现实的描述是不可分割地统一的，马克思对人类解放和人的全面发展的价值追求与他所揭示的人类历史发展规律是不可分割地统一的，马克思的哲学批判与他的政治经济学批判和空想社会主义批判是不可分割地统一的。"①

三、现实

《资本论》激活的真正实现，就是将《资本论》作为退入背景的知识去分析我们时代的现实。因此，在思想中把握现实是《资本论》重新激活的最后一步。相对于马克思所生活的19世纪的资本主义，我们这个时代的资本主义已经发生了翻天覆地的变化。研究19世纪的马克思的《资本论》不应该成为我们的最终目的，我们的最终目的是要撰写新时代的"资本论"。用马克思《资本论》中的立场、观点和方法去分析我们的时代和我们所处的这个世界。为人类的未来探寻一条切实可行的社会发展道路，是我们应当承担的责任和历史使命。

自法国大革命以来，西方社会就开始出现了一种"历史的终结论"思潮。在这种观点看来，资本主义的民主政治制度是人类所能达到的最好的人类社会制度，"历史"终结了。这种思潮逐渐成为西方社会主流的意识形态，并在福山《历史的终结及最后之人》这一著作中被推到了极致。在马克思看来，古典政治经济学从亚当·斯密一直到大卫·李嘉图，他们的研究框架都渗透着对资本主义的非批判性的假定，他们把资本主义制度看

---

① 孙正聿：《"现实的历史"：〈资本论〉的存在论》，载《中国社会科学》，2010年第2期。

做是天经地义的，把资本主义的发展规律看做是自然规律。因此，古典经济学家们并不是没有看到资本主义社会中的矛盾和对立，李嘉图就把阶级利益的对立当做自己研究的出发点，只不过他们天真地把这种对立看做是社会的自然规律。当代西方思想家甚至抹杀了这些对立，并且认为这些对立是马克思费尽心机制造出来的结果，认为马克思的意义仅仅在于指出了放任资本主义的一些致命缺陷，而这些缺陷通过一些根本性的途径加以改革，就是可以克服的。因此，当今西方的新自由主义思潮与古典政治经济学如出一辙，其所做的工作都是在资本主义社会的前提下，对现有制度的修补和完善。马克思《资本论》的研究与这些资本主义的意识形态完全相反。马克思研究资本主义的历史真实性，研究资本主义被取代的可能性，而不是研究资本主义的必然性以及把资本主义当成"历史的终结"。因此，资本主义制度并不是人类的终极的完满状态，而是人类历史发展的一个阶段。"历史同认识一样，永远不会在人类的一种完美的理想状态中最终结束；完美的社会、完美的'国家'是只有在幻想中才能存在的东西；相反，一切依次更替的历史状态都只是人类社会由低级到高级的无穷发展进程中的暂时阶段。"① 把资本主义制度看做"历史上过渡的发展阶段"，维护无产阶级的阶级利益，是马克思《资本论》研究的最根本的理论立场。

马克思在《资本论》中有众多观点，但最为核心或最为根本的观点是他的关于"人类自由解放"的理论旨趣。这一理论旨趣不仅体现在《资本论》中，而且一以贯之在马克思的全部著作中。早在《〈黑格尔法哲学批判〉导言》中，马克思就清楚地表明了自己的立场："对宗教的批判最后归结为人是人的最高本质这样一个学说，从而也归结为这样的绝对命令：必须推翻使人成为被侮辱、被奴役、被遗弃和被蔑视的东西的一切关

---

① 《马克思恩格斯文集》(第4卷)，北京：人民出版社，2009年版，第270页。

系。"① 所谓的"人类的自由解放"就是从被奴役关系当中解放出来。马克思断言：与奴隶制和封建制一样，资本主义是一种奴役和剥削的制度。因此，在我们时代现实性的意义上，这种被奴役的关系指的就是资本主义社会的生产关系。但是，奴役关系在封建社会中是明显的，在奴隶社会中也是明显的。也就是说，未付酬劳动或剩余劳动的事实与比率在这两个社会里是明显可见和公之于众的。但是，在资本主义社会中，对工人的剩余劳动和未付酬劳动的榨取是隐而不显的。马克思《资本论》的重要目的之一就是要揭示这种剩余劳动是如何存在的，以及这种剩余劳动和剩余价值率是如何从人们的视野中消失的。马克思告诉我们："劳动者的奴役状态是产生雇佣工人和资本家的发展过程的起点。这一发展过程就是这种奴役状态的形式变换，就是封建剥削转化为资本主义剥削。"② 马克思击穿了资本主义制度及其意识形态的假象和幻觉，把资本主义社会的奴役关系呈现在世人面前，为推翻资本主义和实现无产阶级革命奠定科学的理论基础。资本主义制度在本质上是一种奴役和剥削制度，人类必须从这种奴役关系中解放出来，这是马克思在《资本论》中最为根本的观点。其他诸如劳动价值论、剩余价值学说、经济危机等观点都是为这一根本性观点服务的。

西方马克思主义伊始，卢卡奇就开始倡导马克思主义者不要把马克思的著作当作"圣书"来解读。在《历史与阶级意识》中，卢卡奇指出："正统马克思主义并不意味着无批判地接受马克思研究的结果。它不是对这个或那个论点的'信仰'，也不是对某本'圣'书的注解。恰恰相反，马克思主义问题中的正统仅仅是指方法。它是这样一种科学的信念，即辩证的马克思主义是正确的研究方法，这种方法只能按其创始人奠定的方向发展、扩大和深化。而且，任何想要克服它或者'改善'它的企图已经而且必将只能导致肤浅化、平庸化和折中主义。"③ 理解马克思的辩证方法的

---

① 《马克思恩格斯文集》（第1卷），北京：人民出版社，2009年版，第11页。
② 《马克思恩格斯文集》（第5卷），北京：人民出版社，2009年版，第823页。
③ 卢卡奇：《历史与阶级意识》，杜章智、任立、燕宏远译，北京：商务印书馆，1999年版，第47—48页。

确是一件非常困难的事情，这一问题必须在和黑格尔的关系当中才能得到澄清。第一，我们必须在黑格尔辩证法的高度上去理解马克思的方法，否则必然导致肤浅和平庸。辩证法的认识不是一种理性的抽象，而是一种内在反思意义上的"理性具体"。黑格尔反对思想的主观任意性，强调思想的客观性，正是在此意义上而言的。在马克思看来，"具体之所以具体，因为它是许多规定的综合，因而是多样性的统一"①。第二，我们必须在批判黑格尔的意义上去理解马克思的方法。马克思在《资本论》中明确指出："辩证法，在其神秘形式上，成了德国的时髦东西，因为它似乎使现存事物显得光彩。辩证法，在其合理形态上，引起资产阶级及其空论主义的代言人的恼怒和恐怖，因为辩证法在对现存事物的肯定的理解中同时包含对现存事物的否定的理解，即对现存事物的必然灭亡的理解；辩证法对每一种既成的形式都是从不断的运动中，因而也是从它的暂时性方面去理解；辩证法不崇拜任何东西，按其本质来说，它是批判的和革命。"②马克思合理形态的辩证法之所以会"引起资产阶级及其空论主义的代言人的恼怒和恐怖"，是因为它要对现存的一切进行无情的批判，它是从"必然灭亡的"或"暂时性方面"去理解资本主义社会。

运用《资本论》去把握现实，就是自觉地以《资本论》中的无产阶级立场、人类自由解放的观点和批判的辩证方法去把握我们的时代。"笼罩在资本主义社会一切现象上的拜物教假象成功地掩盖了现实，而且被掩盖的不仅是现象的历史的，即过渡的、暂时的性质。这种掩盖之所以可能，是因为在资本主义社会中人的环境，尤其是经济范畴，以对象性形式直接地和必然地呈现在他的面前，对象性形式掩盖了它们是人和人之间的关系的范畴这一事实。它们表现为物以及物和物之间的关系。"③马克思《资本论》中的立场、观点和方法是统一的。只有这种辩证方法才能摧毁资本主

---

① 《马克思恩格斯全集》（第30卷），北京：人民出版社，1995年版，第42页。
② 《马克思恩格斯文集》（第5卷），北京：人民出版社，2009年版，第22页。
③ 卢卡奇：《历史与阶级意识》，杜章智、任立、燕宏远译，北京：商务印书馆，1999年版，第64页。

义经济范畴所虚构的永存性，也才能摧毁它们的物化性质，从而为认识资本主义的社会现实廓清了道路。

马克思所生活的时代是19世纪的早期工业资本主义时期。这一时代是一个工厂林立、到处充满着饥饿和贫穷的世界，是一个以数量众多的工人阶级为标志的世界，是一个充满着剥削、压迫、痛苦和不幸的世界。马克思的《资本论》是那个时代的产物，也是对那个时代的描述和洞察。通过阅读那个时代的一些经典文本，无论是哲学著作还是文学名著，我们都能深切地感受到人类在早期资本主义时期所遭受到的苦难。马克思说："资本来到世间，从头到脚，每个毛孔都滴着血和肮脏的东西。"① 马克思的这一论断绝不仅仅是一种文学修辞的夸张说法，而是对维多利亚时代资本主义原始积累的真实描述。"现在的社会不是坚实的结晶体，而是一个能够变化并且经常处于变化过程中的有机体。"② 相对于传统资本主义社会而言，现代资本主义社会已经发生了翻天覆地的变化。由信息技术和网络技术革命、新自由主义意识形态和为国际金融垄断资本服务的国际金融货币体系共同建构的国际金融垄断资本主义，是资本主义在全球化时代的表现形式。如果说工业资本是传统资本主义的主要表现形式，金融资本已经成为现代资本主义的本质性特征。

19世纪末20世纪初，工业资本开始大量的与银行资本结合，真正意义上的金融资本得以形成。金融资本通过对工商业的长期贷款、投资、股票和债券的买卖，从而在事实上操控了工商业，进而成为整个经济生活的基础。金融资本与产业资本的结合，两者之间构成了一种双向依赖的关系。金融资本需要通过对实体经济的投资获得资本的增殖，同时工业生产也需要金融资本的投入和支持，从而实现产业资本的增殖，进而实现社会的扩大再生产。自20世纪70年代以来，西方国家开始产生了"资产证券

---

① 《马克思恩格斯文集》（第5卷），北京：人民出版社，2009年版，第871页。
② 《马克思恩格斯文集》（第5卷），北京：人民出版社，2009年版，第10—13页。

化"浪潮。当今的金融资本已经完全脱离产业资本独立出来了。虽然实体经济还是依赖于金融经济,但金融经济可以脱离和独立于实体经济而运作。这是一种单向度的依赖,即实体经济依赖于金融经济,但后者不必依赖前者。简而言之,金融资本和实体经济之间的关系已经由一种双向度的依赖关系转变为一种单向度的依赖关系。在今天的金融资本主义那里,金融不再是为实体经济融资,而是更多地为自身"融资"。金融机构对贷款或投资给实体经济获得资本增殖已经没有太大的兴趣,而是热衷于金融市场的炒作,用钱来套取更多的钱。也就是在工业资本主义时期,资本还需要通过实体经济才能产生增殖($G-W-G'$),而到了现在的金融资本主义时期,资本自身直接就能增殖($G-G'$)。如今的许多投资银行家是没有国家概念、没有道德底线、也无所谓社会责任的人。金融资本主义已经是不需要传统意义上的"勤劳和努力"等美德了,它的"美德"是"机会主义"。马克思在《共产党宣言》中宣称资本主义"使人和人之间除了赤裸裸的利害关系,除了冷酷无情的'现金交易',就再也没有任何别的联系了"[①]。当代金融业迫使世界上所有一切"货币化"或者"商品化",不管有形的还是无形的,物质的还是非物质的。金融资本把人与人之间的这种物化关系放大到了极致,从而也把"资本拜物教"放大到了极致。

虽然资本主义社会的外部景观发生了全方位的变化,但是其发展的内在逻辑——资本增殖的逻辑却没有丝毫的变化,因为它是和资本主义社会的本性联系在一起的。金融资本只不过是把资本增殖的逻辑"$G-W-G'$"进一步推到了"$G-G'$",从而也就把资本主义社会生产过剩的危机转为金融危机。"资本主义内在逻辑的稳定性,决定了马克思主义对资本主义体制的多数批判时至今日仍有其道理。只有当资本主义体制可以冲破自身的边界,开创一个崭新局面的时候,才能改变这样的状况。但资本主义恰恰

---

① 《马克思恩格斯文集》(第2卷),北京:人民出版社,2009年版,第34页。

没有能力创造一个与现实完全不同的未来"①。资本增殖的逻辑构成了资本主义体制的边界,超越这个边界,意味着资本增殖逻辑的失效,但也同时意味着资本主义的灭亡和一种新型社会形态的到来。"G—G′"的资本增殖模式已经冲破了资本增殖的合理性界限,所产生的只能是财富增殖的幻象,它会把整个资本主义推入到欲望的深渊。"为了理解这个世界以便改变这个世界,马克思绝不仅仅满足于评论它、揭示它;他的思想,他的《资本论》,这道在当时尚未震响的'霹雳',不是一个终点,而是一个起点。"②

---

① 特里·伊格尔顿:《马克思为什么是对的》,李杨、任文科、郑义译,北京:新星出版社,2011年版,第15页。
② 丹尼尔·本赛德:《马克思主义使用说明书的》,李维文译,北京:红旗出版社,2013年版,第209页。

第一论题 《资本论》哲学思想的解读模式

第一章 何谓政治经济学批判
——柯尔施解读《资本论》的核心议题

在柯尔施看来，政治经济学在马克思的全部思想中居于基础性地位。"马克思在从其青年时期一般的革命唯心主义达到更精确地确定他自己理论的和实际的任务之初，就赋予政治经济学对于研究资产阶级社会来说首要的意义。"① 相对于卢卡奇而言，柯尔施不仅阐明了马克思主义如何从德国古典哲学中产生出来，还着重阐释了马克思主义是如何从英国古典政治经济学中产生出来的。柯尔施把马克思的经济学研究分成两个阶段：以《1844年经济学哲学手稿》为标志的早期阶段和以《资本论》为标志的晚期阶段。柯尔施认为马克思早期阶段的经济学研究还没有摆脱哲学的束缚，依旧具有哲学的思辨形式，而《资本论》则已成为真正的经济科学。基于这一判断，柯尔施把自己关于马克思经济学思想的研究主要聚焦于《资本论》。

柯尔施把对《资本论》的解读诉诸对"何谓政治经济学批判"的追问。马克思《资本论》的副标题就是"政治经济学批判"。实际上，马克思原计划就是出版《政治经济学批判》（共包括6个分册）。1859年6月出

---

① 柯尔施：《卡尔·马克思——马克思主义的理论和阶级运动》，熊子云、翁廷真译，重庆：重庆出版社，1993年版，第51页。

版的《政治经济学批判》一书是该计划的第一分册,在写第二分册的时候,马克思改变了原来的计划,决定以《资本论》作为全书的正标题,而把"政治经济学批判"作为副标题。从追问"何谓政治经济学批判"的视角去解读《资本论》是一条合法性路径,符合马克思的本意。并且这种解读有助于将马克思的《资本论》和古典政治经济学在理论本性上严格地区分开来。马克思的《资本论》决非纯粹是从古典政治经济学中推导出来的逻辑结论,政治经济学"批判"意味着《资本论》与古典经济学之间存在着一种差异、断裂和本质上的超越。正是在这个意义上,柯尔施指出:"马克思的《资本论》不仅是(资产阶级)古典经济学最后的伟大著作;它作为贯彻到底的资产阶级经济学的理论同无产阶级对资产阶级经济学的革命批判的结合物,同时也是革命的无产阶级的社会科学的第一部伟大著作。"①

一、政治经济学批判的革命性立场

对于早期的西方马克思主义者来说,重新找回失去的无产阶级革命成为他们最为重要的历史使命。卢卡奇希冀通过对资本主义社会所形成的物化意识形态进行批判,重新唤醒工人阶级的阶级意识。而柯尔施则侧重于论证马克思主义著作的革命性,避免其衰落为没有任何革命结果的纯理论著作。柯尔施将马克思主义的发展分为三个阶段:1843—1848 年为第一个阶段。在这一阶段上,马克思主义是直接建立在现实的无产阶级斗争基础上的无产阶级意识。1848 年到 19 世纪末和 20 世纪初为第二个阶段。在这一阶段上,由于缺乏大规模的无产阶级的革命实践,在马克思的支持者和追随者那里,原来的马克思主义社会理论衰落成为一种没有任何革命结果

---

① 柯尔施:《卡尔·马克思——马克思主义的理论和阶级运动》,熊子云、翁廷真译,重庆:重庆出版社,1993 年版,第 71 页。

的理论批判，马克思主义逐渐丧失了其革命的、批判的本性，这导致马克思主义发生了决定性的危机。在 20 世纪初开始的第三个阶段上，工会改良主义、革命工团主义和布尔什维克主义都企图恢复作为无产阶级斗争理论的马克思主义的"主观方面"，但这种从"主观方面"对马克思主义革命性的恢复，不具有任何科学性和说服力，最后演变为一种强制性的灌输和空洞的说教。柯尔施激烈地反对和批判这种"灌输论"，他要从科学的角度去论证马克思主义理论的革命性以及这种革命理论的正确性。在柯尔施看来，《资本论》"包含了马克思理论的革命核心并从而具有其基础性的与划时代的意义"[1]。正是在这一思想背景下，柯尔施开始去解读和研究马克思的重要著作《资本论》。

从柯尔施早期的著作《马克思主义和哲学》到其后期的《卡尔·马克思——马克思主义的理论和阶级运动》，虽然前者讨论的是"马克思主义和哲学"的关系，后者探讨"马克思主义和现代社会科学"的关系，但是两部著作贯穿着一个共同的理论基点：马克思主义在其理论本性上是革命的、批判的。柯尔施指出："这种革命意志在马克思著作的每一个句子之中都是潜在的——然而是存在的，潜在于每一决定性的章节中，尤其是在《资本论》第一卷中一再地喷发出来。人们只须想一下著名的第二十四章第七节关于资本积累的历史趋势的论述，就足以证明这一点。"[2] 在柯尔施看来，"革命意志"在《资本论》中得到了淋漓尽致的表达。马克思写作《资本论》意味着现代无产阶级已经决心在政治经济学中探索他们遭受压迫的隐蔽根源和求得自身解放的革命道路。

在《〈政治经济学批判〉序言》中，马克思指出："法的关系正像国家的形式一样，既不能从它们本身来理解，也不能从所谓人类精神的一般发展来理解，相反，它们根源于物质的生活关系，这种物质的生活关

---

[1] 柯尔施：《卡尔·马克思——马克思主义的理论和阶级运动》，熊子云、翁廷真译，重庆：重庆出版社，1993 年版，第 76 页。
[2] 柯尔施：《马克思主义和哲学》，王南湜、荣新海译，重庆：重庆出版社，1989 年版，第 25 页。

系的总和，黑格尔按照18世纪的英国人和法国人的先例，概括为'市民社会'，而对市民社会的解剖应该到政治经济学中去寻求。"① 黑格尔和马克思都研究"市民社会"，但两者的对市民社会的解剖却是大不一样的。黑格尔指出，市民社会是在现代世界中形成的，他把市民社会看作是处在家庭和国家之间的差别的阶段，虽然它的形成比国家晚。柯尔施指出，黑格尔《法哲学原理》研究"市民社会"的那一部分，比起这部著作的其余部分显得"卓尔不群"。但是柯尔施接着又批判道，黑格尔"不是独自地从当时极其落后的德国发展状况中获得这种认识，他是现成地从法国的与英国的社会哲学家、政治家和经济学家那里，接受了他的'市民社会'的名称与内容。正如马克思所说，站立在黑格尔后面的是具有对社会结构与运动新的认识的'18世纪的英国人和法国人'"②。柯尔施可谓一针见血地指明了黑格尔"市民社会"研究背后的理论根源。

从黑格尔《法哲学原理》有关"市民社会"的论述中，我们可以发现柯尔施的这一批评（当然也是马克思的观点）是非常正确的。黑格尔认为："在市民社会中，每个人都以自身为目的，其他一切在他看来都是虚无。但是，如果他不同别人发生关系，他就不能达到他的全部目的，因此，其他人便成为特殊的人达到目的的手段。但是特殊目的通过同他人的关系就取得了普遍性的形式，并且在满足他人福利的同时，满足自己。"③ 黑格尔所揭示的市民社会的本质性特征，与亚当·斯密在《国富论》中所阐明的资本主义社会的原则是一致的。《国富论》的出发点是"分工"。在亚当·斯密看来，分工能够形成人与人之间的全面交换，给人们带来许多好处。"每个工人的产出，除了满足自己的需要之外，还有大量的产品可

---

① 《马克思恩格斯文集》（第2卷），北京：人民出版社，2009年版，第591页。
② 柯尔施：《卡尔·马克思——马克思主义的理论和阶级运动》，熊子云、翁廷真译，重庆：重庆出版社，1993年版，第3页。
③ 黑格尔：《法哲学原理》，范扬、张企泰译，北京：商务印书馆，1961年版，第197页。

以自由处理；其他每个工人的处境也都一样，因此能以自己的大量产品，交换大量的产品，或者说，交换其他工人的大量产品。自己大量供应别人所需的物品，而别人也同样大量供应自己所需的物品，于是普遍富裕的状况自然而然地扩散至每个社会阶层。"① 可见，黑格尔和亚当·斯密的关于市民社会本质性论述——人与人之间交换的互利原则——是高度一致的，并且这种自由交换最终能够达到富裕状况，将财富普及到最下层人民。其实马克思早在《1844年经济学哲学手稿》中通过对黑格尔"精神现象学"中"劳动"的分析就已经得出了相同的结论："黑格尔站在现代国民经济学家的立场上。"② 由于黑格尔接受了资产阶级政治经济学家的"市民社会"观念，他的哲学也就不可避免地成为了普鲁士政府的颂扬者和卫道士。

从社会发展的观念上来讲，英国古典政治经济学和马克思的《资本论》之间的区别就在于它们的历史观不同。英国古典政治经济学认为"资本主义社会制度"是人类社会发展史上的终极的、完美的状态。事实上，这一非历史的理论姿态并非英国古典政治经济学所独有，而是所有资产阶级学者们所共同遵循的理论底线。"在这个时代一切有关社会的重要论述（包括卢梭的学说、资产阶级的鲁滨逊小说和在当时产生的资产阶级的整个《政治经济学》科学）所固有的基本缺点，就在于非历史的性质，即它们把资产阶级社会的特殊关系、它的生产方式、它的国家和它的法律，看作是最终达到的、自此在其特征上不可改变的、有无限完善能力的、自然的与合乎理性的社会制度的形式。"③ 于是，以"科学"面目出现的政治经济学便成了政治经济学的形而上学。马克思在《哲学的贫困》的《第七个即最后一个说明》中，尖锐地抨击了资产阶级经济学家所采用的这种非历

---

① 亚当·斯密：《国富论》，谢宗林、李华夏译，北京：中央编译出版社，2011年版，第9页。
② 马克思：《1844年经济学哲学手稿》，北京：人民出版社，2000年版，第101页。
③ 柯尔施：《卡尔·马克思——马克思主义的理论和阶级运动》，熊子云、翁廷真译，重庆：重庆出版社，1993年版，第30页。

史的方法。马克思指出:"经济学家们的论证方式是非常奇怪的。他们认为只有两种制度:一种是人为的,一种是天然的。封建制度是人为的,资产阶级制度是天然的。在这方面,经济学家很像那些把宗教也分为两类的神学家。一切异教都是人们臆造的,而他们自己的宗教则是神的启示。经济学家所以说现存的关系(资产阶级生产关系)是天然的,是想以此说明,这些关系正是使生产财富和发展生产力得以按照自然规律进行的那些关系。因此,这些关系是不受时间影响的自然规律。这是应当永远支配社会的永恒规律。"正是由于经济学家们把资产阶级的社会关系看成了永恒的自然规律。"于是,以前是有历史的,现在再也没有历史了。"①

马克思主义则认为人类社会是一个由低级向高级不断发展的历史过程,资本主义社会也仅仅是人类社会发展史上的一个阶段而已。柯尔施指出:"新的、革命的社会科学首要的基本原则,是对一切社会关系作历史论述的原则。"② 马克思所秉承的正是这样一个原则。他从资产阶级社会的历史特殊性上去理解它的一切制度与关系。马克思在《资本论》中通过分析剩余价值的来源,揭示了资本家和工人之间的对立关系,寻找到了推翻资本主义社会的革命主体——无产阶级。在柯尔施看来,"同实际的社会运动相联系并不是马克思主义理论特有的标志"。"对于马克思理论来说真正的特征仅仅在于:它维护另一个阶级的利益,它以合理的(不是以法西斯主义或纳粹主义荒谬化的)形式意识到并信奉它的阶级性质。"③ 马克思主义的革命性就在于它维护的是无产阶级的利益。"《资本论》整个的、贯串于三卷中理论的论述与批判,以同样的方式最后归结为鼓动革命的阶级

---

① 《马克思恩格斯文集》(第1卷),北京:人民出版社,2009年版,第612页。
② 柯尔施:《卡尔·马克思——马克思主义的理论和阶级运动》,熊子云、翁廷真译,重庆:重庆出版社,1993年版,第6页。
③ 柯尔施:《卡尔·马克思——马克思主义的理论和阶级运动》,熊子云、翁廷真译,重庆:重庆出版社,1993年版,第47页。

斗争。"①

二、政治经济学的前提批判

古典政治经济学对于马克思的新的唯物主义的社会理论来说具有巨大的、基础性的意义，但是这并不意味着马克思的《资本论》是古典政治经济学的延伸和变形。马克思毕生都在反对这样的误解：《资本论》通过使价值理论进一步发展成价值和剩余价值的学说，在形式上只不过把在古典资产阶级经济学中内容上几乎已完成的现有概念统一地综合起来。柯尔施认为这种观点是对马克思最大的误解。"马克思在进行政治经济学批判时，是从革命的立场出发的。"②"革命的立场"已经决定了马克思的政治经济学批判和古典政治经济学在本质上具有截然不同的理论性质。因此，青年马克思的理论纲领——在政治经济学中寻找对市民社会的解剖，绝不意味着简单地接受由古典经济科学迄今发展所流传下来的结论。与其说马克思是在政治经济学中寻找对市民社会的解剖，不如说是在政治经济学批判当中去寻找市民社会的秘密。"马克思和恩格斯在世的任何时候都不曾容忍那种肤浅的意见：他们的社会主义和共产主义的理论的新内容，纯粹是从魁奈、斯密和李嘉图地道的资产阶级理论中推导出来的逻辑结论。"③ 马克思以《资本论》为标志的政治经济学研究绝非古典政治经济学的逻辑推论，而是对古典政治经济学的"批判"。

毫无疑问，《资本论》也是一种政治经济学研究，但《资本论》更是一种政治经济学批判。政治经济学之"批判"才真正体现了《资本论》的

---

① 柯尔施：《卡尔·马克思——马克思主义的理论和阶级运动》，熊子云、翁廷真译，重庆：重庆出版社，1993年版，第109页。
② 柯尔施：《卡尔·马克思——马克思主义的理论和阶级运动》，熊子云、翁廷真译，重庆：重庆出版社，1993年版，第67页。
③ 柯尔施：《卡尔·马克思——马克思主义的理论和阶级运动》，熊子云、翁廷真译，重庆：重庆出版社，1993年版，第53页。

革命性立场。诚然，在政治经济学以往的发展中，任何发展阶段也都受到随后阶段的"批判"。重商主义受到重农主义的"批判"，重农主义受到亚当·斯密的"批判"，亚当·斯密则又受到李嘉图的"批判"。那么在这些理论批判中，是否也有一种革命性立场？答案是否定的。"资本主义生产方式的实际的历史发展阶段，相当于这种理论批判的各个阶段。然而在所有这些阶段中经济科学的历史与理论的主题始终没有改变。"① 即使在李嘉图的思想体系中，这一情况也没有发生根本性的改变。英国古典政治经济学的"最后的伟大的代表李嘉图，终于有意识地把阶级利益的对立、工资和利润的对立、利润和地租的对立当做他的研究的出发点，因为他天真地把这种对立看做社会的自然规律。这样，资产阶级的经济科学也就达到了它的不可逾越的界限"②。由于李嘉图把这些对立看作是资本主义社会的合理性现象，因此包括李嘉图在内的整个古典政治经济学就都成了资产阶级的意识形态。古典政治经济学发展史上的这些批判都是局限在资产阶级政治经济学内部的批判，它们的历史与理论的主题不可能发生变化，这些批判也绝对不会触及到资本主义本身，因此也就无法具有一种革命性立场。

马克思的政治经济学批判与此截然不同，它以推翻"资本主义制度"本身为目的。马克思的《资本论》一方面批判了从重商主义一直到庸俗经济学的整个资产阶级政治经济学理论，另一方面搜集了维多利亚时代英格兰社会发展进程中大量的实证材料。在对资本主义社会生产方式的分析中，马克思突破了古典政治经济学的界限。与李嘉图把资本主义社会的对立看作是社会的自然规律相反，马克思的《资本论》则把这种对立看作是资产阶级对无产阶级的奴役、剥削和压迫，这就势必会产生推翻资本主义制度的革命要求。因此，"在马克思的《资本论》中所包括的对古典经济

---

① 柯尔施：《卡尔·马克思——马克思主义的理论和阶级运动》，熊子云、翁廷真译，重庆：重庆出版社，1993年版，第61页。
② 《马克思恩格斯文集》（第5卷），北京：人民出版社，2009年版，第16页。

学实际的完善与批判,是李嘉图以后时期的资产阶级经济学不能达到的。在马克思的这种政治经济学批判中所涉及的问题,不再是资产阶级经济学继续发展的阶段同它的以往阶段的对立,而是经济科学的、历史与理论的主题变换。同时它所涉及的不再是资产阶级生产方式的进一步发展,而是它的全面彻底的变革。由于这个缘故,马克思把他的经济学主要著作称作是《政治经济学批判》"①。

政治经济学批判之所以是革命性的是因为它超越了资产阶级的阶级立场,代表着一个新的阶级——无产阶级的立场。因此,政治经济学批判也就不再是对政治经济学内容的批判。由于他要超越古典政治经济学的阶级立场,这种批判也就指向了古典政治经济学的前提。"正如革命的资产阶级在它的政治经济学新科学中,宣告了它新的、摆脱封建桎梏的资产阶级生产方式的基本原理一样,着手变革这种资产阶级生产方式的无产阶级在政治经济学批判中,阐明了它的革命的阶级意识。政治经济学批判不是从资产阶级经济学的立场对资产阶级经济学个别结论的批判。它是从一种在理论与实践上超出资产阶级经济学的社会阶级的新立场,在决定性的观点上对'政治经济学的前提'的批判。"② 正是因为政治经济学批判是对政治经济学的前提进行批判,它才能获得与政治经济学完全不同的理论本性。

1968年1月8日,《资本论》出版之后不久,马克思在写给恩格斯的信中批评杜林没有觉察到《资本论》中三个崭新的因素:剩余价值、劳动和工资。③ "剩余价值"、"劳动"和"工资"同样也是古典政治经济学谈论的主要问题。庸俗经济学作为古典政治经济学的模仿者和肤浅化的产物,根本不可能发现《资本论》和"古典政治经济学"之间的本质性差

---

① 柯尔施:《卡尔·马克思——马克思主义的理论和阶级运动》,熊子云、翁廷真译,重庆:重庆出版社,1993年版,第66页。
② 柯尔施:《卡尔·马克思——马克思主义的理论和阶级运动》,熊子云、翁廷真译,重庆:重庆出版社,1993年版,第61页。
③ 参见《马克思恩格斯〈资本论〉书信集》,北京:人民出版社,1976年版,第250页。

别。古典经济学对剩余价值的特殊部分地租、利润、利息等固定形式当作已知的东西加以研究,与此相反,马克思则研究剩余价值的一般形式,并且将研究的视阈从商品交换的领域转移到生产领域以及在那里存在的人们的社会关系。在马克思看来,古典经济学家们忽略了这样一个简单的事实:既然商品具有使用价值和交换价值二重性,那么,体现在商品中的劳动也必然具有二重性。这样,马克思就把观察的角度从现成的劳动产品转移到用于制造它的劳动。传统的经济学观念把劳动工资解释为"劳动的价值",雇佣工人为了获得工资向资本家出卖自己的"劳动力",这是一种公平的等价交换,而在《资本论》中,工资第一次被描写为隐藏在它后面的一种关系的不合理的表现形式。

马克思采用的是资产阶级古典经济学家用以作为他们论述基础的相同的经济范畴。但是,同样的三个经济范畴,马克思的研究却给予了"崭新"的解释。其根本之处就在于,马克思对这些耳熟能详的范畴进行了前提批判。只有揭露这些前提的"隐匿性",解除这些前提的"强制性",才能真正地发生"术语"革命。马克思追溯到了这些经济范畴的理论前提。柯尔施指出,"马克思对资产阶级古典经济学的范畴,在理论上的完善,是直接地以古典经济学用以结束它的发展的下述两个规定性作为出发点:通过区分'使用价值'和'交换价值'而对'价值'的分析,以及将'价值'溯源于'劳动'"①。马克思在这里所追溯的前提其实就是"劳动价值论"。马克思从理论上进一步发展了"价值"和"劳动"这两个定义,用"崭新的因素"为政治经济学赢得了"枢纽"。

传统的政治经济学理论并不否认包含在商品里的使用价值与交换价值这两个特性,但是它仅仅把交换价值算作是真正的经济学的"价值"。古典政治经济学家们尤其是李嘉图潜心地研究经济学上"劳动"决定

---

① 柯尔施:《卡尔·马克思——马克思主义的理论和阶级运动》,熊子云、翁廷真译,重庆:重庆出版社,1993年版,第77—78页。

"价值"的理论。李嘉图给劳动下的定义为生产交换价值的劳动,对价值量进行衡量的劳动表现为平均社会劳动。换言之,在古典经济学的语境中,劳动决定价值中的劳动指的是抽象的社会劳动,价值指的是交换价值。这种劳动价值论在不知不觉中把资本主义的生产关系给掩盖了。马克思深化和拓展了这两个概念,把价值一直追溯到"剩余价值",从劳动力商品的买与卖出发揭示出"剩余劳动"的存在。包含在《资本论》中算作所谓对古典经济学的完善的"崭新因素"指的就是这两者。"这就是说,从以商品与货币的形式出现的和由不同的索求者尚在争议的'剩余价值',过渡到由在资本主义工厂里的实际劳动者在那里存在的统治与压迫的社会关系下所从事的'剩余劳动',才能获得它们的决定性力量。"①

根据柯尔施的论述,"剩余劳动"应该是一个比"剩余价值"更为本源的概念。只有剩余劳动而不是剩余价值才更能说明资本主义社会的生产关系。试想一下,资本家获得的利润(即剩余价值)也许就是从流通领域产生的。但一旦把剩余价值概念追溯到剩余劳动,就意味着剩余价值只能从生产领域产生。如何看待剩余劳动?柯尔施指出,"它是同物质生产资料相分离的无产阶级雇佣劳动者的劳动。它在形式上是按其充分的价值获酬的,实际上是受剥削的;形式上是'自由的',实际上是被奴役的;形式上是孤立的,实际上是社会的劳动"②。剩余劳动概念的提出揭示了资本主义社会的生产关系在本质上是一种剥削的、奴役的关系。这种雇佣劳动同资本相对立,由此,整个社会形成了两大阶级:资产阶级与无产阶级。这种革命性结论的得出,是和马克思对政治经济学的前提进行批判分不开的。

---

① 柯尔施:《卡尔·马克思——马克思主义的理论和阶级运动》,熊子云、翁廷真译,重庆:重庆出版社,1993年版,第78页。
② 柯尔施:《卡尔·马克思——马克思主义的理论和阶级运动》,熊子云、翁廷真译,重庆:重庆出版社,1993年版,第82页。

三、政治经济学批判的核心

恩格斯把"剩余价值学说"看作是《资本论》研究的理论核心。与恩格斯不同,柯尔施特别看重马克思关于"商品拜物教"的研究。他指出:"关于'商品的拜物教性质及其秘密'的研究,不仅包含了马克思的政治经济学批判的核心,从而也同时包括了在《资本论》中含有的全部理论的核心以及对整个唯物主义社会学说的理论与历史的观点最明确和最精辟的表述。"① 可见,柯尔施把马克思的"商品拜物教理论"抬高到了一个至高无上的位置。那么,他的理论依据又是什么呢?

古典政治经济学的范畴在理论上的完善是从"商品的价值"这一概念出发的。政治经济学把资产阶级的商品生产看作是最终取得的对一切时代有效的、理性的与合乎自然的经济制度。古典政治经济学把一切经济概念都溯源于价值,把一切经济规律溯源于价值规律。它把商品的交换价值解释为不依赖于其使用价值,而只取决于为制造商品所消耗的劳动时间的量。李嘉图明确指出:"应该认为一切物品的价值都随生产它们时所费的劳动量而发生变化。"② "各种劳动的总量"决定着某一商品所能交换的其他商品的数量。"劳动的总量"是交换价值的真正基础。生产出来的商品的交换价值与投入在其上的劳动成比例。李嘉图被马克思誉为"古典政治经济学最伟大的代表"。柯尔施也指出李嘉图的历史任务在于总结资产阶级经济学古典时期伟大的创造性成果。"李嘉图的经济学体系已历史地处于资产阶级发展的革命进攻阶段与辩护性的防卫阶段之间的分界线上。在这一点上它类似于受其直接影响的黑格尔哲学

---

① 柯尔施:《卡尔·马克思——马克思主义的理论和阶级运动》,熊子云、翁廷真译,重庆:重庆出版社,1993年版,第89页。
② 大卫·李嘉图:《政治经济学及赋税原理》,周洁译,北京:华夏出版社,2005年版,第3页。

体系"①。虽然，李嘉图的体系已经能够进行"科学的自我批判"，但其依然无法超越资产阶级的理论视野，他的理论事实上达到了维护工业资产阶级利益的目的。

"只有对于在理论与倾向上真正超出资产阶级视野的研究来说才可能做到：把被资产阶级经济学家已经视为最后总结的范畴继续进行划阶段的概括，并从而把它作为经济学范畴加以扬弃。在马克思批判的理论中表现为最一般的经济学范畴不再是'价值'或由劳动时间衡量的'价值量'，而是商品生产的劳动形式、劳动产品的价值形式或者商品本身的形式。"②表面上看来，与古典政治经济学的范畴在理论上的完善一样，《资本论》也是从"商品"出发的。但柯尔施指出，马克思着重分析的是"商品生产的劳动形式、劳动产品的价值形式或者商品本身的形式"。在《资本论》中，马克思指出，"最初一看，商品好像是一种简单而平凡的东西。对商品的分析表明，它却是一种很古怪的东西，充满形而上学的微妙和神学的怪诞"③。商品这种神秘的性质不是来源于商品的使用价值，也不是来源于价值规定的内容。那么，劳动产品一旦采取商品形式就具有的谜一般的性质究竟是从哪里来的呢？马克思告诉我们："显然是从这种形式本身来的。"④

柯尔施把"商品形式"称为"最抽象的、资产阶级生产方式的基本形式，在经济学理论范围内实际上构成概括的最后界限；它对于马克思的政治经济学批判来说反过来形成特别的标志，通过这种标志资产阶级的生产方式被历史地评述为社会生产的特别方式，并从而同时表明了它的阶级特性"⑤。根据柯尔施的论述，"商品形式"已经成为马克思政治经济学批判

---

① 柯尔施：《卡尔·马克思——马克思主义的理论和阶级运动》，熊子云、翁廷真译，重庆：重庆出版社，1993年版，第63页。
② 柯尔施：《卡尔·马克思——马克思主义的理论和阶级运动》，熊子云、翁廷真译，重庆：重庆出版社，1993年版，第84页。
③ 《马克思恩格斯文集》(第5卷)，北京：人民出版社，2009年版，第88页。
④ 《马克思恩格斯文集》(第5卷)，北京：人民出版社，2009年版，第89页。
⑤ 柯尔施：《卡尔·马克思——马克思主义的理论和阶级运动》，熊子云、翁廷真译，重庆：重庆出版社，1993年版，第84页。

"特别的标志",并且构成了对资产阶级生产方式永恒性的否定,从而表明了它的阶级特性。马克思通过揭示"商品形式的奥秘",展现了其拜物教的本质属性,从而构成了对资本主义社会的批判。马克思指出:"商品形式的奥秘不过在于:商品形式在人们面前把人们本身劳动的社会性质反映成劳动产品本身的物的性质,反映成这些物的天然的社会属性,从而把生产者同总劳动的社会关系反映成存在于生产者之外的物与物之间的社会关系。"① 正是通过商品形式,人的社会性质被反映为物的性质,人与人之间的社会关系被降低为物与物之间的社会关系。这就是我们通常所谓的物化和物像化,也是马克思拜物教思想所揭露的主要内容。马克思指出:"商品形式和它借以得到表现的劳动产品的价值关系,是同劳动产品的物理性质以及由此产生的物的关系完全无关的。这只是人们自己的一定的社会关系,但它在人们面前采取了物与物的关系的虚幻形式。因此,要找一个比喻,我们就得逃到宗教世界的幻境中去。在那里,人脑的产物表现为赋有生命的、彼此发生关系并同人发生关系的独立存在的东西。在商品世界里,人手的产物也是这样。我把这叫做拜物教。劳动产品一旦作为商品来生产,就带上拜物教性质,因此拜物教是同商品生产分不开的。"② 资本主义社会条件下商品形式最终导致"商品拜物教","商品拜物教"所反映的就是资本主义社会条件下人类的生存状况。

柯尔施认为,从政治经济学过渡到政治经济学批判就是在马克思研究"商品拜物教"中实现的。"从一种研究方法向另一种研究方法的过渡,内在地构成马克思全部经济学著作的基础;而这种过渡是明显地在马克思对经济学表态具有决定意义的、《资本论》第一卷重要的一节里实现的。这一节甚至带有相当深奥莫测的标题:《商品的拜物教性质及其秘密》。"③

---

① 《马克思恩格斯文集》(第5卷),北京:人民出版社,2009年版,第89页。
② 《马克思恩格斯文集》(第5卷),北京:人民出版社,2009年版,第89—90页。
③ 柯尔施:《卡尔·马克思——马克思主义的理论和阶级运动》,熊子云、翁廷真译,重庆:重庆出版社,1993年版,第84页。

"商品拜物教"一节的重要意义可见一斑。柯尔施指出，人手的产物在资产阶级生产方式的特别社会的条件下会具有奇特的性质，劳动产品一旦不再直接为了使用而是为了出卖作为"商品"被制造出来，它便带有这种特性。在劳动产品作为商品交换中显示出来的价值关系，根本不表达物的特性或关系，而是表达了在商品生产中进行合作的人们的社会关系，但是这种社会关系却通过一种物与物之间的社会关系表达出来。柯尔施非常清楚而又精炼地表达了商品拜物教的核心内容："资产阶级社会是特别的社会形式，在这个社会里人们在他们生活的社会生产中所发生的基本关系，在事后正是以这种颠倒的形式使参与者认作物的关系。由于他们使自己有意识的行动取决于这种观念，因而事实上他们像野蛮人仰赖于偶像一样，受到自己双手制作品的统治。商品，以及以更加奇特的形式充当一般的交换手段的特殊商品——货币，此外一切由此派生的资本主义商品生产的形式——资本、雇佣劳动等等，都表现为当前时代社会生产关系的这种拜物教的形式。"①

柯尔施认为马克思的商品拜物教理论与马克思的早期思想并不存在断裂，而是一脉相承的。"马克思在这里称之为'商品世界的拜物教'的东西，只不过是科学地表达了同一事物，即他以前在他的黑格尔——费尔巴哈时期把它称为'人类的自我异化'。"② 这样，柯尔施就把马克思的《1844年经济学哲学手稿》和《资本论》统一了起来。但是这种一脉相承并非是一种简单的重复，而是一种拓展和深化。"在这种对经济的'自我异化'的哲学批判同后来对同一问题的科学论述之间内容上的最重要的区别在于：马克思在《资本论》（并已在1859年《批判》等著作）中，通过把经济学所有其他的异化范畴归结为商品的拜物教性质，而赋予他的经

---

① 柯尔施：《卡尔·马克思——马克思主义的理论和阶级运动》，熊子云、翁廷真译，重庆：重庆出版社，1993年版，第85页。
② 柯尔施：《卡尔·马克思——马克思主义的理论和阶级运动》，熊子云、翁廷真译，重庆：重庆出版社，1993年版，第85—86页。

济批判以更深刻和更普遍的意义。"① 在这个意义上，政治经济学批判就是商品拜物教批判。对商品拜物教的克服就成为了无产阶级革命的主要任务。"由社会直接地组织劳动和克服商品拜物教，成为革命的无产阶级阶级斗争的任务；作为这种阶级斗争的理论表现并同时作为它的手段之一，则有革命的马克思主义的政治经济学批判。"② 我们通常所重视的《资本论》中的剩余价值理论，在柯尔施看来，也附属于商品拜物教理论。只有从商品拜物教理论出发，剩余价值学说才能获得充分的历史与社会的意义。因此，柯尔施指出，只有从理论上揭示商品生产的拜物教现象，才能为当前社会中受压迫的无产阶级奋起反抗资产阶级的实际斗争提供理论依据。

在柯尔施看来，以斯密和李嘉图为代表的英国古典政治经济学由于把资本主义社会看作是人类社会的终极状态，以一种"经济科学"的理论外观成为了资产阶级的意识形态。而马克思的《资本论》作为政治经济学批判，其最直接的理论目的，就在于揭露资产阶级社会一切对抗与剥削的形式，以便帮助无产阶级摆脱它们。马克思的政治经济学批判为无产阶级革命的必然性提供了客观依据。资产阶级的思想家们把无产阶级革命的社会主义理论，称作是理论与政治"非科学"的结合，由于马克思主义的阶级性而否认它的科学性。殊不知，那种将专门学科封闭起来，试图达到纯粹客观科学的做法，恰恰是在逃避实际的并同时也是理论的、当前历史时代的任务。马克思将自己的理论奠定在无产阶级的阶级性基础上，正是回应了现代社会的要求。真正的社会科学必然是真理论和价值论的统一。因此，"马克思的这种新科学是我们时代真正的社会科学"③。

---

① 柯尔施：《卡尔·马克思——马克思主义的理论和阶级运动》，熊子云、翁廷真译，重庆：重庆出版社，1993年版，第87页。
② 柯尔施：《卡尔·马克思——马克思主义的理论和阶级运动》，熊子云、翁廷真译，重庆：重庆出版社，1993年版，第94页。
③ 柯尔施：《卡尔·马克思——马克思主义的理论和阶级运动》，熊子云、翁廷真译，重庆：重庆出版社，1993年版，第5页。

第二章　具体历史实践的"奥德赛"
——科西克对《资本论》的"具体的总体"式解读

西方马克思主义自卢卡奇开始，就将"总体性"问题置于马克思主义研究的中心。在卢卡奇看来，"总体范畴"是马克思取自黑格尔并独创性地改造成为一门全新科学的基础的辩证方法的本质。"总体范畴的统治地位，是科学中的革命原则的支柱。"① 正是在这个意义上，我们把卢卡奇关于马克思主义辩证法的研究称为"总体性辩证法"。科西克指出："在著名的《历史与阶级意识》一书中，卢卡奇对'总体观点'作了详细阐释，并把它当作马克思的哲学方法论原则。"② 科西克的名著《具体的辩证法》延续了这一理论传统，并在该书中对"总体"概念的内涵进行了更为明确的界定。他指出，辩证法所力求把握的"物自体"或"实在"，其最重要的属性就是总体性和具体性，"实在是一个具体的总体"③。

但是，就是在这样一部专门论述"总体性理论"的著作中，科西克却在仅有的四章中专辟一章去谈论马克思的《资本论》。这不禁使人追问，

---

① 卢卡奇：《历史与阶级意识》，杜章智、任立、燕宏远译，北京：商务印书馆，1999年版，第77页。
② 科西克：《具体的辩证法——关于人与世界问题的研究》，傅小平译，北京：社会科学文献出版社，1989年版，第42页注释。
③ 科西克：《具体的辩证法——关于人与世界问题的研究》，傅小平译，北京：社会科学文献出版社，1989年版，第23页。

《资本论》与"具体的总体"之间究竟存在着何种本质性的关联？在科西克看来，马克思的《资本论》构成了"具体的总体"的绝佳样本，两者之间形成了一种互释关系。那么，从"具体的总体"的视角去解读《资本论》，科西克又给我们展现了一种怎样的解释学视阈？

一、如何解读《资本论》

不可否认，单就《资本论》的理论外观而言，我们很容易将其看作一部经济学著作。科西克指出："许多读者煞费苦心地钻研《资本论》，目的是为了理解它的经济意义，搞清楚价值、利润率下降、剩余价值、资本和剩余价值的生产过程这些概念的含义。但这样的读者通常不考虑马克思著作的总体意义。他们或者从没有想到过这个问题，或者满足于对它做一般的回答。"[①] 于是，政治经济学教科书就成了研究《资本论》的指南。一般读者都是通过政治经济学教科书来学习《资本论》的。这种对《资本论》的解读方式造成了两个后果：第一，《资本论》被当作一部马克思主义经济学著作，其哲学内容被删除了；第二，对马克思《资本论》进行了庸俗化的解读，《资本论》文本本身被歪曲了。

在通行的马克思主义政治经济学教科书中，《资本论》被看作是马克思主义政治经济学的奠基之作，标志着马克思主义政治经济学理论体系的创立。"马克思批判地继承了古典政治经济学的科学成分，克服了它的阶级局限和历史局限，全面深刻地揭示了资本主义经济的内在矛盾和发展趋势，完成了政治经济学发展史上的伟大革命。"[②] 简而言之，在政治经济学教科书中，《资本论》仅仅被看作是一部纯粹的经济学著作，它所实现的也仅仅是政治经济学的革命。科西克指出，如果这样去解读《资本论》，

---

① 科西克：《具体的辩证法——关于人与世界问题的研究》，傅小平译，北京：社会科学文献出版社，1989年版，第117页。
② 《马克思主义政治经济学概论》，北京：人民出版社、高等教育出版社，2011年版，第15—16页。

马克思博大精深的文本就被删节了；所有可能有碍于阐释狭义经济学问题的东西，都一概从文本中被删除了，尤其是那些与经济问题无直接关系的可有可无的哲学沉思被删除了。我们知道，教科书是一种便于理解和学习的通俗化著作。通俗化起初仅仅是使文本变得更容易理解，现在却成了一种对文本的特殊的但却是被广泛采用的理解方式。实际上，任何一种有助于理解文本的辅助手段都有其限度，超出这个限度，非但不能起到辅助引导和澄清的作用，反而会造成混乱和歪曲。从政治经济学教科书去理解《资本论》便是如此。我们要充分自觉到教科书出于教学和传播的目的，有意识地把《资本论》通俗化和浅显化了。总之，在科西克看来，以政治经济学教科书为指南去解读《资本论》，非但没有解释清楚，反而改变和歪曲了《资本论》，并且把《资本论》给庸俗化了。

相对于《资本论》的通俗化解读，在《具体的辩证法》一书中，科西克还列举了四种《资本论》的学术化解读：第一种解读方式是逻辑学的解读。这种解读把《资本论》中的经济运动翻译为逻辑运动。在这种解读方式看来，马克思的著作《资本论》首先是应用逻辑，是用经济学材料演示逻辑的自我运动。逻辑运动完全外在于并且不依赖于经济的内容，因为它可以通过任何其他科学学科得到同样好的表现。这种解读方式热衷于从这种应用逻辑中解析出一种纯逻辑，即在利润率下降、剩余价值利润转化、价格形成等经济学范畴背后发现并蒸馏出运动、矛盾、自我发展、中介等纯逻辑范畴，而不去批判和审查《资本论》的经济学内容，甚至不深入展开和详细阐述《资本论》的经济学问题。他们不做任何进一步探究就把经济分析的现成结论看成是正确的。简而言之，这种解释只追寻和呈现《资本论》的逻辑方法论，而对这一方法得出的结论的基本有效性却不闻不问。

第二种解读方式是现象学的解读。这种解读方式试图利用胡塞尔所开创的现象学来为马克思的《资本论》进行哲学奠基。现象学的解读虽然捍卫了《资本论》中经济内容的有效性，但却认为这种经济内容缺乏适当的哲学理论基础。他们认为胡塞尔的现象学显然可以为《资本论》提供理论基础。这样一来，《资本论》就成了一种没有适当哲学基础的有效经济分析。然而，一旦加上这种必要的哲学补充，《资本论》的意义就变了，马克思主义的政治经济学就会变成广义客体现象学。对资本主义社会经济的唯物主义分析就会变成对物的世界的现象学描述。马克思的《资本论》就成为一部关于资本主义社会的描述现象学著作。

第三种解读方式是存在论的解读。这种解读的主要代表人物是比戈神甫。存在论解读认为，马克思的《资本论》不是一种纯粹的政治经济学，也不是一种社会机制分析，而是一种具有形而上学和超经济学意义的存在主义经济分析。由于这种解释不把马克思主义政治经济学看作严格意义上的科学，所以马克思也就不是真正意义上的经济学家。既然马克思主义不是唯科学主义和经济主义的那种科学，也不是庸俗经济学的一种，那么，它就根本不是经验科学。它是什么呢？在这种解读方式看来，马克思主义政治经济学显然是一种存在哲学，它只把经济范畴看作某一隐蔽本质的信号或符号，即看作人的生存状况的信号或符号。科西克引用比戈的话指出："马克思同哲学的对抗与他同经济学的对抗得出了同样的结果。马克思主义政治经济学首先是一种生存分析。"①

第四种解读方式是经济学的解读。这种解读方式的主要代表人物是经济学家熊彼特。与第三种解读方式相反，这种解读方式强调，必须把马克思著作中明确细致的经济学部分与哲学沉思（辩证法）的部分分开。他们在马克思身上看到了一个伟大的经济学家，但认为需要加以保护使之免受哲学家马克思的损害。因此，尽管马克思的分析覆盖着形而上学沉思的死寂丛林，但《资本论》仍然保存着科学的价值。这种解读方式强烈要求把

---

① 转引自科西克：《具体的辩证法——关于人与世界问题的研究》，傅小平译，北京：社会科学文献出版社，1989年版，第158页。

《资本论》中的科学与哲学分开，认为只有这样才能确保《资本论》的科学价值。实际上，这种观点所主张的"科学"概念的基础是对事实的没有预先假定的观察和分析，然而这种纯粹客观的事实观察和分析只能是经验主义式的幻想，是不可能存在的。熊彼特自始至终顽固地坚持这种看法，从其早期的著述一直到《资本主义、社会主义和民主》，他都始终坚持把经济学家马克思和哲学家马克思分开。

立足于对《资本论》解读方式的分析，科西克指出科学（经济学）与哲学（辩证法）的关系问题是我们理解《资本论》的关键所在。解读者们要么把《资本论》简约为纯粹的经济学著作，要么将其解读为纯粹的哲学著作。科西克认为，"对《资本论》的各种解释都试图以不同方式将其科学与哲学分开。它们都以某种方式把科学从哲学中分离出来，把科学研究从哲学假设中筛选出来。因而，各种不同的解释殊途同归，最后都得出与哲学不相干的科学和与科学不相干的哲学"[①]。对《资本论》的解读必须从《资本论》的文本本身出发。作者的意图与文本本身应该是一致的，唯有文本的要旨才能表明作者的意图。《资本论》的确不同于一般的经济学著作。"《国富论》、《赋税原理》、《一般就业论》之类的著作，作为经济学著作，或者说尤其是作为经济学著作，从未引起过这么多的争论。然而，《资本论》则从一开始就令许多解释者大伤脑筋。"[②] 为了做到原汁原味地解读《资本论》，呈现《资本论》的要旨和马克思的本意，科西克提出了三条解释原则：第一，"它在本文中没有留下不透明的、未加说明的或'偶然'的段落"。第二，"它对本文的各部分和整体都做了说明，它是完整的，没有内部矛盾、逻辑缺陷和前后不一致的地方"。第三，"它保留并捉住了本文的特征，把这个特征当作本文结构的构成要素和对它的理解的

---

① 科西克：《具体的辩证法——关于人与世界问题的研究》，傅小平译，北京：社会科学文献出版社，1989年版，第122页。
② 科西克：《具体的辩证法——关于人与世界问题的研究》，傅小平译，北京：社会科学文献出版社，1989年版，第121页。

构成要素"。① 科西克的这三条解释原则不仅是其解读马克思《资本论》的根本方法，同时也是一种具有普遍意义的解释学方法。

二、《资本论》的具体总体性

按照科西克所提出的文本解释的三条原则，在对文本的解读中不能留下任何不透明之处和未加说明的空白，这就要求对文本的各个部分和整体都作出说明和阐释，而且不能产生前后逻辑矛盾。这正是对文本的一种总体性阅读。但是这种总体性阅读并非面面俱到，而是要求必须抓住文本或问题的特征，并把这个特征看作文本结构的构成要素和理解的构成要素，这也就是科西克所谓的"具体"。究其实质而言，科西克的这种解读方法，就是将其"具体总体性"的哲学观点应用于对《资本论》的解读。"具体的总体"构成了科西克解读马克思《资本论》的根本方法。

在科西克看来，总体性并不是一切事实的总和，人类的认识也永远不可能囊括一切事实，因为新事实总会不断出现。即使我们认识了全部事实，也并不意味着我们把握住了事实本身。全部事实的堆积并不等于对实在的认识，堆砌起来的全部事实也不等于总体。因此，总体性解读并不是要求解读者对《资本论》中的经济学内容和哲学内容都做出详细地阐释和说明。"总体并不意味着一切事实。总体意味着实在是一个有结构的辩证的整体。"② 事实只有被当作一个辩证总体中的事实和结构性部分来理解，才构成关于实在的认识。因此，总体性解读并不是对文本对象做出分门别类、面面俱到的解读，而是将文本对象当作一个"有结构的辩证的总体"来解读，这样才能把握和认识到文本的"实在"。

---

① 科西克：《具体的辩证法——关于人与世界问题的研究》，傅小平译，北京：社会科学文献出版社，1989年版，第119页。
② 科西克：《具体的辩证法——关于人与世界问题的研究》，傅小平译，北京：社会科学文献出版社，1989年版，第23页。

实在就是"有结构的辩证的总体",也就是具体的总体。总体性和具体性是实在的两个基本特征。不理解实在是一个具体的总体,关于实在本身的认识就有可能蜕变成"神秘主义"。具体总体的辩证法并不幼稚地渴望认识实在的方方面面,提供关于实在的"总体图景"。"具体总体不是捕捉并描述实在的一切方面、属性、特性、关系和过程的方法,宁肯说,它是关于实在之具体整体的理论。这种实在观把实在看作是具体的,看作是一个有结构的(因而不是混沌的)整体,一个进化着而不是一成不变的整体,一个处在形成过程中的整体,而不是只有某些部分或部分的排列变化的现成整体。"① 在这里,科西克对"实在"或"具体的总体"做了进一步的规定。具体的总体不是一个"现成整体",而是一个"过程整体"。也就是说,具体的总体不是静态的,而是动态的。

如果说实在是一个"进化着的、处在变化过程中的整体",那么对"实在"的把握就必然是辩证法的思维方式。这种认识的辩证法突出地表现在绝对真理和相对真理、理性和经验、抽象和具体、肯定和否定等一系列辩证关系之中。认识的辩证法或辩证的认识观是一个具体化的过程,即从整体到部分、从部分再到整体,从现象到本质、从本质到现象,从总体到矛盾、从矛盾到总体的演进过程。认识就在这个总体化的螺旋式过程中达到具体。在这个过程中,所有概念都在运动中互相关联,互相说明。正如马克思在《大纲》中所表明的,辩证思维的过程是一个抽象上升为具体的过程。科西克指出:"辩证思维把实在当作一个整体来把握和描述,这个整体不仅是关系、事实和过程的总合,而且还是它们的形成过程、是它们的结构与生成。形成整体和形成统一体的过程、矛盾的统一体及其生成,都隶属于辩证的整体。"②

---

① 科西克:《具体的辩证法——关于人与世界问题的研究》,傅小平译,北京:社会科学文献出版社,1989年版,第23—24页。
② 科西克:《具体的辩证法——关于人与世界问题的研究》,傅小平译,北京:社会科学文献出版社,1989年版,第29页。

在科西克的语境中，辩证法的思维方式就是"具体的总体"式的把握方式。如果以此来把握《资本论》，《资本论》就是"一个结构性的、进化着的、自我形成的整体"。马克思本人也称《资本论》是一个"艺术整体"或"辩证有机体"。在科西克看来，"《资本论》的结构有三个基本成分：艺术整体式的文字处理、辩证的'展开'方法、以及被研究实在的特殊性质的展现。前两个成分是从属的，它们暗含在第三个成分中。主题的文字处理和外部组织结构，恰当地表现了被研究实在即经过理解和科学说明的实在的性质"①。实在的特殊性质构成了作为"辩证有机体"的《资本论》逻辑结构的基石。从实在的特殊性质出发，《资本论》的逻辑结构才能得到理解和说明。

马克思在《资本论》中所研究的"实在"既非"万物的始基"，亦非"先验的观念"，而是"社会实在"。在《资本论》第一版序言中，马克思指出："现在的社会不是坚实的结晶体，而是一个能够变化并且经常处于变化过程中的有机体。"②马克思这种对"现在的社会"的认识，很明显就是将资本主义社会作为一个具体的总体来进行把握的。这种把握方式就是把实在当作由结构的、进化着的自我形成的整体来把握。在科西克看来，马克思的《资本论》"把资本主义描述为一个系统，一个由'无意识主体'（价值）的运动构成的系统。这个系统从整体上表现为一个剥削他人劳作的系统，表现为一个大规模地再生产自身的系统，亦即一个死劳动统治活劳动、物统治人、产品统治生产者、神秘的主体统治真实的主体、客体统治主体的机构。资本主义是一个总体物像化和异化的动力系统"③。马克思对资本主义社会运动规律的描述并不是其文本要旨所在，其最真实的

---

① 科西克：《具体的辩证法——关于人与世界问题的研究》，傅小平译，北京：社会科学文献出版社，1989年版，第135—136页。
② 《马克思恩格斯文集》（第5卷），北京：人民出版社，2009年版，第10—13页。
③ 科西克：《具体的辩证法——关于人与世界问题的研究》，傅小平译，北京：社会科学文献出版社，1989年版，第137页。

目的是揭示物的掩盖下所形成的人与人之间的关系，亦即资本主义条件下人的异化的生存状态。科西克指出："一开始表现为外部客体、表现为平凡之物的商品，扮演着一个神秘化的角色，并且不断地使资本主义经济主体（它和真实运动构成资本主义系统）神秘化。不管这一社会运动的真正主体是价值还是商品，实际情况是马克思这部著作关于理论的三卷追溯了这个主体的'奥德赛式漂泊历程'，即把资本主义世界的结构（它的经济）描述为由主体的真实运动造成。"① 在科西克看来，马克思在《资本论》中发现的资本主义社会的运动系统，所展现的正是主体的"奥德赛式漂泊历程"。

关于这一主体，科西克指出，马克思在《资本论》中把价值看作这一过程的主体，然而在1879—1880年与瓦格纳的论战中，马克思明确认识到主体应该是商品而不是价值。其实两者是不矛盾的，无论是商品，还是价值，抑或是"资本"，都是主体在其漂泊历程中的表现形式而已。科西克所谓的主体的"奥德赛式漂泊历程"实际上应当包括两个部分："人在非神圣形象中的异化"和"消解人在非神圣形象中的异化"。马克思这种"奥德赛式"情结并不是凭空生发出来的，而是锚泊于他所处的那个时代的文化背景。当时的文学、哲学和科学创作的基调都是"奥德赛"式的。卢梭的《爱弥儿》（亦被称为《人心的历程》）、歌德的古典式教育小说《威廉·麦斯特的学习年代和漫游年代》、诺瓦利斯的浪漫式教育小说《亨利·冯·奥夫特丁据》、黑格尔的《精神现象学》、马克思的《资本论》，在文化创造的不同领域都运用了"奥德赛"基调。为了认识自己，主体必须周游世界、认识世界。"奥德赛"构成了那个时代一个"共同的隐喻式基调"，在某种意义上，也是人类精神生活的一个永恒的基调。

---

① 科西克：《具体的辩证法——关于人与世界问题的研究》，傅小平译，北京：社会科学文献出版社，1989年版，第137页。

三、实践的奥德赛

虽然黑格尔的《精神现象学》和马克思的《资本论》具有相同的"奥德赛"基调,但是两种漂泊历程之间却有着本质的不同。科西克把《精神现象学》称为"精神的奥德赛",而把《资本论》称为"具体历史实践"的奥德赛。精神的奥德赛是研究意识经历的科学,并不是完成漂泊历程的唯一的或普遍的类型,而仅仅是方式之一。科西克指出:"《精神现象学》是'自然意识执著追求真知的途径',或者是'灵魂的轨道'。'灵魂像经过一系列驿站一样经历着自身的许多具体化形式',以便'通过自己本身的完整经验'达到'关于它自身是什么的认识'。"① 对于黑格尔精神的奥德赛来说,生命的真实形式只是意识从普通意识向绝对知识、从日常生活意识向绝对哲学知识前进演化中的一些不可缺少的环节。在绝对知识中,运动完成了。正如恩格斯所评价的那样:"这就是把历史的终点设想成人类达到对这个绝对观念的认识,并宣布对绝对观念的这种认识已经在黑格尔的哲学中达到了。"② 而生命形式只不过是精神奥德赛的一个环节,并且这一漂泊历程是封闭的"圆圈"。

"而《资本论》则是具体历史实践的'奥德赛'。它从基本劳动产品出发,经过人在生产中的实践—精神活动对象化、固定化的一系列现实形态,最后不是在关于它自身是什么的认识中,而是在基于这种认识的革命实践活动中,结束自己的旅程。"③ 由于《资本论》不是一个精神的奥德赛,所以不能从意识出发。正因为它是实践的具体历史形式的奥德赛,所

---

① 科西克:《具体的辩证法——关于人与世界问题的研究》,傅小平译,北京:社会科学文献出版社,1989年版,第139页。
② 恩格斯:《路德维希·费尔巴哈和德国古典哲学的终结》,北京:人民出版社,1997年版,第9页。
③ 科西克:《具体的辩证法——关于人与世界问题的研究》,傅小平译,北京:社会科学文献出版社,1989年版,第139页。

以它要从商品开始。商品是人的社会劳动的一个历史形式。马克思从社会产品的历史形式出发，描述它的运动规律。马克思通过全部分析最终发现，这些规律的特定的方式表现着生产者们的社会关系和他们的生产活动。马克思的《资本论》不仅仅是一种关于资本的理论，而且是对资本的理论批判或批判理论。除了描述资本的社会运动的客观形态以及资本主义系统运行的客观规律之外，它还研究对这个系统实行革命性摧毁的主体（亦即无产阶级）的起源和形成过程。

相对于其同时代的思想家而言，马克思不仅揭示了"人在非神圣形象中的异化"，更重要的是他为"消解人在非神圣形象中的异化"找到了现实的道路。一方面，马克思揭示了资本逻辑自在瓦解的过程，这是资本主义社会运动和毁灭的内在固有规律；另一方面，他还指明了自为瓦解资本逻辑的过程，这是无产阶级所应担负起来的历史使命。无产阶级必须获得自己的阶级意识，意识到自己在资本主义社会中所遭受到的剥削和奴役，才有可能承担起这一历史使命。"实践的某一历史形式的奥德赛，要想最终达到一种革命的实践，认识或者逐步意识到这个系统的剥削性质是个必不可少的条件。马克思曾把这种认识称为划时代的意识。"[1]

在这个意义上，实践的奥德赛就是无产阶级革命的奥德赛，也是人类解放的奥德赛。马克思的奥德赛历程是通过实践实现的。"每个时代的哲学思维都要把它各方面的工作凝聚在一个以后将永垂于哲学史的中心概念之中。例如，实体、我思、绝对精神、否定、自在之物，等等。"那么马克思哲学的中心概念是什么呢？科西克认为，"现代唯物主义哲学的一个重要概念是实践概念"。[2] 对于马克思主义哲学来讲，实践是相当重要的核心概念，但也是一个亟须澄清的概念。科西克认为："就实践的本质和普

---

[1] 科西克：《具体的辩证法——关于人与世界问题的研究》，傅小平译，北京：社会科学文献出版社，1989年版，第140页。
[2] 科西克：《具体的辩证法——关于人与世界问题的研究》，傅小平译，北京：社会科学文献出版社，1989年版，第166页。

遍性而言，它是人的秘密的揭露：人是一种构造存在的存在，是构造从而把握和解释社会—人类实在（即人类的和超人类的实在，总体上的实在）的存在。人的实践不是与理论活动相对立的实际活动，它是人类存在（即构造实在的过程）的决定因素。"①我们通常把实践理解为人类改造客观世界的实际活动，而科西克纠正了这一流俗的观念，他把实践和"人类存在"关联在一起。科西克确定无疑地指出："实践是人类特有的存在方式。因此，它绝不是只决定人类存在的某些方面和某些品格，而是在一切表象中渗透到人类存在的本质。实践渗透人的整体，在总体上决定着人。"② 除了劳动的要素之外，实践还包括存在的要素。它既表现在人的客观活动中，又表现在构造人类主体的过程中。因此，实践既是人的对象化和对自然的主宰，又是人类自由的实现。与之相应，实践的奥德赛也就是人类的奥德赛，人类自由实现的奥德赛。

《奥德赛》和《伊利亚特》是古希腊著名的荷马史诗。在《奥德赛》中，奥德修斯与惊涛骇浪、妖魔鬼怪搏斗，历经无数次艰险，最终的目的就是为了返回自己的家乡。在这些艰难险阻当中，最难以抵挡的并不是苦难，而是诱惑。神女中的女神卡吕普索对奥德修斯这样说："拉埃尔特斯之子，机敏的神裔奥德修斯，你现在希望能立即归返，回到你那可爱的故土家园，我祝愿你顺利。要是你心里终于知道，你在到达故土之前还需要经历多少苦难，那时你或许会希望仍留在我这宅邸，享受长生不死，尽管你渴望见到你的妻子，你一直对她深怀眷恋。我不认为我的容貌、身材比不上你的那位妻子，须知凡间女子怎能与不死的女神比赛外表和容颜。"足智多谋的奥德修斯这样回答说："尊敬的神女，请不要因此对我恼怒。这些我全部清楚，审慎的佩涅洛佩无论是容貌或身材都不能和你相比，因

---

① 科西克：《具体的辩证法——关于人与世界问题的研究》，傅小平译，北京：社会科学文献出版社，1989年版，第170—171页。
② 科西克：《具体的辩证法——关于人与世界问题的研究》，傅小平译，北京：社会科学文献出版社，1989年版，第171页。

为她是凡人，你却是长生不衰老。不过我仍然每天怀念我的故土，渴望返回家园，见到归返那一天。即使有哪位神明在酒色的海上打击我，我仍会无畏，胸中有一颗坚定的心灵。"① 仙境的生活，娇艳的神女，长生不老的法术，都无法诱惑奥德修斯。对于人来说，也许千难万险他可以等闲视之，难以抵挡的却是巨大的诱惑。奥德修斯是真正的"英雄"。他什么都不留恋，什么也打消不了他对家乡的眷恋之情。当他经过十年漂泊，终于踏上伊大卡岛的土地时，他狂吻着土地，心中的喜悦难以形容。

实践的奥德赛作为人类的"奥德赛式的漂泊历程"，所表征的正是一条返乡之路。如果说在马克思的《资本论》里，这条返乡之路被淹没在各种各样的经济分析里，那么我们可以通过《1844年经济学哲学手稿》把这一"奥德赛式的漂泊历程"非常清楚地展现出来。马克思在定义共产主义的时候就利用了这一"奥德赛式的"基调。马克思指出："共产主义是私有财产即人的自我异化的积极的扬弃，因而是通过人并且为了人而对人的本质的真正占有；因此，它是人向自身、向社会的即合乎人性的人的复归，这种复归是完全的，自觉的和在以往发展的全部财富的范围内生成的。"② "人对人的本质的真正占有"，"人向合乎人性的人的复归"，这不正是一条返乡之路吗？接着马克思表明了人占有自己本质的方式："为了人并且通过人对人的本质和人的生命、对象性的人和人的作品的感性的占有，不应当仅仅被理解为直接的、片面的享受，不应当仅仅被理解为占有、拥有。人以一种全面的方式，就是说，作为一个总体的人，占有自己的全面的本质。"③ 包括历史，马克思也是从这个角度来理解的。马克思指出："全部历史是为了使'人'成为感性意识的对象和使'人作为人'的需要成为需要而作准备的历史（发展的历史）。"④

---

① 荷马：《荷马史诗·奥德赛》，北京：人民文学出版社，1997年版，第93—94页。
② 马克思：《1844年经济学哲学手稿》，北京：人民出版社，2000年版，第81页。
③ 马克思：《1844年经济学哲学手稿》，北京：人民出版社，2000年版，第85页。
④ 马克思：《1844年经济学哲学手稿》，北京：人民出版社，2000年版，第90页。

诚然,《1844年经济学哲学手稿》和《资本论》之间存在着巨大的差异,在科学主义的马克思主义者看来,《1844年经济学哲学手稿》尚没有摆脱思辨哲学的束缚,而《资本论》则是严谨的科学著作,那么以《1844年经济学哲学手稿》来解读《资本论》是否具有合法性呢?其实,即便两者之间存在着巨大的差异,也并不能说明两者之间有着截然不同的理论旨趣。正好相反,同为东欧新马克思主义的科拉柯夫斯基指出:"《资本论》可以看成马克思早年见解的逻辑必然的延续。"[①] 从《1844年经济学哲学手稿》到《资本论》,马克思的思想主旨没有发生根本性的改变,在《1844年经济学哲学手稿》中能够找到《资本论》的全部要旨。站在科西克的立场来看,作为实践奥德赛的《资本论》不仅从形上的意义上阐明了人类的返乡之路,而且寻找到了一条通往共产主义的现实道路。

从《奥德赛》来解读马克思包括《资本论》在内的全部思想,其形上的存在论意义就会清晰地呈现出来。通过卡吕普索和奥德修斯的对话,我们可以发现:在奥德修斯的漂泊历程中,对其考验最大的不是艰难险阻而是欲望和诱惑。在资本主义社会中,悲惨的生活境遇阻挡不住无产阶级的革命意志,相反,富裕的生活条件、对金钱的欲望反而使工人阶级逐渐丧失了自己的阶级意识。人在非神圣形象中的异化最重要的是一种欲望形而上学对人的控制。货币或资本具有一种神力,"使一切人的和自然的性质颠倒和混淆,使冰炭化为胶漆,货币的这种神力包含在它的本质中,即包含在人的异化的、外化的和外在化的类本质中。它是人类的外化的能力"。人们会心甘情愿的接受金钱的统治,因为金钱会转化为他们外化的能力。"凡是我作为人所不能做到的,也就是我个人的一切本质力量所不能做到的,我凭借货币都能做到"。[②] 人们会沉浸在这种异化中,而不想超拔出来。现时代的工人们不是想推翻资本家的统治,而是都梦想成为资本家。

[①] 科拉柯夫斯基:《马克思主义的主流》(一),马元德译,台北:远流出版事业股份有限公司,1992年版,第306页。
[②] 马克思:《1844年经济学哲学手稿》,北京:人民出版社,2000年版,第144页。

因为，资本意味着权力、魔力和欲望的实现。

当科西克把《资本论》解读为实践的奥德赛，其最大的理论价值在于阐明了《资本论》的形上主旨：返乡之路。这一理论主旨不仅是《资本论》的，而且是包含着《资本论》在内的马克思全部哲学思想的理论旨趣。科西克对马克思哲学的这种解读方式在某种意义上可以说是受到了海德格尔的影响，通往"存在的澄明之境"也是一种奥德赛基调的体现。科西克虽然接受海德格尔的问题形式，却不认可海德格尔的空洞而又具有神秘意义的"存在"概念。他认为，海德格尔的"存在"具有"虚假总体"的抽象倾向。认识和把握实在，其最终的目的就是为了探求物自体。科西克站在唯物论的立场上，建构了自己的具有鲜明唯物论特征的"实在"和"社会实在"这两个概念，从而破解了马克思意义上的"物自体"。

在《具体的辩证法》伊始，科西克就提出，"辩证法探求'物自体'。但是，'物自体'并不直接地呈现在人的面前。把握'物自体'需要付出一定的努力，还要走迂回的道路"①。从古代开始，哲学一直在努力揭露物的结构和"物自体"。各种重要的哲学思潮，不过是人类发展的不同阶段上这个基本问题及其解决方案的多种变体。哲学就是探究"物自体"的学问。"在这个意义上，可以把哲学确定为旨在捕捉物自体、揭示物的结构、展现实存之有的系统批判工作。"② 任何哲学都是在破解"物自体"之谜，科西克自然也不例外。在该书的最后，科西克揭晓了这一谜底："辩证法探求'物自体'。但'物自体'不是平常之物，确切地说，它根本不是什么物。哲学研究的'物自体'就是人及其在宇宙中的位置。换句话说，它是人在历史中发现的世界总体和存在于世界总体中的人。"③ 也正是在这个

---

① 科西克：《具体的辩证法——关于人与世界问题的研究》，傅小平译，北京：社会科学文献出版社，1989年版，第1页。
② 科西克：《具体的辩证法——关于人与世界问题的研究》，傅小平译，北京：社会科学文献出版社，1989年版，第5页。
③ 科西克：《具体的辩证法——关于人与世界问题的研究》，傅小平译，北京：社会科学文献出版社，1989年版，第191页。

意义上，《具体的辩证法》的副标题是"关于人与世界问题的研究"。科西克把物自体定义为"人在历史中发现的世界总体和存在于世界总体中的人"，这和海德格尔的"此在"与马克思的"现实的人"是一致的，都是人与世界的"共在"。整个东欧新马克思主义都可以看作是一种"'人'的回响"。虽然科西克关于马克思主义的研究也可以纳入广义的"人本学马克思主义"的范畴，但他已经不是抽象的人道主义批判。由于科西克将"人与世界"统一在一起，所以他不仅仅像早期的人本学马克思主义那样揭示了马克思思想的形上意义，而且他也把具体历史实践的奥德赛落实为对伪具体世界的批判。

第三章　对《资本论》的三个诘难
——雷蒙·阿隆解读马克思《资本论》的启示及意义

法国思想家雷蒙·阿隆即使不是一个反马克思主义者，也是一个马克思主义的批评者，因此，他对马克思《资本论》的解读不同于马克思主义谱系内的思想家的解读。在雷蒙·阿隆看来，《资本论》是"代表马克思中心思想的杰作"。他明确指出，"《资本论》是一项伟大的工程"，"从严格的意义上来说它又是一项天才的工程"。① 雷蒙·阿隆主张把《资本论》而不是把《1844年经济学哲学手稿》置于马克思主义的中心地位。相对于阿尔都塞认为马克思思想中存在着"认识论断裂"的观点，雷蒙·阿隆则认为，从《1844年经济学哲学手稿》到《资本论》之间并不存在着断裂，而是一脉相承的。因此，雷蒙·阿隆对马克思《资本论》的解读和批评在某种意义上就是对马克思整个思想的评价。

1968年5月，雷蒙·阿隆在联合国教科文组织纪念马克思诞辰150周年大会上作了一个题为《模棱两可的和取之不尽的》的报告。"模棱两可"与"取之不尽"成为雷蒙·阿隆评价马克思最为核心的两个关键词。在这个报告中，雷蒙·阿隆认为，马克思的"每一部历史著作都是模棱两可的

---

① 雷蒙·阿隆：《社会学主要思潮》，葛智强、胡秉诚、王沪宁译，上海：上海译文出版社，2013年版，第136页。

和取之不尽的。如果没有模棱两可,那么解释的多样性就不能得到解释。如果这种模棱两可不反映问题的意义和思想的丰富,那么它就不值得人们的尊重。"① 虽然雷蒙·阿隆肯定马克思思想的丰富性,是取之不尽的思想宝库,但是这些丰富性在其看来仅仅来源于对象本身所具有的问题域,其最根本意图还是试图说明和论证马克思思想的"模棱两可"。雷蒙·阿隆十分明确地指出:"我的抱负是指出为什么马克思的文章内涵模糊不清,就是说这些文章提供了可以被漫无边际地评论并且被改变为正统观点的必要素材。"② 正是立足于这一基本判断,雷蒙·阿隆展开了对包括《资本论》在内的马克思全部学说的分析和批判。

一、对总体理论的诘难

恩格斯在《在马克思墓前的讲话》中指出马克思一生有两个伟大的发现。"正像达尔文发现有机界的发展规律一样,马克思发现了人类历史的发展规律","不仅如此。马克思还发现了现代资本主义生产方式和它所产生的资产阶级社会的特殊的运动规律。由于剩余价值的发现,这里就豁然开朗了,而先前无论资产阶级经济学家或者社会主义批评家所做的一切研究都只是在黑暗中摸索"。③ 恩格斯在这里所谓的马克思的两大发现都和《资本论》密切相关,尤其是第二大发现——现代资本主义生产方式和它所产生的资产阶级社会的特殊的运动规律——正是马克思在《资本论》中集中阐发的,而这一发现主要是通过"剩余价值规律"揭示出来的。在《资本论》的第一版序言中,马克思清楚地表明了自己的研究目的:"我要

---

① 雷蒙·阿隆:《想象的马克思主义》,姜志辉译,上海:上海译文出版社,2012年版,235页。
② 雷蒙·阿隆:《社会学主要思潮》,葛智强、胡秉诚、王沪宁译,上海:上海译文出版社,2013年版,第126页。
③ 《马克思恩格斯选集》(第3卷),北京:人民出版社,1995年版,第776页。

在本书研究的，是资本主义生产方式以及和它相适应的生产关系和交换关系。"① 揭示资本主义社会的生产方式及其运动规律成为马克思《资本论》的主要理论意图。

虽然雷蒙·阿隆高度评价了《资本论》，但是他认为马克思没有也不可能实现《资本论》的理论意图。在《资本论》中，"马克思为自己确定的目标是：既要根据资本主义的社会结构来说明资本主义制度的运行方式，又要根据它的运行方式来说明资本主义制度的变化"②。雷蒙·阿隆的这一论断大体上是符合马克思本意的。马克思通过《资本论》既想说明资本主义制度的社会结构和运行方式，又想说明资本主义制度的历史及其发展的必然趋向。总而言之，马克思试图揭示资本主义社会发展的必然规律。雷蒙·阿隆指出："这一意图显然是伟大的，但是我并不认为这一意图已经实现。迄今为止任何这类意图都未曾实现过。今天的经济学或社会学可以对资本主义的运行方式作部分有效的分析，可以对资本主义制度下的各种人和各个阶级的命运作有效的社会学分析，可以对历史作某些分析，使人了解资本主义制度的变化，但却没有一种能把社会结构、运行方式、在这种制度下的人的命运以及这种制度的演变必然联系在一起的总体理论。而之所以没有这种包罗万象的理论，那是因为这种总体并不存在，历史并不是如此合理、如此必然的。"③

根据雷蒙·阿隆的观点，如果从社会学、历史学、经济学等各个具体学科的角度都可以把资本主义社会的某些局部问题说清楚，而马克思的《资本论》试图从总体上把握资本主义社会只能陷入"模棱两可"当中。马克思"对资本主义的运行方式及其变化的分析，同时也向人们提供了一

---

① 《马克思恩格斯文集》（第 5 卷），北京：人民出版社，2009 年版，第 8 页。
② 雷蒙·阿隆：《社会学主要思潮》，葛智强、胡秉诚、王沪宁译，上海：上海译文出版社，2013 年版，第 136 页。
③ 雷蒙·阿隆：《社会学主要思潮》，葛智强、胡秉诚、王沪宁译，上海：上海译文出版社，2013 年版，第 137 页。

部人类的生产方式的历史。《资本论》是一部经济学著作，又是一门资本主义社会学，也是一部在史前时期一直受到自身冲突麻烦的人类的哲学史"①。在雷蒙·阿隆看来，《资本论》很难被归入任何一个学科门类，它不是任何一个学科领域的严谨的科学著作。《资本论》作为一种总体性理论的努力，是不具备任何科学性的，因为这种总体性根本不存在，并且历史充满了偶然。马克思建构这种包罗万象的总体理论的唯一结果就是"模棱两可"或者"含混不清"。

把资本主义社会作为一个总体进行思考，在此基础上找到一条"人类自由解放"的道路，这正是马克思的理论抱负。毋庸置疑，《资本论》就是一种总体理论。其实，总体理论并非马克思的独创。当代法国思想家雅克·比岱指出："在概念的同一性中来思考存在的事和合适做的事的哲学计划与常识的这种精神裂解形成鲜明对照，这一计划已经由斯宾诺莎和黑格尔做过深入细致的阐述。这既是政治实践的要求也是理论的要求。我正想重拾这样一种意图，我正是在这种很特殊的意义上把这一意图称为'总体理论'。"② 古希腊自然哲学对万物始基的寻求、柏拉图对理念世界的认识、黑格尔宣称哲学就是"思想中所把握到的时代"，这些都是一种总体理论的认知方式。与其说"总体理论"是欧陆哲学的思想传统，不如说总体理论正是哲学的理论本性所在。哲学正是通过概念或思想的同一性对我们所处的世界和时代给予总体性把握。当雷蒙·阿隆否弃总体理论的时候，不仅仅否定掉了马克思的《资本论》，也从根本上否定掉了整个哲学的合法性根据。

"总体理论"植根于人的形上本性，人类总是试图在最彻底、最根本的意义上去把握我们所处的这个世界，从而获得人在这个世界中的安身立命之本。雅克·比岱在谈到"总体理论"的时候，指出"现代性在这里被

---

① 雷蒙·阿隆：《社会学主要思潮》，葛智强、胡秉诚、王沪宁译，上海：上海译文出版社，2013年版，第136—137页。
② 雅克·比岱：《总体理论》，陈原译，北京：东方出版社，2010年版，第1—2页。

理解成一门社会总逻辑,在西欧已经存在了一千年,但我们今天依然看不到它的历史终结"①。哲学作为总体理论是人类把握世界的一种基本方式。黑格尔在其逻辑学中批判知性思维,倡导"无限思维",就是试图为这种总体性的把握奠定思维基础。马克思之所以能够达到对资本主义社会的总体性把握,正是因为他采用了黑格尔意义上的辩证法。卢卡奇在《历史与阶级意识》中对马克思的这一"总体性辩证法"作了详细的论述。他明确指出:"马克思的辩证方法,旨在把社会作为总体来认识。"② 在卢卡奇看来,古典经济学家,尤其是那些庸俗化的经济学家们始终都从个别资本家的观点考察资本主义的发展,并因此而陷入一系列无法解决的矛盾和虚假问题之中。马克思在《资本论》中同这种方法实行了彻底地决裂。马克思把所有局部现象都看作是整体的因素,理解为思想和历史的统一的辩证过程。"不是经济动机在历史解释中的首要地位,而是总体的观点,使马克思主义同资产阶级科学有决定性的区别。总体范畴,整体对各个部分的全面的、决定性的统治地位,是马克思取自黑格尔并独创性地改造成为一门全新科学的基础的方法的本质。"③

作为总体的资本主义社会,既看不见也摸不着,它所呈现给我们的仅仅是一种"混沌的整体的表象"。谁都不曾见过那个总体,资本主义也不曾以这种面目示人,而只表现为各种"症候"。只有哲学的辩证法才能把握到作为总体的资本主义的实质,马克思的《资本论》为我们树立了一个辩证地完成这项事业的绝佳榜样。"因此,对马克思主义来说,归根结底就没有什么独立的法学、政治经济学、历史科学等等,而只有一门唯一的、统一的——历史的和辩证的——关于社会(作为总体)发展的科学。"④

---

① 雅克·比岱:《总体理论》,陈原译,北京:东方出版社,2010年版,第2页。
② 卢卡奇:《历史与阶级意识》,杜章智、任立、燕宏远译,北京:商务印书馆,1999年版,第78页。
③ 卢卡奇:《历史与阶级意识》,杜章智、任立、燕宏远译,北京:商务印书馆,1999年版,第77页。
④ 卢卡奇:《历史与阶级意识》,杜章智、任立、燕宏远译,北京:商务印书馆,1999年版,第78页。

二、对剩余价值学说的诘难

雷蒙·阿隆在对《资本论》中的总体理论进行诘难之后,其矛头直指剩余价值学说。我们知道剩余价值理论位于《资本论》的核心,同时也是马克思对资本主义社会进行批判的最重要的理论依据。马克思通过剩余价值理论为我们展现了资本主义生产关系的剥削和奴役本质。雷蒙·阿隆指出:"马克思认为资本主义的中心问题可以归结为:利润是从哪里来的?以追逐利润为活动的基本动力的、大部分生产者和商人能够获得利润的这种制度为什么是可能的?"① 对于马克思来讲,古典政治经济学所探讨的"利润"概念在《资本论》中转换为了"剩余价值"概念,对利润的追问就是对剩余价值来源的考察。

在雷蒙·阿隆看来,马克思《资本论》的论证程序是:劳动价值理论、工资理论,最后是剩余价值理论。剩余价值概念在《资本论》中是第三位概念,位于劳动价值理论和工资理论之后。雷蒙·阿隆为我们简要地描述了马克思的这一论证过程。他说:"如果我们首先假定,一件商品的价值大致上相当于花费在该商品上的平均社会劳动量;我们然后假定,工人的劳动力,作为另一种商品,也是根据其价值,即根据维持工人及其家庭的生活所必需的商品的价值来支付的;我们最后假定,工人用自己的劳动生产的商品的价值高于其工资的价值;那么我们能把剩余价值叫做工人的劳动所生产的价值和工资的价值之间的差异,我们就能把剩余劳动叫做工人在生产了相当于其工资的价值之后为生产资料的所有者劳动的工作时间。"② 雷蒙·阿隆所揭示的三个论证步骤,是符合马克思《资本论》的逻辑顺序的。在揭示出马克思的论证步骤之后,雷蒙·阿隆随即针对这三个

---

① 雷蒙·阿隆:《社会学主要思潮》,葛智强、胡秉诚、王沪宁译,上海:上海译文出版社,2013年版,第138页。
② 雷蒙·阿隆:《想象的马克思主义》,姜志辉译,北京:上海译文出版社,2012年版,第178页。

逻辑环节逐一进行了批驳。

价值在本质上不同于价格，商品的价格随着供求情况而围绕着价值上下波动。马克思不仅没有忽视价格围绕价值上下波动，而且还明确地肯定了这种变动。价值是价格的"实体"。那么如何衡量商品的价值呢？马克思的基本论点是劳动量是商品中唯一可以计算的因素。马克思认为，唯一可以计算的因素就是包含、凝结在商品内部的劳动量。雷蒙·阿隆指出："这种定义不属于科学性的范围，而是属于形而上学、社会学或意识形态的范围。哲学家有权把经济价值和价值全体联系在一起，社会学家有权把经济价值归结为无意识评价、或至少自发评价的一个特殊类别，通过这些评价，某个团体就能建立它的文化世界。最后，观念学家和道德家可能会声称，只有劳动成果才具有经济价值，劳动是财富或服务的实体或最终原因。"[①] 当马克思将劳动确立为价值的唯一的合法的源泉的话，这就意味着以其他方式所获得的价值增殖是不合法的，是对别人劳动的窃取和剥削。所以雷蒙·阿隆认为劳动价值论的定义不属于严谨的科学性的范围，而属于形而上学或者道德哲学的范围。

像任何商品的价值一样，劳动力作为商品的价值也是可以衡量的。资本家按照工人出售给他的劳动力付给工人的工资相当于为生产工人自身及其家属不可缺少的商品所付出的社会必要劳动量。人的劳动报酬是按照其价值及对一切商品都适用的总的价值规律付给的。也就是说衡量劳动力价值的劳动量就是使工人及其家属赖以生存的商品的劳动量。在雷蒙·阿隆看来，在生产劳动力商品所必需的平均社会劳动量和维持（再生产）工人的劳动力所必需的商品量之间，没有公约数。雷蒙·阿隆指出："这一论点的困难在于价值—劳动的理论是建筑在作为价值原则的劳动可量性的基础之上的，而且在第二个论点中当涉及工人自身及其家属的必要商品时，人们就在表面上离开了这种可量性。在后一种情况下，就有一个由习俗和

---

① 雷蒙·阿隆：《想象的马克思主义》，姜志辉译，上海：上海译文出版社，2012年版，第180—181页。

集体心理所决定的价格问题。这一点，马克思本人也是承认的。"① 维持工人及其家属赖以生存的商品的劳动量是无法计量的，正是基于这一点，雷蒙·阿隆引用熊彼特的观点认为马克思的工资理论仅仅是"一个纯粹的文字游戏"。

雷蒙·阿隆认为，《资本论》中的工资理论在其理论体系中占有一个中心位置，工资理论直接构成了剩余价值学说的理论基础，剩余价值理论不是直接可证明的或可反驳的。因此，雷蒙·阿隆只能批判剩余价值学说中剩余价值率的计算。"马克思用许多例子指出，剩余价值率处在100%左右的水平上，他也指出，剩余价值率倾向于保持恒定，但是，他从来没有给出计算剩余价值率的方法。也没有一个马克思主义者计算过剩余价值率。没有人能计算剩余价值率：正如阿尔都塞本人所说的，剩余价值的概念既不是可运算的，也不是可数量化的。"② 马克思虽然给出了计算剩余价值率的公式，但其进行计算的所有数值都是建立在假设的基础上。马克思在论述剩余价值率和剩余价值量的时候，使用的都是"如果"、"假定"这样的字眼，也就是说，马克思关于剩余价值的数值计算都是自己假设的。雷蒙·阿隆曾经不无嘲讽地提到了一件事情："在皮埃尔·纳维尔先生的论文答辩会上，我提醒人们注意，自一个世纪以来，没有一个经济学家计算过剩余价值率。评审委员会的一个同事回答我说，也许在未来会有人计算剩余价值率。多么地天真啊！"③

雷蒙·阿隆以极其尖锐的方式把一系列理论疑难摆到了我们面前：马克思单纯地把劳动作为价值的唯一的合法的源泉，是否构成了一种道德预设？剩余价值理论作为劳动价值论和工资理论的合理性推论，是不是这种道德预设的产物，而非一种严格的科学理论？《资本论》究竟是一部严谨

---

① 雷蒙·阿隆：《社会学主要思潮》，葛智强、胡秉诚、王沪宁译，上海：上海译文出版社，2013年版，第140页。
② 雷蒙·阿隆：《想象的马克思主义》，姜志辉译，上海：上海译文出版社，2012年版，第182—183页。
③ 雷蒙·阿隆：《想象的马克思主义》，姜志辉译，上海：上海译文出版社，2012年版，第182页注释。

的科学性质的著作，还是一部道德哲学或者说存在论著作？《资本论》究竟是一部什么样的著作？正如雷蒙·阿隆所说，人们可以像熊彼特那样把《资本论》看作是一部与哲学毫无相干的严谨的经济类的科学著作，也可以像比戈神甫及其他评论家那样指出《资本论》确立了人类在经济生活中的存在主义哲学。关于《资本论》的理论性质这一问题，思想家们一直争论不休。究其根源，就是因为剩余价值理论本身就是经验科学和道德判断的混合物。"剩余价值的理论具有科学的和道义的两种作用。这两种因素结合在一起使马克思主义具有一种无与伦比的威力。理性主义者从中得到满足，唯心主义者或反叛者们也如此，而这两种满足又是互为补充的。"①

三、对历史唯物主义的诘难

雷蒙·阿隆对历史唯物主义的诘难，并非专门针对《资本论》的，它关涉到包括《资本论》在内的全部马克思主义学说。雷蒙·阿隆指出，首先，就其理论溯源来讲，马克思的历史唯物主义具有"犹太—基督教"的根源，是救赎神学以一种科学外表的理论"复活"；其次，就其理论内容来讲，历史唯物主义主张人类社会形态演进分成"亚细亚的、古代的、封建的和现代资产阶级的生产方式"四个阶段，"亚细亚生产方式"很难融进到整个唯物史观的生产方式的演进当中；第三，就历史唯物主义的政治后果来说，无产阶级专政不仅不可能，并且很可能导致一种比资本主义制度更恶劣的政治制度；最后，西方现实社会的发展表明，西方资本主义社会并没有如马克思的预言所昭示的那样，资本主义社会必然灭亡。

在马克思看来，无产阶级的解放就等同于全人类的解放，因此他把人类解放的重任交付给无产阶级。雷蒙·阿隆认为这是一种无产阶级神话。

---

① 雷蒙·阿隆：《社会学主要思潮》，葛智强、胡秉诚、王沪宁译，上海：上海译文出版社，2013年版，第142页。

"所谓无产阶级的神话,是指把工人看作一种社会理想的载体,这个社会与目前的社会全然不同,也不会再有任何社会冲突。"① 对此,雷蒙阿隆将马克思的这一主要观点看作是"犹太—基督教"的弥赛亚传统,并将马克思的历史唯物主义称之为"末世学"。"马克思主义的'末世学'赋予无产阶级一种集体救世主的角色。青年马克思所使用的表达方式清楚地表现出了'天选阶级'神话的'犹太—基督教'根源。这一阶级之所以被选中,主要是因为它为拯救人类遭受了苦难。无产阶级的使命,革命导致了史前时代的终结,自由的统治,在这些表述中,人们不难发现至福千年说的思想结构:救世主,决裂,上帝的王国。"② 雷蒙·阿隆将马克思主义和基督教的救赎传统进行比照,指出历史唯物主义只不过是"古老的信仰以一种科学的外表复活"。

马克思在《〈政治经济学批判〉序言》中指出:"大体说来,亚细亚的、古代的、封建的和现代资产阶级的生产方式可以看作是经济的社会形态演进的几个时代。"③ 马克思的这一论断被看作是历史唯物主义关于社会发展理论的基本内容。在雷蒙·阿隆看来,马克思的这一划分使用了与孔德相同的方法,根据经济制度区分历史时期。马克思确定了四种经济制度,用他自己的话来说,就是四种生产方式。他把这四种生产方式称为:亚细亚生产方式、古代生产方式、封建生产方式和资产阶级生产方式。雷蒙·阿隆对马克思的这一划分提出了质疑。他指出亚细亚生产方式似乎不是西方历史上的一个阶段。这一生产方式是一种独特的生产关系,无法用生产资料所有制的模式来解释。"亚细亚生产方式似乎不是由奴隶、农奴或工资收入者对一个掌握生产资料的阶级的从属性所决定的,而是由全体劳动者对于国家的从属性所决定的。如果对亚细亚生产方式的这种解释是

---

① 雷蒙·阿隆:《介入的旁观者——雷蒙·阿隆访谈录》,杨祖功、海鹰译,长春:吉林出版集团有限责任公司,2013年版,第143页。
② 雷蒙·阿隆:《知识分子的鸦片》,吕一民、顾杭译,南京:译林出版社,2012年版,第62页。
③ 《马克思恩格斯选集》(第2卷),北京:人民出版社,1995年版,第33页。

对的，那么，它的社会结构就不是以西方意义上的阶级斗争，而是以国家或官僚阶级对全社会的剥削为特征了。"① 马克思的社会发展理论主要是根据欧洲尤其是西欧的社会发展建构起来的，而亚细亚的生产方式是东方社会的生产方式，它无法融入到历史唯物主义关于社会发展逻辑当中。如果亚细亚生产方式标志着一种不同于西方的文明的话，那么，有多少个人类集团，就可能会有多少种历史发展方式。

雷蒙·阿隆不仅宣称无产阶级革命是一种神话，还指出无产阶级专政也是不可能的。根据马克思的观点，无产阶级对资产阶级的胜利就像资产阶级战胜封建地主阶级一样。雷蒙·阿隆却表明这一类比是错误的。"资产阶级在封建社会内部发展了生产力，无产阶级以同样的方式正在资本主义社会内部发展生产力，但是我认为这种类比是错误的。"② 对此，雷蒙·阿隆给出了两个理由：第一，无产阶级并不创造新的生产力和生产关系。"在资本主义社会里无产阶级并不是一个享有特权的少数人的集团，而是不享有特权的大批劳动群众。它在资本主义社会里并不创造新的生产力和生产关系，工人只是资本家或技术人员领导的生产方式的执行者。"③ 第二，无产阶级专政从根本上来说是不可能的。"资产阶级是一个享有特权的少数人集团，它从社会上的统治地位进而行使政治权力。无产阶级是不享有特权的广大群众，这样的群众是不会变成享有特权并占有统治地位的少数人集团的。"④ 因此，雷蒙·阿隆作出如下判断：把无产阶级崛起与资产阶级上升进行类比是根本错误的。为了在资产阶级上升和无产阶级的崛起之间建立等同关系，马克思主义者只得使用别人用过的、又被自己反对

---

① 雷蒙·阿隆：《社会学主要思潮》，葛智强、胡秉诚、王沪宁译，上海：上海译文出版社，2013年版，第135页。
② 雷蒙·阿隆：《社会学主要思潮》，葛智强、胡秉诚、王沪宁译，上海：上海译文出版社，2013年版，第169页。
③ 雷蒙·阿隆：《社会学主要思潮》，葛智强、胡秉诚、王沪宁译，上海：上海译文出版社，2013年版，第170页。
④ 雷蒙·阿隆：《社会学主要思潮》，葛智强、胡秉诚、王沪宁译，上海：上海译文出版社，2013年版，第170页。

过的方法：虚构。无产阶级的崛起除非是神话，否则是不能与资产阶级的上升相提并论的，这是马克思历史观上的一个最大的错误。

根据当代资本主义社会的发展现状，雷蒙·阿隆指出，资本主义的发展并没有导致工人阶级的贫困化，反而导致工人阶级生活水平的提高。在当代最典型的资本主义国家美国，工人阶级有最高的生活水平，最少的革命愿望。尽管频繁受到萧条的侵袭，因创造性破坏而动摇，但资本主义制度并没有挖掘自己的坟墓。当经济危机在资本主义制度国家肆虐时，人民群众，不管无产阶级与否，并非必然地归附以工人阶级自居的政党。相反，"随着社会主义实行生产资料国家所有制和国家管理，在与其他政治单位相独立的意愿和人民群众对民族或国家的依附的双重意义上，社会主义不可避免地强化国家主义"[1]。雷蒙·阿隆之所以如此激烈地批判马克思主义，其根本原因就在于苏联尤其是斯大林以来的极权主义。在一次访谈中，雷蒙·阿隆谈到："我不能不反对极权主义。我亲历过希特勒德国的极权主义。作为社会学家或政治学家，我探讨过我们工业社会中各种政府模式，思考过最危险、最恶劣的制度莫过于极权主义制度。在我眼里，斯大林政权显然是最完备最彻底的极权制度。谁也超不过它。"[2] 因此，雷蒙·阿隆对于萨特一方面承认苏联的集中营里大概关了几万囚徒，另一方面又不谴责苏联，感到极其愤慨。

四、对雷蒙·阿隆诘难的回应

雷蒙·阿隆对马克思的批判如此激烈，但这并不意味着马克思在雷蒙·阿隆的心目中一文不值。相反，雷蒙·阿隆指出，马克思"的伟大是不容置疑的：用戴高乐将军的一句话，大意是，对其伟大的证明莫过于大

---

[1] 雷蒙·阿隆：《想象的马克思主义》，姜志辉译，上海：上海译文出版社，2012年版，第4页。
[2] 雷蒙·阿隆：《介入的旁观者——雷蒙·阿隆访谈录》，杨祖功、海鹰译，长春：吉林出版集团有限责任公司，2013年版，第145页。

争论。如果我们用马克思所引发或激起的争论的范围来衡量他的伟大,那么两个世纪以来,有谁能与他相比"①? 并且雷蒙·阿隆自诩比萨特和阿尔都塞更懂马克思,更忠于马克思的启示。因此,雷蒙·阿隆对马克思的批评和诘难绝非信口雌黄、无的放矢,这种激烈的批评和诘难值得我们认真对待,促使我们去认真反省和思考马克思的学说及其所开辟的现实道路。

在雷蒙·阿隆的所有批评中,有两个诘难对马克思主义构成了致命性的威胁,这就需要我们对这两个核心问题作出澄清和探索。一是《资本论》的明晰性问题。不对这一问题作出澄清和辩护,马克思最伟大的著作《资本论》就成为一部不严谨的著作,一部伪科学著作,从而变得一文不值,从而导致马克思主义丧失学理上的依据;二是无产阶级专政何以可能的问题。包括《资本论》在内的马克思的全部学说,最终的使命是要实现全人类的解放,而这一宏伟目标是通过无产阶级专政实现的。如果不对这一问题作出探索,人类解放的现实道路就会成为一纸空文,相反在实践中有可能导向极权主义。

"马克思的《资本论》最为集中地体现了他的全部研究工作的'总的结果',深刻地揭示了人类历史的发展规律、特别是作为'现实的历史'的资本主义的发展规律,系统地表述了他的'两大发现',因而构成马克思主义的关于'现实的人及其历史发展的科学'的真实内容。"② 在这个意义上,《资本论》构成了马克思总体理论的主要内容。雷蒙·阿隆囿于其经验科学意义上的社会学立场,无法理解哲学意义上的总体理论,所以认为这种总体理论是不可能的。他指责以劳动价值论为基础的剩余价值学说无法计量,具有一个道德预设,是"科学和道义"的混合物,都是基于同样的理论立场。殊不知,哲学意义上的"科学性"正是真理论和价值论的

---

① 雷蒙·阿隆:《想象的马克思主义》,姜志辉译,上海:上海译文出版社,2012年版,第234页。
② 孙正聿:《〈资本论〉与马克思主义哲学》,载《学习与探索》2014年第1期。

统一，《资本论》中的道德超越性维度具有永恒的人类性价值，这恰恰是《资本论》的"生命力"所在。因此，《资本论》的明晰性绝非单纯的经验科学意义上的清晰性，而是辩证法意义上的明晰性。雷蒙·阿隆指责《资本论》模棱两可、含混不清，更多的是在知性思维的意义上，批判《资本论》缺乏精确性和可计量性。而《资本论》继承和发展了黑格尔意义上的辩证思维。一方面，马克思通过使用价值、交换价值、价值、货币、资本、剩余价值，一步步揭示出了资本主义社会的秘密：资本增殖的逻辑。这构成了《资本论》科学意义上的分析逻辑。另一方面，马克思通过人类劳动、一般劳动、必要劳动、剩余劳动、剩余价值、私有制、共产主义，向我们展现了抽象的资本统治的根源：生产资料私有制。这构成了《资本论》哲学意义上的解放逻辑。这两种逻辑相互支撑，互为表里，共同构成了《资本论》的实质性内容。《资本论》的这种双重逻辑，《资本论》对资本主义社会的总体性认识，只有通过辩证法才能把握。雷蒙·阿隆基于其经验主义的立场，按照阿尔都塞的说法，受到经验主义意识的诱惑，是无法理解《资本论》所具有的独特的明晰性的。

无产阶级革命胜利以后，代替资产阶级统治全社会的是无产阶级专政。雷蒙·阿隆认为这一设想是无法成立的。资产阶级是一个享有特权的少数人集团，它取得统治地位是完全可能的。而无产阶级是社会上不享有特权的广大群众。统治永远是少数人集团对多数人的统治，无产阶级是不会变成享有特权并占有统治地位的少数人集团的。如何解决无产阶级专政这一疑难问题，只能诉诸无产阶级的先锋队——共产党，由共产党代表全体无产阶级实行无产阶级专政。接下来，问题接踵而至，如何能够保证共产党代表的是无产阶级或广大人民群众的利益，而不至于蜕化为官僚集团，代表一小撮特权集团的利益。柄谷行人通过分析马克思的《路易·波拿巴的雾月十八日》中作为"代表所有一切者出现的波拿巴"，指出"代表者"的利益和"被代表者"的利益之间，并没有直接的联系。"'代表者'和'被代表者'之间的连接关系是决不是固定的、也不是必然的。"①如果说"代表者"和"被代表者"之间的关系本来是任意的,那么,共产党也就不必然代表广大人民群众的利益。共产党的代表性问题,共产党和广大人民群众的利益同一性问题,就成为无产阶级专政何以可能的关键。在这个意义上,中国共产党所推行的群众路线教育解决的正是这个问题,这可能是中国共产党对丰富无产阶级专政理论一个非常宝贵的理论贡献。

自卢卡奇始,就开始倡导马克思主义者不要把马克思的著作当作"圣书"来解读,雷蒙·阿隆更是把马克思的著作放在批判的位置上去进行解读。他反对萨特的存在主义解读,同时也反对阿尔都塞的结构主义解读,认为他们都是想象的马克思主义,是从一个神圣家族到另一个神圣家族。他们对马克思的研究都是外在的,他们只是拘泥于对马克思的文本进行各种形式的解读,而真正的马克思主义者应该用《资本论》的立场、观点和方法去分析我们所处的时代。因此,雷蒙·阿隆指出,我们不应当仅限于研究19世纪的"资本论",而应该去撰写我们时代的"资本论"。雷蒙·阿隆自称自己是一个"介入的旁观者",意即以一种政论家的身份介入了动荡的历史。在其看来,马克思也是如此。马克思和雷蒙·阿隆都不是一个纯粹书斋里的学者,他们都试图用理论介入实践。正是在这个意义上,雷蒙·阿隆宣称自己比萨特和阿尔都塞更懂马克思。"我也从来没有把哲学和政治、思想和介入割裂开来,但是,我比他们花费更多的时间来研究经济和社会机制。在这个意义上,我认为,我比他们更忠于马克思的启示。"②

---

① 柄谷行人:《马克思,其可能性的中心》,中田友美译,北京:中央编译出版社,2006年版,第99页。
② 雷蒙·阿隆:《想象的马克思主义》,姜志辉译,上海:上海译文出版社,2012年版,第3页。

第四章　如何再现《资本论》
——詹姆逊的《资本论》解读

美国当代"最重要的文化批评家"弗雷德里克·詹姆逊，既是一个马克思主义者，同时又是一位后现代主义思想家。对于这种双重身份，詹姆逊指出："马克思主义与后现代主义：人们往往感到这是一种罕见的或悖论的结合，是缺乏稳固基础的，以致有些人认为，当我现在'成为'后现代主义者时，必须不再做任何含义上的马克思主义者了。"① 在现代人看来，"马克思主义"已被理解为列宁和苏维埃革命时期泛黄的老照片，而"后现代主义"则产生的是最豪华的大酒店的想象。正是在这两种看似格格不入的思潮中，詹姆逊却找到了契合点，那就是：晚期资本主义。詹姆逊把我们这个时代的资本主义称为晚期资本主义，晚期资本主义是继古典资本主义、垄断资本主义之后资本主义发展的第三阶段。詹姆逊将马克思主义和后现代主义整合到晚期资本主义这一历史框架当中，通过马克思主义对历史和社会的理解来分析并批判当代的文化和理论。因此，"詹姆逊看起来展现了两个领域的最佳情形：他一方面是坚持历史确定性的传统马

---

① 詹姆逊：《现代性、后现代性和全球化》（《詹姆逊文集》第4卷），王逢振主编，北京：中国人民大学出版社，2004年版，第202页。

克思主义者，同时又是一位敏感于正统批判的激进的当代理论家"①。

正是詹姆逊的这种双重身份，客观上使得他能够致力于让马克思的思想获得一种现当代的意义。基于这种研究策略，詹姆逊对《资本论》的解读并不仅仅是把《资本论》当作研究对象，而是试图在全球化的语境中再现或者说复活《资本论》。詹姆逊认为："马克思的著作如资本本身一样，总是说不完的，对于资本的每一次调整或变化，他的文本和思想都会以不同方式、不同重点予以回应——用法语说，就是 *inédits*——富含新的意义。"② 实际上，《资本论》的伟大就在于此。人类历史上，大多数智力或想象力的著作，经过短的不过饭后一小时，长的达到一个世纪的时间，就永远消失了。但有些创作却不是这样，它们遭受几度隐没，复又重现。《资本论》就是这样的"伟大的创作"。世界范围内金融危机再次提醒我们：我们依然生活在马克思在《资本论》中所表征的时代延长线上，《资本论》仍然是洞穿现代社会最深刻的著作。在我们的时代，帝国主义和垄断阶段的资本主义进入了全球化时期，形成了全球性构架。詹姆逊的著作《再现〈资本论〉》③ 就是试图在全球化的语境中重新激发《资本论》的生命力。因此，詹姆逊指出："今天对《资本论》的任何创造性解读都是一个翻译过程。这个过程把为维多利亚社会第一个工业时代创造的语言和概念在忠实于原初构建的状况下转换成了另一种代码，还通过对初次再现的抱负维度和精巧结构的坚持，保证了它在当代的可再现性。"④ "再现"成为了詹姆逊解读《资本论》的独特方法，通过这种方法詹姆逊实现了《资本论》的当代阐释和符码转换。需要注意的是詹姆逊对《资本论》的解读

---

① 肖恩·霍默：《弗雷德里克·詹姆森》，孙斌、宗成河、孙大鹏译，上海：上海人民出版社，第224页，2004年版。
② 詹姆逊：《重读〈资本论〉》，胡志国、陈清贵译，北京：中国人民大学出版社，2013年版，第1页。
③ 詹姆逊的 Representing Capital: A Commentary on Volume One 一书中译本翻译为《重读〈资本论〉》，将 "Representing" 一词翻译为"重读"，在某种意义上正好抹杀了詹姆逊解读《资本论》的独特方法"再现"。
④ 詹姆逊：《重读〈资本论〉》，胡志国、陈清贵译，北京：中国人民大学出版社，2013年版，第7页。

立足于第一卷,他认为《资本论》第一卷是一部完整的著作,并且能够代表《资本论》的全部思想。

一、《资本论》的方法论

雷蒙·阿隆曾经批评马克思的《资本论》"含混不清",认为从社会学、历史学、经济学等各个学科的角度都可以把资本主义说清楚,而马克思的《资本论》试图从总体上把握资本主义社会只能陷入"模棱两可"当中。经济学家们试图为通货膨胀和滞胀所引起的经济危机提供实际解决方案,政治学家们通过重新确立"正义"原则试图使现代社会成为一个分配正义的社会,而社会学家们则试图通过"高福利国家"的构想解决社会的两极分化等等。总而言之,资本主义学者们致力于解决资本主义社会出现的各种问题,他们希望以这样或那样的方式矫正资本主义系统。但是,他们从来没有把资本主义社会作为一个总体进行思考,而这恰恰是马克思的抱负。也就是说,在雷蒙·阿隆批判马克思含混不清的地方,恰恰是马克思"真正的历史科学"开始的地方。卢卡奇在《历史与阶级意识》一书中关于"总体性辩证法"的论述,表明他已经把握到了马克思这一研究方式的致思取向。作为总体的资本主义问题,只有哲学的辩证法才能把握到。詹姆逊指出,谁都不曾见过那个总体,资本主义也不曾以这种面目示人,而只表现为"症候"。"因为资本主义不可再现,所以是不可言说的,是语言和思维之外的一种神秘现象。相反,人们必须加倍努力,从这个角度言说那不可言说之物。马克思的书给我们树立了一个辩证地完成这项事业的绝佳榜样。也正因为如此,他最终赖以取得成功的方法对我们今天来说既重要又迫切。"①

《资本论》如何言说这一不可言说之物?无论是根据马克思本人的论

---

① 詹姆逊:《重读〈资本论〉》,胡志国、陈清贵译,北京:中国人民大学出版社,2013年版,第5—6页。

述，还是通过对《资本论》研究方法的分析，马克思在《资本论》中使用的方法是辩证法，这是确切无疑的。詹姆逊指出："事实上《资本论》从头到尾都贯穿着一个巨大的二重性或二元对立——全书根本的或绝对的起点，总有许多人斥之为形而上学预设——那就是性质和数量之间的鲜明对立，偶尔我们会发现其变成甚至更可疑的身体与精神或灵魂的对立。"[1] 虽然后世学者对这种二元对立或二重性褒贬不一，但是二重性的确构成了《资本论》的根本的或绝对的起点。马克思指出："资本主义生产方式占统治地位的社会的财富，表现为'庞大的商品堆积'，单个的商品表现为这种财富的元素形式。因此，我们的研究就从分析商品开始。"[2] 从商品开始就是从商品的使用价值和交换价值的二重性开始。马克思认为，商品是一个依靠自己的属性来满足人的某种需要的物，这种物的有用性构成了商品的使用价值。商品的使用价值是其交换价值的物质承担者，而交换价值则是一种使用价值同另一种使用价值相交换的量的关系或比例。同《资本论》的一般研究者不同，在詹姆逊看来，这种二元对立不仅仅是《资本论》的逻辑起点，并且贯穿于全书始终。

表面上看来，这种辩证法的二元对立与黑格尔辩证法并无不同，问题的关键恰恰就在于如何将马克思《资本论》中的辩证法与黑格尔的辩证法相似性掩盖下的本质性区别揭示出来。马克思与黑格尔之间的关系虽然是错综复杂的，但是我们必须清楚一点：只有站在德国古典哲学尤其是黑格尔辩证法所达到的高度上，才能真正理解马克思，也才能将马克思和黑格尔真正区别开来。詹姆逊对《资本论》辩证方法研究的独到之处就在于他做到了这一点。詹姆逊指出："数量和性质的绝对对立，即他的《资本论》思想的基础，也不是作为简单的二元论发挥作用的，相反，它会产生某种奇怪地超越了身体和灵魂的相互转换的东西，那是一个迥异于人们通常预

---

[1] 詹姆逊：《重读〈资本论〉》，胡志国、陈清贵译，北京：中国人民大学出版社，2013年版，第13—14页。
[2] 《马克思恩格斯文集》（第5卷），北京：人民出版社，2009年版，第47页。

料的庸俗黑格尔主义第三术语或'合题'的维度。"① 这一维度是一个关键的维度或者说是一个关节点。之所以重要，是因为"这里，我们面对的是资本主义辩证逻辑与马克思理论构建计划的结构性难题相交的关键点；在这个点上，我们无可避免地需要援引黑格尔"②。当列宁做出不懂得黑格尔的"逻辑学"就不可能懂得马克思的《资本论》的论断时，绝对是一语中的的真知灼见。

在《资本论》中，马克思指出商品的二重性之后，首先要做的就是将使用价值悬置起来，声称他对资本的分析不会再涉及这个方面。于是，"交换价值"的问题就成了关注的中心。为了说明这个问题，马克思举出了"上衣和麻布"的例子。如果不从黑格尔的辩证法而仅仅从经济学的价值理论出发永远无法揭示出马克思这个例子的真实意义。詹姆逊指出："黑格尔著作中同样原始的神话一跃而出，让马克思本人的著作中最惊人的比喻性推演成为可能：宏大的承认场景，不是未来的主人和奴隶为承认而斗争的黑格尔版本的场景，而是如同魔术玩具商店的场景。"③ 在詹姆逊看来，《资本论》关于价值形式的分析实际上就是把黑格尔版本的主人和奴隶的承认场景转换为商品与商品之间的交换场景。在资本主义社会中，商品拥有了人格关系的所有权。上衣和麻布之间一次真正喜剧性的发现，只不过是"一次恶意而滑稽的对黑格尔的主人和奴隶为承认而进行的悲剧斗争的重演"④。

"上衣和麻布"的关系进一步被马克思规定为"等价形式"和"相对价值形式"之间的关系。"如果一个人用他的麻布同其他许多商品交换，从而把麻布的价值表现在一系列其他的商品上，那么，其他许多商品占有者也就必然要用他们的商品同麻布交换，那么，其他许多商品占有者也就

---

① 詹姆逊：《重读〈资本论〉》，胡志国、陈清贵译，北京：中国人民大学出版社，2013年版，第14页。
② 詹姆逊：《重读〈资本论〉》，胡志国、陈清贵译，北京：中国人民大学出版社，2013年版，第18页。
③ 詹姆逊：《重读〈资本论〉》，胡志国、陈清贵译，北京：中国人民大学出版社，2013年版，第23页。
④ 詹姆逊：《重读〈资本论〉》，胡志国、陈清贵译，北京：中国人民大学出版社，2013年版，第23页。

必然要用他们的商品同麻布交换,从而把他们的各种不同的商品的价值表现在同一个第三种商品麻布上。"① 这样,麻布就具有了一般等价形式,或者说就成了一般等价物。而固定地充当一般等价物的商品就是货币。实际上,"上衣和麻布都没有什么了不起的优先性;这里被戏剧化的,是它们之间的关系,只有到我们最后触及货币形式,触及这个一般等价物中的那些多变而看似无止境的对立的更明确的物化的时候,这一关系才会被还原、被送回到单个物品的状况"②。如果我们把马克思从商品到价值形式的分析称为第一步的话,那么从交换价值到货币便构成了马克思分析的第二步。詹姆逊把马克思的这些分析称为"一"与"多"之间的范畴游戏,并且指出只有引入"货币","一"与"多"之间的范畴游戏才能得到控制,或者说更加明确起来。这是因为作为"一"的货币和作为"多"的商品之间的关系真正形成。"在这里,一大堆不同性质的个别商品的'多',畏惧而景仰地张着嘴,围绕在等价的'一'的四周。等价物便真正成为'价值体',其偶然特征随每个生气勃勃的接续者而变化,但它在等式中的位置确认了它的神秘性和符号力量。"③

"货币"的问题绝对是一个需要我们注意的问题。马克思和其他乌托邦式的思想家们正是在这个问题上分道扬镳。站在马克思的立场上看来,货币是解决资本主义困境的乌托邦路径的根源。从莫尔到蒲鲁东概莫能外,莫尔主张完全取消货币,蒲鲁东主张用劳工证作为劳动时间的公平价格来控制货币和净化货币,以期达到消除剥削的目的。马克思在《大纲》中激烈地批评了这一做法。纠缠货币问题,将其作为原因或症状,都将导致我们停留在资本主义市场体制即流通领域内,让我们的知识、科学问题和对问题的解答遭到无法突破的禁锢,即我们无法突破资本主义制度的限制。马克思并没有停留在货币上,而是迈出了从货币到资本的第三步。马

---
① 《马克思恩格斯文集》(第5卷),北京:人民出版社,2009年版,第80—81页。
② 詹姆逊:《重读〈资本论〉》,胡志国、陈清贵译,北京:中国人民大学出版社,2013年版,第26页。
③ 詹姆逊:《重读〈资本论〉》,胡志国、陈清贵译,北京:中国人民大学出版社,2013年版,第27页。

克思区分了货币的三种规定：价值尺度、交换手段和雇佣劳动。"因为用货币同样可以交换和购买劳动，也就是生产活动本身，潜在的财富。"① 这就是货币的第三种规定，作为生产因素的规定可以购买劳动力。马克思指出，充分发展的货币的第三种规定，以前两种规定为前提，并且是它们的统一。正是货币的第三种规定使货币转化为资本成为可能。因此，马克思才会指出，"在这个规定性上已经潜在地包含了货币作为资本的规定。作为单纯交换手段的货币被否定了"②。就此而言，货币只是"第三种东西"或者说"第三个维度"的起点。从货币到资本，一直到拜物教构成了第三个维度的具体内容。

可见，马克思《资本论》中辩证法的第三个维度已经迥异于黑格尔辩证法正—反—合中"合题"的维度。詹姆逊指出："在这种二重性中，还有一个'第三种东西'。这个'第三种东西'与另外两个维度不一样：另外两个维度（身体、个人意识）必然是个人的，它却不再是个人的，而是集体的，或者（如果你喜欢这么说）社会的。第三种东西也可称作客体性，它与纯粹物质的东西不是一回事：的确，客体性是一种独立的清楚可辨的形式或范畴。"③ 马克思的第三种东西——交换价值的客体已经不仅仅是一种逻辑推论的产物，而是活生生的资本主义的社会现实。马克思把"交换价值的客体"称为一种"幽灵般的客体性"，绝不是什么纯粹主观的错觉或个人的胡想乱想，而是一种社会事实，一种我们危险地忽略了的资本主义的社会现实。这种社会现实正是马克思所揭示出来的。"这样，我们就来到了真正资本主义的现实的黑格尔客观表现领域，或马克思所说的 *Erscheinungs form*，即'外在形态'——在这个意义上，资本主义现实不真也不假。"④

---

① 《马克思恩格斯全集》（第30卷），北京：人民出版社，1995年版，第169页。
② 《马克思恩格斯全集》（第30卷），北京：人民出版社，1995年版，第169页。
③ 詹姆逊：《重读〈资本论〉》，胡志国、陈清贵译，北京：中国人民大学出版社，2013年版，第18—19页。
④ 詹姆逊：《重读〈资本论〉》，胡志国、陈清贵译，北京：中国人民大学出版社，2013年版，第19页。

《资本论》之所以具有"神奇的洞察力",根源就在于这种作为认识论的"辩证法"。站在詹姆逊的立场上来看,马克思如果没有运用辩证法,没有对辩证法"第三种东西"的分析,是无法切中资本主义社会现实,无法表征资本主义总体的。美国当代经济学家海尔布隆纳就此曾经高度赞扬马克思。他指出:"马克思的重要性正是源于这样的成就。他的贡献,从某种意义上说,堪与柏拉图和弗洛伊德的贡献相媲美。这一贡献就是,他发现了隐藏在历史表象之下的、之前未被发现的深层次现实,首要的是,他发现了我们称之为'资本主义'的这一历史阶段背后的现实。"[1]

二、《资本论》再现的核心

《资本论》的再现,就是马克思所把握到的"幽灵般的客体性"——资本主义深层次的社会现实在当代社会中的再现。古典政治经济学几乎接触到事物的真实状况,但是没有自觉地把它表述出来。只要古典政治经济学附着在资产阶级的皮上,它就不可能做到这一点。从詹姆逊的立场来看,马克思通过对辩证法第三项的分析,揭示了资本主义背后的社会现实。这个第三项是真正的社会现实,绝非身体与灵魂、物质与心灵等等过去因素的任何类型。它把商品拜物教现实标为集体的、历史的或者说标为资本主义社会总体。在此意义上,詹姆逊明确了《资本论》的价值所在,明确了《资本论》超出古典政治经济学的高明之处。正如海尔布隆纳所指出的,"我们阅读《资本论》,不只要了解资本主义如何运行,而且要了解资本主义是什么,这是一个迄今为止尚没有人提出,而马克思以深刻、令人难忘的方式回答了的问题"[2]。在《资本论》中,马克思对资本主义本性的洞察,也就是詹姆逊所揭示的马克思对辩证法"第三项"的分析,使

---

[1] 海尔布隆纳:《马克思主义:支持与反对》,马林梅译,北京:东方出版社,2014年版,第2页。
[2] 海尔布隆纳:《马克思主义:支持与反对》,马林梅译,北京:东方出版社,2014年版,第3—4页。

《资本论》的再现或复活成为可能。

詹姆逊通过"再现"的方法将《资本论》解读成了一部关于"失业"的书。他指出:"我将说明,《资本论》——从现在开始,我省略'第一卷'——不是一部关于政治的书,甚至不是一部关于劳动的书。它是一部关于失业的书。这是一个诽谤性的观点,我准备通过细致分析全书的观点和失业的阶段及逐步发展来证明。"① 詹姆逊对《资本论》的解读正是围绕这一核心观点展开分析的。

詹姆逊在对《资本论》的解读中,找到了"规律"这一概念,并以此为突破口开始了自己的逻辑论证。詹姆逊指出,马克思在《资本论》中很不愿意使用"规律"一词。但是却在《资本论》达到高潮的一章中在非常肯定地意义上使用了这个词语。"这就是资本主义积累的绝对的、一般的规律!"他引用了马克思《资本论》中下述这段话作为其立论的根据:"社会的财富即执行职能的资本越大,它的增长的规模和能力越大,从而无产阶级的绝对数量和他们的劳动生产力越大,产业后备军也就越大。可供支配的劳动力同资本的膨胀力一样,是由同一些原因发展起来的。因此,产业后备军的相对量和财富的力量一同增长。但是同现役劳动军相比,这种后备军越大,常备的过剩人口也就越多,他们的贫困同他们所受的劳动折磨成正比。最后,工人阶级中贫苦阶层和产业后备军越大,官方认为需要救济的贫民也就越多。这就是资本主义积累的绝对的、一般的规律。像其他一切规律一样,这个规律的实现也会由于各种各样的情况而有所变化,不过对这些情况的分析不属于这里的范围。"②

詹姆逊认为,这段话就是马克思《资本论》对资本主义社会本质性的、规律性洞察的核心内容。"在我们的解读中,'绝对的、一般的资本规律'被看成是马克思对资本主义系统的再现的核心,或更准确地说,马克

---

① 詹姆逊:《重读〈资本论〉》,胡志国、陈清贵译,北京:中国人民大学出版社,2013年版,第2页。
② 《马克思恩格斯文集》(第5卷),北京:人民出版社,2009年版,第742页。

思对资本主义系统的构建的核心。"① 詹姆逊对《资本论》的解读正是围绕着"绝对的、一般的资本规律"展开。他对马克思如何来呈现事实不感兴趣，对那些据说是他从事实中推演出来的相关规律也不感兴趣，他所感兴趣的正是这个"绝对的、一般的资本规律"。换言之，詹姆逊对于马克思劳动价值论所揭示的剩余价值规律并不感兴趣，甚至在他的整个解读中都没有怎么提起。詹姆逊明确指出："我已经勾勒出来的对《资本论》的解读的确是围绕马克思所说的'绝对的、一般的规律'——即，资本主义生产和失业相统———组织起来的。"②

这是关于贫困化的著名观点。贫困化的明显结果是社会的两极分化，一方面是比例越来越小的非常富有的资本家，另一方面是比例越来越大的收入逼近官方贫困线的人口。实际上，恩格斯早在《国民经济学批判大纲》中谈到财产或资本集中的时候就已经指明了这一规律。恩格斯指出："这种财产的集中是一个规律，它与所有其他的规律一样，是私有制所固有的；中间阶级必然越来越多地消失，直到世界分裂为百万富翁和穷光蛋、大土地占有者和贫穷的短工为止。任何法律，土地占有的任何分割，资本的任何偶然的分裂，都无济于事，这个结果必定会产生，而且就会产生，除非在此之前全面变革社会关系、使对立的利益融合、使私有制归于消灭。"③ 詹姆逊放弃了马克思《资本论》中的核心思想——剩余价值规律，转而对这个"绝对的、一般的资本规律"大加赞扬。詹姆逊指出："这条特殊的马克思'规律'——'不管工人的报酬高低如何，工人的状况必然随着资本的积累而恶化'——在战后富裕的 1950 年代和 1960 年代曾是大肆嘲笑的对象。今天的人们不再嘲笑它了。现在这些分析与马克思对全球化的宣告一道，似乎在世界范围内重新肯定了《资本论》的正确

---

① 詹姆逊：《重读〈资本论〉》，胡志国、陈清贵译，北京：中国人民大学出版社，2013 年版，第 102 页。
② 詹姆逊：《重读〈资本论〉》，胡志国、陈清贵译，北京：中国人民大学出版社，2013 年版，第 118 页。
③ 《马克思恩格斯文集》（第 1 卷），北京：人民出版社，2009 年版，第 83—84 页。

性"①。

　　大量的产业后备军的存在，使得资本家与工人的雇佣劳动关系更加牢不可破，并且使得工人的生活水平得到最大程度的恶化。詹姆逊指出："带着这种辩证法的最新形式——对工业生产会同时导致超负荷工作和失业的'一般规律'的揭示——我们最后一次巡览了这些资本主义终极空间。在这些空间里，我们面对的是一种'赤裸的生活'，这生活比阿甘本的集中营中绝望的居民所面对的还要更深地植根于经济系统。"② 在詹姆逊看来，马克思的"产业后备军"这一概念所昭示的不仅仅是工人恶劣的生活状况。马克思在"工作日"和"机器大生产"章节中关于工人劳动状况的描写，表面上看起来是讨论劳动，是对工人生存境遇的一种控诉，但其最真实的目的是对所谓的"一般规律"的揭示。因为，马克思并不是狄更斯式的现实主义文学家。詹姆逊指出："当我们记起这一正式的响亮的表达——'产业后备军'——仅仅指失业者的时候，我们就拥有了更具戏剧意味、更容易获得的辩证悖论。它仅仅意味着资本主义的绝对规律是：增加财富和生产力的同时，不断增加失业者的数量。"③

　　产业后备军于是成为了关于资本主义社会的本质性概念。在资本主义阶段，失业不再是一个可有可无的无关紧要的表象问题，也不再是资本主义社会能够彻底解决的问题，而是为了维持资本主义生产方式运作而与生俱来的本质性事实。资本主义"不再把失业或缺乏经济能力从资本中排除出去，而是将其留在里面。当一切都被包含在资本主义之中，资本主义之外就什么也没有了；失业者——或这里的穷人，贫民——可以说是被资本雇来失业的；他们通过自己的无为完成了一项经济功能（即使没人为此付给他们报酬）"④。"被资本雇来失业"，这是一个有趣的说法。失业者通过

---

① 詹姆逊：《重读〈资本论〉》，胡志国、陈清贵译，北京：中国人民大学出版社，2013年版，第57页。
② 詹姆逊：《重读〈资本论〉》，胡志国、陈清贵译，北京：中国人民大学出版社，2013年版，第100页。
③ 杰姆逊：《〈资本论〉新解》，朱羽、蒋晖译，载《现代中文学刊》，2013年第1期。
④ 詹姆逊：《重读〈资本论〉》，胡志国、陈清贵译，北京：中国人民大学出版社，2013年版，第57页。

自己的"失业"完成了一项经济功能:他使得雇佣工人要么接受自己的微薄的工资,要么失业,从而在与资本家的对峙中,几乎没有任何讨价还价的余地。因为,产业后备军能够随时递补上去,使原有的工人失业。通过对"产业后备军"的分析,詹姆逊得出了这样的结论:"现在我们可以回过头来评价整部《资本论》的意义了。这是一本关于失业的书:抵达《资本论》概念顶端的是以下命题,即产业资本主义一方面生产出数量巨大的资本——这种资本在潜在的意义上是无法投资的,另一方面制造出人数不断上升的失业人群;当前第三阶段资本主义或金融资本的危机可以充分证实这一情况。"①

三、《资本论》的政治后果

马克思从来都不想做一个纯粹的哲学家或者经济学家,正如恩格斯所指出的马克思首先是一个"革命家",马克思的学说也从来不是书斋里的学问,而是一种能够转化为物质力量的革命理论。因此,《资本论》从形式上看来是一部经济科学著作,就成了一件值得认真思考的事情。

詹姆逊抓住了这个问题。他指出:"《资本论》并不是一本政治著作,除了建议工人组织起来之外,它关于资本的说明并没有任何政治后果。除了在第一部分举了一个假想的例子——联合起来的工人社会——之外,它并没有描绘社会主义的样子。然而,还是让我在这儿更为充分地来解释一下:马克思是一个真正的政治动物,大概除了列宁之外,马克思所具有的杰出的政治本能与政治思考无人能及。他是一个非同寻常的机会主义者,这是马基雅维利意义上的良好的机会主义。为了改变和废除资本主义,他可以向任何可能的道路开放:联合、暴动、议会选举中获胜、回到农村公社,甚至是资本在危机中自我毁灭,等等。如今每一种政治性的马克思主

---

① 杰姆逊:《〈资本论〉新解》,朱羽、蒋晖译,载《现代中文学刊》,2013年第1期。

义运动——从社会民主派到列宁主义、毛主义和无政府主义——都是马克思整个方案的可行的候选者,而他的议程则是随历史情境和资本主义自身的发展而改变的。然而,在《资本论》里,却没有任何政治方案或是政治策略,《资本论》依然是阿尔都塞意义上的科学而非意识形态。"① 正是基于上述理由,詹姆逊认为这个问题必须认真对待。"《资本论》(第一卷)没有政治结论。但当我们讨论的是一本一个多世纪以来在全世界都被视为劳动阶级圣经的书,而书的作者又曾写过一本西方政治理论的基础和经典之作(《共产党宣言》),这就成了需要解释的悖论。"②

其实,认真想一下《资本论》中没有政治方案或是政治策略并不奇怪。马克思和恩格斯早在1848年的《共产党宣言》中就已经公开了他们的政治主张和政治策略。"共产党人不屑于隐瞒自己的观点和意图。他们公开宣布:他们的目的只有用暴力推翻全部现存的社会制度才能达到。让统治阶级在共产主义革命面前发抖吧。"③ 在1848年革命期间,马克思在《新莱茵报》上发表了大量的政治评论文章。在革命失败之后,马克思撰写了《1848年至1850年的法兰西阶级斗争》和《路易·波拿巴的雾月十八日》,对1848年革命进行了深刻的反省。通过这些文献,我们完全可以清晰地梳理出马克思的政治方案或是政治策略。马克思之所以撰写《资本论》,其目的并不在于探讨推翻资本主义社会的政治策略,而只是想揭示资本主义社会的秘密,为其推翻资本主义社会提供坚实的实证科学基础。马克思在《政治经济学批判》序言中解释了这一写作动机:"法的关系正像国家的形式一样,既不能从它们本身来理解,也不能从所谓人类精神的一般发展来理解,相反,它们根源于物质的生活关系,这种物质的生活关系的总和,黑格尔按照18世纪的英国人和法国人的先例,概括为'市民

---

① 杰姆逊:《〈资本论〉新解》,朱羽、蒋晖译,载《现代中文学刊》,2013年第1期。
② 詹姆逊:《重读〈资本论〉》,胡志国、陈清贵译,北京:中国人民大学出版社,2013年版,第111页。
③ 《马克思恩格斯文集》(第2卷),北京:人民出版社,2009年版,第66页。

社会',而对市民社会的解剖应该到政治经济学中去寻求。"① 因此,《资本论》中没有明确关于政治方案的内容也就不足为奇了。

早在《资本论》之前,马克思就已经亮明了自己的政治立场和政治观点,而《资本论》的使命就是为其政治立场提供坚实的科学的合法性基础。马克思从来没有放弃过他的政治立场,在其所有著作中都一以贯之。毋庸置疑,虽然《资本论》没有明确地关于政治方案的讨论内容,但这并不意味着《资本论》没有政治立场。和马克思所有的著作保持着一致,《资本论》的政治立场鲜明而坚定:否定和推翻资本主义。那么,詹姆逊为什么要把《资本论》没有政治后果看成是一个悖论,并且坚持去追问这一问题?实际上,当詹姆逊认为《资本论》没有政治后果的时候,他其实是想放弃马克思的政治立场和政治方案,詹姆逊在解读《资本论》时,对剩余价值理论避而不谈,却大谈特谈导致两极分化的"绝对的、一般的资本规律",这种舍本逐末的做法就已经预示了詹姆逊对马克思暴力革命立场的放弃。放弃了"剩余价值理论",就等于放弃了暴力革命的合法性基础。

阶级斗争和暴力革命与我们这个时代已经格格不入。詹姆逊放弃马克思所主张的阶级斗争和暴力革命,其实是想寻找一种新的政治可能性。"在我们这个时代,没有其他制度可供选择,甚至资本主义体系的批评家对它的危机和不公正的反应都仅仅是修改它,由此希望改良它。"② "历史终结论"的思潮已经成为西方社会主流的意识形态,自由民主制度是人类社会所能达到的最好的政治制度,因而只能让资本主义的不正义、不平等逐步减少。"但《资本论》的力量和架构成就无疑说明,这种'不正义、不平等'与资本主义总体系统在结构上是一致的,并且永远不能被改良。"③ 根据马克思的论断,资本主义社会的不平等和不正义是与生俱来

---

① 《马克思恩格斯文集》(第2卷),北京:人民出版社,2009年版,第591页。
② 詹姆逊:《重读〈资本论〉》,胡志国、陈清贵译,北京:中国人民大学出版社,2013年版,第117页。
③ 詹姆逊:《重读〈资本论〉》,胡志国、陈清贵译,北京:中国人民大学出版社,2013年版,第118页。

的，是植根于其生产关系本身的。

如何找回失去的革命，确实是摆在当代西方左派面前生死攸关的问题，否则就只能放弃左派立场，承认资本主义社会是人类"历史的终结"。詹姆逊如果不想放弃自己的左派立场，就必须转化包括阶级斗争和暴力革命为标志的传统马克思主义的政治策略。如果说马克思的思考视阈是早期资本主义的工业场景，詹姆逊则将其转化为了晚期资本主义的文化场景。他认为，文化领域的真实功能，在于把具体世界里的诸般现象以镜映的形式反射在自身之上。为此，詹姆逊提出了"认知绘图"的概念。詹姆逊的这一概念实际上是将阿尔都塞的"意识形态理论"和凯文·林奇的"都市形象"理论结合起来，认为两者之间有"不少意义重大的巧合之处"。"阿尔都塞把意识形态重新界定为一种再现，它表达了'主体及其真实存在境况之间的想象关系'。无可讳言，这也正是认知绘图功用之所在。"[①] 可见，"认知绘图"所执行的依然是阿尔都塞的意识形态理论的功能。詹姆逊指出，"认知绘图"作为一种新型的全球性的标志，"实际上只不过是'阶级意识'的符码：它的意义仅在于提出需要一种新的和到目前为止还未想像到的阶级意识，同时它也反映了后现代中所暗含的那种新的空间性发展"[②]。詹姆逊寄予"认知绘图"以非常高的理论期望。他认为一旦我们在美学和理论上完成对世界的测绘，我们就能发明出新的政治方案和政治策略。就其本性来讲，"认知绘图"只不过是黑格尔-马克思辩证方法的空间应用和美学想象。詹姆逊也承认："我们在绘图法上大做文章，最后发现了一种辩证关系。""'认知绘图'的美学，必须正视此一巨大难题，掌握极其繁复的再现辩证法，创造出全新的形式。"[③] 表征资本主义总体的只能

---

① 詹明信：《晚期资本主义的文化逻辑》，张旭东编，陈清侨等译，北京：生活·读书·新知三联书店，1997年版，第510页。
② 詹姆逊：《现代性、后现代性和全球化》(《詹姆逊文集》第4卷)，王逢振主编，北京：中国人民大学出版社，2004年版，第217页。
③ 詹明信：《晚期资本主义的文化逻辑》，张旭东编，陈清侨等译，北京：生活·读书·新知三联书店，1997年版，第514页。

是辩证法,"认知绘图"是一种后现代版本的辩证方法。

詹姆逊虽然提出要通过"认知绘图"的方法重构"阶级之图",但是这个任务在他看来至少现在是不可能的。因为,在我们所处的这个时代,"早期的经济形式正处于全球化规模的重建过程中,包括劳动者的原有的形式和它的传统组织机构和观念。一种新型的国际无产阶级(我们一时还未能想像出它们的面貌)将在这种激烈的变化中重新出现而不需要事先预言;然而,我们自己仍处在这一潮流中,没有人能够说清楚我们将在这里呆多久"①。詹姆逊是否要放弃其左派立场,我们无从判定。但是,他在2012年底关于《资本论》的中国演讲中,却建议马克思主义者和左派要把精力从政治转移到寻求更好的经济体系上来,因为政治不是任何理论和哲学的事务。詹姆逊指出:"人们常常哀叹马克思主义似乎只是纯粹的经济理论,没有为合适的马克思主义政治理论留出足够的空间。而我却认为这正是马克思主义的力量,政治理论和政治哲学总是附带性的。政治只应该是永远警惕的机会主义的事务,却不是任何理论或哲学的事务。在我看来,甚至当前以种种方式重新定义大众民主的努力也偏离了资本主义的本性与结构这一核心议题。永远也没有令人满意的政治解答或政治体系;但是可以有更好的经济体系。马克思主义者和左派需要把精力放在后一方面。"②

我们没有必要纠缠于詹姆逊解读《资本论》的理论效果——究竟是不是一部关于失业的著作？詹姆逊解读《资本论》的贡献在于他的解读方法。詹姆逊对《资本论》的"再现"解读路径是非常值得称道的,任何一种解读都不是一种重复或解释,而是一种复活或再现。詹姆逊以一种后现代理论姿态,或者说以一种现代人的身份返回到了马克思的文本当中,激发了马克思在现时代的生命力。"我们不再把过去看成是我们要复活、保

---

① 詹姆逊:《现代性、后现代性和全球化》(《詹姆逊文集》第4卷),王逢振主编,北京:中国人民大学出版社,2004年版,第217页。
② 杰姆逊:《〈资本论〉新解》,朱羽、蒋晖译,载《现代中文学刊》,2013年第1期。

存或维持的某种静止和无生命的客体；过去本身在阅读过程中变成活跃因素，以全然相异的生活模式质疑我们自己的生活模式。"① 詹姆逊的这种阅读方式促进了一种开放并且非教条的马克思主义话语的出现，《资本论》也得以再现人间。

---

① 詹明信：《晚期资本主义的文化逻辑》，张旭东编，陈清侨等译，北京：生活·读书·新知三联书店，1997年版，第190—191页。

第五章　重释剩余价值理论
——马克思《资本论》的柄谷行人解读

柄谷行人是日本左翼批判理论的最重要的代表，同时又是日本现代三大文艺批评家之一，代表着当前日本后现代批评的最高水准。柄谷行人的这种双重身份使得他对马克思的解读独树一帜。柄谷行人曾经明言：他自己写作马克思论，主要是探讨马克思的《资本论》。他"觉得正应该在《资本论》中寻找其哲学和革命论"[①]。如果我们抛开柄谷行人眼花缭乱的康德式解读以及所谓的跨越性批判，就会发现"剩余价值理论"才是柄谷行人解读马克思的核心。正是在这一关键点上，柄谷行人与马克思产生了细微但却是本质性的差异。《资本论》"整本书都是以剩余价值为中心的"[②]。"剩余价值理论"构成了马克思《资本论》中最核心且最富争议性的问题。在柄谷行人看来，价值形态问题不仅是马克思《资本论》区别于古典经济学的地方，也是《资本论》超越《大纲》的地方。"《资本论》与这之前马克思的工作决然不同的地方，就在于导入了价值形态论。这是1850年代的《导言》和《政治经济学批判》中所没有的。所以，我们应

[①] 柄谷行人：《跨越性批判——康德与马克思》，赵京华译，北京：中央编译出版社，2011年版，第148页。
[②] 《马克思恩格斯选集》（第3卷），北京：人民出版社，1995年版，第557页。

当在与这些著作'细微的差别'上来阅读《资本论》。"① 马克思对价值形态的分析最终形成了剩余价值理论,这成了马克思资本主义社会批判最核心的内容。柄谷行人对剩余价值理论的重新阐释,表面上是以马克思的名义进行的,但实际上却与马克思《资本论》中的剩余价值理论有了本质性的区别,尤其是在关于剩余价值产生的问题上。如果柄谷行人在剩余价值问题的理解上与马克思发生了偏差,那么就意味着他对《资本论》的整个阐释都会发生根本性的变化。

一、《资本论》的哥白尼转向

根据阿尔都塞的论述,马克思的思想中存在着一个"认识论上的断裂"。柄谷行人指出这个断裂并不是阿尔都塞所谓的《德意志意识形态》前后的断裂,而应该是从《导言》到《资本论》的发展过程中存在着的决定性的"断裂"。这一决定性的"断裂"根源于《资本论》中的"价值形态论"。对此,柄谷行人进行了高度评价:"马克思在引入价值形态论时放弃了以往的思考。在此有一个巨大的转变。这正可以称之为'哥白尼转向'的,其意义绝不仅仅局限于经济学上的问题。"② 可以说,《资本论》中价值形态论的提出,在马克思整个思想发展过程中具有"哥白尼转向"的意义。

柄谷行人在对马克思《资本论》的解读中十分看重"价值形态"理论。这也是与马克思的本意相符合的。马克思本人认为整个人类思想史对价值形态论的研究都"未得到什么结果"。在《资本论》第一版序言中,马克思明确指出:"以货币形式为完成形态的价值形式,是极无内容和极其简单的。然而,两千多年来人类智慧对这种形式进行探讨的努力,并未

---

① 柄谷行人:《跨越性批判——康德与马克思》,赵京华译,北京:中央编译出版社,2011年版,第124页。
② 柄谷行人:《跨越性批判——康德与马克思》,赵京华译,北京:中央编译出版社,2011年版,第163页。

得到什么结果,而对更有内容和更复杂的形式的分析,却至少已接近于成功。"① 古典政治经济学几乎成功地阐明了"更有内容和更复杂"的经济现象,但是,在细微的部分里,即对于价值形态论,却几乎什么都没有做过。所以马克思随后指出:"对资产阶级社会说来,劳动产品的商品形式,或者商品的价值形式,就是经济的细胞形式。在浅薄的人看来,分析这种形式好像是斤斤于一些琐事。这的确是琐事,但这是显微解剖学所要做的那种琐事。"② 正是在古典经济学不屑于为之的地方,马克思确立了《资本论》研究的起点。在柄谷行人看来,《资本论》的主要课题就在于通过对价值形态之显微镜性的阐释,来打破与经济学或货币经济的历史一样悠久的、古老的偏见,从而洞穿资本主义社会的内部结构。

可见,《资本论》中"价值形态论"的提出具有两个方面的重要意义。一方面,它标志着马克思本人思想的转变。"《资本论》与马克思以前的著作如《政治经济学批判》和《导言》等其根本的不同,在于这里出现了价值形态论。"③ 价值形态论为马克思分析资本主义社会的生产方式提供了绝佳切入点。另一方面,它意味着马克思已然超越了古典政治经济学。因为"古典政治经济学的根本缺点之一,就是它从来没有从商品的分析,特别是商品价值的分析中,发现那种正是使价值成为交换价值的价值形式。恰恰是古典政治经济学的最优秀的代表人物,像亚·斯密和李嘉图,把价值形式看成一种完全无关紧要的东西或在商品本性之外存在的东西"④。在《资本论》中,马克思在不涉及劳动价值论的情况下,成功地阐明了货币的一般购买力所依靠的"正是使价值成为交换价值的价值形式"。换言之,马克思试图不以劳动价值为前提,而于价值形态——相对的价值形态和等价形态——中来寻找那个使之成为商品的东西。

---

① 《马克思恩格斯文集》(第5卷),北京:人民出版社,2009年版,第7—8页。
② 《马克思恩格斯文集》(第5卷),北京:人民出版社,2009年版,第8页。
③ 柄谷行人:《跨越性批判——康德与马克思》,赵京华译,北京:中央编译出版社,2011年版,第156页。
④ 《马克思恩格斯文集》(第5卷),北京:人民出版社,2009年版,第98—99页。

为了阐明马克思的这一思想主题或者说马克思实现的这一转变，柄谷行人利用索绪尔来比附马克思。相对于传统语言学把语言本身作为研究对象，索绪尔力图分析出使语言成为语言的条件，并想要把这些条件当做语言学的对象来加以明确化。与此相应，马克思也把具体商品视为"商品学"所专门研究的对象而排除掉，他要追溯的是古典经济学没放到眼里的价值形态，即促使某种物成为货币和商品的"形式"（价值形态）。具体而言，金之所以是货币，在于它被置于货币形式（一般等价形式）之上；产品之所以是商品，在于它能被置于相对价值形式与等价形式之中。"一个商品究竟是处于相对价值形式，还是处于与之对立的等价形式，完全取决于它当时在价值表现中所处的地位，就是说，取决于它是价值被表现的商品，还是表现价值的商品。"① 因此，在这个意义上说，马克思在引入了价值形态以后，他所追溯的已不是商品和货币，而是那些成为商品和货币的语言形式。

这些还不足以说明价值形态理论所实现的"哥白尼转向"的意义，因为其意义绝不仅仅局限于经济学上的问题。那么，柄谷行人究竟是在何种意义上将马克思的价值形态理论称之为"哥白尼转向"的呢？在马克思看来，商品要具有价值形态，就必须和第二种不同的商品发生价值关系或者交换关系。实际上我们也是从商品的交换价值或交换关系出发，才探索到隐藏在其中的商品价值。但是商品之间的交换并不是单纯的商品交换，为了使这些物作为商品彼此发生关系，商品监护人必须作为有自己的意志体现在这些物中的人彼此发生关系。因此，"在商品生产者的社会里，一般的社会生产关系是这样的：生产者把他们的产品当做商品，从而当做价值来对待，而且通过这种物的形式，把他们的私人劳动当做等同的人类劳动来互相发生关系"② 交换关系实际上体现的是以物与物的关系为外观的人

---

① 《马克思恩格斯文集》（第 5 卷），北京：人民出版社，2009 年版，第 63 页。
② 《马克思恩格斯文集》（第 5 卷），北京：人民出版社，2009 年版，第 97 页。

与人之间的关系。正是在这个意义上，柄谷行人清楚地揭示了这一"哥白尼转向"的意义："因此，《资本论》对价值形态的导入，乃是马克思划时代的态度转变。虽然还残留着黑格尔式的辩证法发展这一叙述形式，马克思要做的正是颠覆现行意识所不言自明的那些东西，即要实现超越论式的追溯。从别的角度讲，马克思的态度转变意味着，不是物，而是把物所处的关系场域放到优先的位置上。"① "物所处的关系场域"就是商品之间的交换关系，亦即商品的价值形式。马克思明确指出："这个表现本身就说明其中隐藏着一种社会关系。"② "物所处的关系场域"最终指向的是商品交换背后所形成的社会关系。因此，可以说，马克思的价值形态理论，揭示了物的关系掩盖下的人与人之间的关系。马克思对于商品价值形态的分析，表明了："商品形式的奥秘不过在于：商品形式在人们面前把人们本身劳动的社会性质反映成劳动产品本身的物的性质，反映成这些物的天然的社会属性，从而把生产者同总劳动的社会关系反映成存在于生产者之外的物与物之间的社会关系。"③ 对于这一点，列宁把握的也非常准确，并且表述更为直接。"凡是资产阶级经济学家看到物与物之间的关系（商品交换商品）的地方，马克思都揭示了人与人之间的关系。"④

如果说价值形态理论本质上是对社会生产关系的分析，那么剩余价值则是资本主义生产关系的集中体现。或者说对剩余价值的分析并不是马克思的最终目的，其最终的目的是通过对剩余价值的分析揭示资本主义社会的生产关系。因此，对剩余价值理解的不同，也就决定了对资本主义社会生产关系理解的不同。

---

① 柄谷行人：《跨越性批判——康德与马克思》，赵京华译，北京：中央编译出版社，2011年版，第165页。
② 《马克思恩格斯文集》（第5卷），北京：人民出版社，2009年版，第72页。
③ 《马克思恩格斯文集》（第5卷），北京：人民出版社，2009年版，第89页。
④ 《列宁专题文集（论马克思主义）》，北京：人民出版社，2009年版，第69页。

二、剩余价值产生的根源

在谈到剩余价值的产生之前，柄谷行人对《资本论》的解读和马克思的本意并没有实质性的区别。只有在对剩余价值产生的根源进行剖析之后，两者之间才产生了本质性的差异。这一根本性的分歧进一步规定了其后各自的理论走向。

资本增殖的过程实际上也就是剩余价值的形成过程。尽管马克思是从"G—W—G′"入手去探索资本的增殖，但这并不意味着马克思就主张剩余价值产生于流通过程。在马克思看来，一方面，商品流通就它只引起商品价值的形式变换来说，在现象纯粹地进行的情况下，就只引起等价物的交换。"商品交换就其纯粹形态来说是等价物的交换，因此，不是增大价值的手段。"[①] 假如互相交换的是交换价值相等的商品和货币，任何人从流通中取出的价值，都不会大于他投入流通的价值，在这种情形下，就不会有剩余价值产生。另一方面，虽然"商品的流通过程就其纯粹的形式来说，要求等价物的交换。但是在实际上，事情并不是纯粹地进行的。因此，我们假定是非等价物的交换"[②]。假定卖者享有某种无法说明的特权，可以高于商品价值出卖商品。但是他当了卖者以后，又成为买者，第三个商品占有者作为卖者又和他相遇，其结果只能造成普遍加价，商品的货币名称即价格上涨了，但商品间的价值比例仍然不变；同样的假定买者享有某种特权，可以低于商品价值购买商品。在这里，不用说，买者还要成为卖者，他在成为买者以前，就曾经是卖者。作为买者赚的差价以前，就已经作为卖者失去了这一差价，结果还是一切照旧。因此，马克思指出："剩余价值的形成，从而货币的转化为资本，既不能用卖者高于商品价值出卖商品

---

① 《马克思恩格斯文集》（第5卷），北京：人民出版社，2009年版，第185页。
② 《马克思恩格斯文集》（第5卷），北京：人民出版社，2009年版，第186—187页。

来说明，也不能用买者低于商品价值购买商品来说明。"① 正因为买卖双方是相对应或者说是相互转换的，所以剩余价值就不可能在流通领域中产生。"坚持剩余价值来源于名义上的加价或卖者享有贵卖商品的特权这一错觉的代表者，是假定有一个只买不卖，从而只消费不生产的阶级。"②

马克思认为，"可见，无论怎样颠来倒去，结果都是一样。如果是等价物交换，不产生剩余价值；如果是非等价物交换，也不产生剩余价值。流通或商品交换不创造价值"③。但同时，马克思又指出："资本不能从流通中产生，又不能不从流通中产生。它必须既在流通中又不在流通中产生。"④ 从作为资本人格化的资本家角度来看，"我们那位还只是资本家幼虫的货币占有者，必须按商品的价值购买商品，按商品的价值出卖商品，但他在过程终了时取出的价值必须大于他投入的价值。他变为蝴蝶，必须在流通领域中，又必须不在流通领域中"⑤。据此，柄谷行人认为马克思在分析剩余价值产生的时候，存在着一个悖论，即"马克思强调的是，不管生产过程为何，总之剩余价值的实现是在流通过程中。然而，这和刚才他所主张的剩余价值不发生在流通里是相矛盾的"⑥。但实际上，马克思关于剩余价值的论述并不前后矛盾。"不能从流通中产生"，是因为剩余价值产生于生产领域，"又不能不从流通中产生"，是因为资本的增殖亦即剩余价值是在流通领域中实现的。马克思在《资本论》中清楚明白地解释了这一问题："货币转化为资本的这整个过程，既在流通领域中进行，又不在流通领域中进行。它是以流通为中介，因为它以在商品市场上购买劳动力为条件。它不在流通中进行，因为流通只是为价值增殖过程作准备，而这个

---

① 《马克思恩格斯文集》（第5卷），北京：人民出版社，2009年版，第188页。
② 《马克思恩格斯文集》（第5卷），北京：人民出版社，2009年版，第189页。
③ 《马克思恩格斯文集》（第5卷），北京：人民出版社，2009年版，第190页。
④ 《马克思恩格斯文集》（第5卷），北京：人民出版社，2009年版，第193页。
⑤ 《马克思恩格斯文集》（第5卷），北京：人民出版社，2009年版，第193—194页。
⑥ 柄谷行人：《跨越性批判——康德与马克思》，赵京华译，北京：中央编译出版社，2011年版，第191页。

过程是在生产领域中进行的。"①

在《资本论》中，马克思将剩余价值分为绝对剩余价值与相对剩余价值。马克思指出："我把通过延长工作日而生产的剩余价值，叫做绝对剩余价值；相反，我把通过缩短必要劳动时间、相应地改变工作日的两个组成部分的量的比例而产生的剩余价值，叫做相对剩余价值。"② 无论是绝对剩余价值，还是相对剩余价值，两者都产生于生产领域。对此，柄谷行人提出了质疑。针对绝对剩余价值的产生，柄谷行人指出："就前者而言，靠劳动日的延长，即由劳动者超过其劳动力的价值，也就是超过社会上所需的劳动时间去劳动而产生剩余价值。——这种说法乍一看似乎是有道理的，但是，仔细去思考，就会发现这种说明却是难以行得通的。比如，某一个资本家破产，这就意味着他没能获得任何的剩余价值。但是，假如按照上述那样的道理而言的话，他既然没有获得任何的剩余价值，那么，可以说等于他没有'剥削'劳动者。这种诡辩之所以行得通，第一，是由于马克思所谓的'绝对剩余价值'的概念把'劳动时间'思考成实体性的东西；第二，则由于试图仅仅从'生产过程'当中寻找出剩余价值来。"③ 针对相对剩余价值是由缩短必要劳动时间产生，柄谷行人又指出："据马克思的看法，劳动力的价值就是为了'生产'所需的、社会上所必要的劳动时间。但毫无疑问，这种社会性是由货币形态所赋予的。因而不去思考货币形态，就无法思考社会上所需的劳动时间。实际上，把劳动分为'必要劳动'和'剩余劳动'，还把劳动时间分为'必要劳动时间'和'剩余劳动时间'，仅仅从实际的生产过程进行这种区分是不可能的。"④ 实际上，马克思的整个剩余价值理论就是建立在对剩余劳动和必要劳动相区分的基础之上。工人为偿还资本家支付给他的工资所付出的劳动是必要劳动，亦

---

① 《马克思恩格斯文集》（第5卷），北京：人民出版社，2009年版，第227页。
② 《马克思恩格斯文集》（第5卷），北京：人民出版社，2009年版，第366页。
③ 柄谷行人：《马克思，其可能性的中心》，中田友美译，北京：中央编译出版社，2006年版，第60页。
④ 柄谷行人：《马克思，其可能性的中心》，中田友美译，北京：中央编译出版社，2006年版，第60—61页。

即有酬劳动。工人超出补偿工资以外的劳动就是剩余劳动，亦即无酬劳动，这便是剩余价值的源泉。但是，柄谷行人认为："剩余劳动和必要劳动之间的区别，只有在封建的生产方式上是明显的。因为，为自己劳动和为地主劳动，在那里可以很明显地加以分离。但是，从封建生产方式拿来的类推去看资本主义生产，就不单会错过资本生产的特殊性，而且还远离了解开其神秘性的道路。"在柄谷行人看来，"资本主义生产之特征，就在于区别必要劳动和剩余劳动之'不可能性'"①。这样一来，马克思剩余价值理论的论证基础就被柄谷行人给解构掉了。

在对马克思的剩余价值理论进行批判之后，柄谷行人进行了重新阐释。柄谷行人的重新阐释有两个基本前提：第一，区分了商人资本与产业资本，这两种资本形态对应于流通领域和生产领域；第二，引入了价值形态或价值系统的概念。"无论如何也得把价值形态或者价值系统一起放在心上。这样才能揭示剩余价值的秘密。"② 在柄谷行人看来，无论是商人资本还是产业资本，都是从"两个互不相同的系统的中间"获取剩余价值。"'商人资本'通过从一种在'空间'意义上互不相同的两个系统——而且属于其系统内部的人们所无法看得到的——差额来发生；而产业资本，可以说，则通过提高生产率，从而形成在'时间'意义上互不相同的两种价值系统来获得差额——这就是产业资本的根据。"③ 资本，因而是剩余价值，在发生于流通过程中的同时又发生于生产过程当中，剩余价值只有通过两个不同系统的不同价值关系体系之间的偏差才成为可能的。

因此，商人资本虽然在各自的价值体系内部进行等价交换，但这些体系之间的差异使交换带来了剩余价值。产业资本通过技术革新亦即劳动生产率的提高形成时间上两种不同价值系统的差异，获得剩余价值。资本必须在空间和时间的意义上不断地创造出相异的价值体系，从而获得资本的

---

① 柄谷行人：《马克思，其可能性的中心》，中田友美译，北京：中央编译出版社，2006年版，第61页。
② 柄谷行人：《马克思，其可能性的中心》，中田友美译，北京：中央编译出版社，2006年版，第61页。
③ 柄谷行人：《马克思，其可能性的中心》，中田友美译，北京：中央编译出版社，2006年版，第68页。

增殖。当马克思认为,"一个国家的整个资本家阶级不能靠欺骗自己来发财致富"① 的时候,柄谷行人指出其原因就在于剩余价值不可能在同一个系统即一个国家内部产生。剩余价值产生的前提必须是相异的多重价值系统存在。

三、革命主体的转换

马克思在《资本论》的第一版序言中指出,《资本论》的研究目的"是资本主义生产方式以及和它相适应的生产关系和交换关系"②。对剩余价值本身的揭示并不是马克思的最终目的。马克思只是想通过探讨剩余价值的产生,澄清资本主义的生产关系:资本家与工人的对立。因此,马克思《资本论》中"货币转化为资本"一章有这样的结尾也就不足为怪了:"原来的货币占有者作为资本家,昂首前行;劳动力占有者作为他的工人,尾随于后。一个笑容满面,雄心勃勃;一个战战兢兢,畏缩不前,像在市场上出卖了自己的皮一样,只有一个前途——让人家来鞣。"③ 这就是资本主义生产方式所导致的最终结果。在马克思看来,无论资本主义发展到什么程度,都不会改变这种对立关系。"简单再生产不断地再生产出资本关系本身:一方面是资本家,另一方面是雇佣工人;同样,规模扩大的再生产或积累再生产出规模扩大的资本关系:一极是更多的或更大的资本家,另一极是更多的雇佣工人。"④

资产阶级与无产阶级之间之所以是不可调和的对立关系,是因为资本家剥夺了工人的剩余劳动所产生的剩余价值。资本增殖的部分实际上就是工人所生产的剩余价值。因此,"资本主义生产——实质上就是剩余价值

---

① 《马克思恩格斯文集》(第5卷),北京:人民出版社,2009年版,第190页。
② 《马克思恩格斯文集》(第5卷),北京:人民出版社,2009年版,第8页。
③ 《马克思恩格斯文集》(第5卷),北京:人民出版社,2009年版,第205页。
④ 《马克思恩格斯文集》(第5卷),北京:人民出版社,2009年版,第708页。

的生产，就是剩余劳动的吮吸——通过延长工作日，不仅使人的劳动力由于被夺去了道德上和身体上正常的发展和活动的条件而处于萎缩状态，而且使劳动力本身未老先衰和过早死亡。它靠缩短工人的寿命，在一定期限内延长工人的生产时间"①。从价值增殖过程来看，不变资本即生产资料的存在，只是为了吮吸劳动，并且随着吮吸每一滴劳动吮吸一定比例的剩余劳动。恩格斯在《英国工人阶级状况》以及马克思在《资本论》的"工作日"中用一种白描式的纪实写法描述了当时工人阶级悲惨的生活状况。马克思的剩余价值理论有力地解释了工人悲惨生活的根源，为无产阶级革命的合法性奠定了坚实的理论基础。

如果说当代的资本主义仍然处于马克思和恩格斯所描写的悲惨境地，那么马克思的剩余价值理论就依然具有旺盛的生命力。但是资本主义社会已经发生了翻天覆地的变化，当代资本主义已经告别了维多利亚时代狄更斯式的资本主义。资本主义并没有在马克思所目睹的那种狄更斯式的形式上继续存在。在马克思逝世后的一个世纪里，工业化国家的政府采取了大量改革措施来改善劳动人民的生活水准：劳工法、最低限度工资法、社会福利和保障、平价住房、公共卫生体系、遗产税、累进所得税，等等。如果在马克思的时代，这些措施就会被贴上"社会主义"的标签；马克思甚至在《共产党宣言》里描述过许多这样的措施。而这些都被福利资本主义国家实现了，工人阶级已经丧失了革命的理由和动力。马克思所发现的革命主体逐渐被资本主义的发展瓦解了。因此，自卢卡奇以来，西方马克思主义的思想家们就在为如何唤醒无产阶级的阶级意识进行各种努力。当代西方激进左派不得不放弃了这一幻想，转而寻求"新的革命主体"。实际上，柄谷行人对剩余价值理论的重新阐释，其最终的目的就是为了寻找"新的革命主体"。

根据柄谷行人的观点，产业资本的增殖（生产领域的剩余价值的产

---

① 《马克思恩格斯文集》（第5卷），北京：人民出版社，2009年版，第307页。

生)是通过提高劳动生产率,从而形成"时间"意义上互不相同的两种价值系统来获得差额。这意味着生产领域剩余价值的产生只和劳动生产率有关,而和工人的生产劳动无关;商人资本的增殖(流通领域剩余价值的产生)是通过从一种在"空间"意义上互不相同的两个价值系统的差额来发生。这意味着流通领域剩余价值的产生只和商品的购买者亦即消费者有关,和工人更加无关。因此,在柄谷行人看来,剩余价值的产生更多的是跟消费者有关。

晚年阿尔都塞在对苏联教科书的线性决定论展开反思的时候,通过对比马基雅维利和马克思的政治宣言,就已经开始思考"主体的自我生产问题",而鲜明地提出"重新发现革命主体"这一口号的则是西方左派的旗帜性人物奈格里。重新发现"革命主体"构成了奈格里《〈大纲〉：超越马克思的马克思》的核心问题意识,并使这一文本成为左派的一个奠基性的文本。柄谷行人的理论也在西方激进左派这一理论谱系当中。柄谷行人高度评价了奈格里的这一理论功绩,他对奈格里的批评,只是认为奈格里重新发现革命主体的具体路径有问题。柄谷行人指出："在生产过程中无产阶级成为独立的主体,对于这个一般的马克思主义观念提出否定的是安东尼·奈格里。他试图从《资本论》回到《导言》,在此发现无产阶级的主体性契机。用我的说法,就是在流通领域劳动者站在'购买的立场'上,即,劳动者作为消费者而成为主体。生产和消费的'分离'使资本得以成立,但同时也会成为使资本运动停止的契机。不过,就我的观察,奈格里误读了《资本论》,即他还是信从剩余价值只发生在生产领域的一般观点。他说：'剩余价值理论将榨取的事实引入经济理论,有关流通的马克思式理论则可以于此导入阶级斗争。'而我们相反,正需要在《资本论》的价值形态中发现'阶级斗争'的契机。"[①] 可见,奈格里之所以认为

---

① 柄谷行人：《跨越性批判——康德与马克思》,赵京华译,北京：中央编译出版社,2011年版,第255—256页。

《大纲》比《资本论》重要，是因为奈格里试图从《大纲》中发现革命的主体性契机；而柄谷行人之所以认为《资本论》比《大纲》重要，是因为柄谷行人认为需要在《资本论》的价值形态中寻找到革命主体。

柄谷行人通过对剩余价值的重新阐释发现："资本在生产领域可以控制无产者，并使他们积极地与之合作。因而，在此进行抵抗是非常困难的。以往的革命运动，提倡的是无产者掀起政治性的罢工，但这总是归于失败。但是，若在流通领域则资本是无法控制无产者的。因为，有可以强制人劳动的权力，却没有强制人购物的权力。流通领域的无产者斗争，也便是所谓拒买。而且，对于这种非暴力的合法斗争，资本是没有办法的。"① 因此，对抗资本的运动已然从马克思时代生产领域的斗争转移为流通领域的斗争。革命主体也就将随之由"工人"转为"消费者"。柄谷行人清楚地指明了这一转变："当工业资本主义处在较粗野的阶段，看起来似乎只是奴隶制或农奴制之变形的时期，发生在生产点上与它对抗是理所当然的，不过，工业资本在确立由劳动者自己以消费者买回自己的产品体系后，换句话说，一旦形成了消费社会，则旧有的阶级斗争就无效了，这也是理所当然的事。"② 从《资本论》出发，柄谷行人发现了新的革命主体的契机。"在《资本论》那里，劳动者成为主体的契机可以在商品—货币这一范畴中劳动者所处位置发生改变之际被发现。就是说，资本绝对无法解决的作为'他者'之劳动者，将以消费者的面目出现。因此，对抗资本的运动只能作为横向的多国间的消费者/劳动者运动来实施。"③但在此，柄谷行人所谓的"消费者"并不仅仅指单纯的"消费者"，而是"作为消费者之劳动者"或者"消费者/劳动者"。这意味着柄谷行人并没有把"生产过程"和"流通过程"分割开。"只要人们被生产过程和流通过程所分离开，就无法去抵抗资本的积累运动和资本主义生产关系。因此，对抗资本

---

① 柄谷行人：《世界史的构造》，赵京华译，北京：中央编译出版社，2012 年版，第 270 页。
② 柄谷行人：《迈向世界共和国》，墨科译，台北：台湾商务印书馆，2007 年版，第 162 页。
③ 柄谷行人：《跨越性批判——康德与马克思》，赵京华译，北京：中央编译出版社，2011 年版，第 256 页。

和国家的运动既不是单纯的劳动者运动，也非单纯的消费者运动，他必须是横向的多国间的'作为消费者之劳动者'的运动。"① 在柄谷行人看来，这种消费者抵抗资本的运动本质上依旧是无产阶级的革命运动。"所谓消费者，是在无产阶级流通的场合中出现的。既然这样，那么消费者运动确实就是无产阶级的运动，同时，它也应该以那样的姿态现身才对。"②

在这一分析的基础上，柄谷行人展现了更为宏伟的理论构想——"世界共和国"。柄谷行人区别了四种交换样式：A. 赠与的互酬，B. 服从与保护，C. 商品交换，以及超越上述三种样式的D。交换样式D乃是在交换样式B和C占统治地位的阶段受到其压抑的交换样式A的回归。柄谷行人认为，从交换样式的角度出发，共产主义正是交换样式D的实现。交换样式D乃是对原初性的交换样式A（互酬性）在更高层次的恢复。这是因为，马克思和恩格斯正是模仿摩尔根的方法，从氏族社会中发现了"原始共产主义"的模型。柄谷行人认为，世界共和国或者说各民族的联盟在一个国家之内是不可能实现的，只有通过各国间关系的实现，换言之，只有靠创设出新的世界体系才能得以实现。柄谷行人满怀豪情地指出："它是超越旧有的世界体系、世界—帝国和世界—经济（近代世界体系）的东西。这不是别的，正是世界共和国。即，所谓'微型世界体系'在更高维度上的恢复。"③

随着资本主义的高速发展，自马克思以后，尤其是苏东解体以来，无产阶级革命就越来越不具有现实性。虽然狄更斯式的资本主义离我们远去，但这并不意味着人类摆脱了资本的控制。相反，随着全球资本化时代的到来，资本对现代人奴役及其所造成的现代性后果更是达到了登峰造极的地步。对抗资本的运动构成了我们这个时代最重要的理论任务和现实问题。如果我们不想放弃马克思的激进政治立场，不想放弃对当代资本主义

---

① 柄谷行人：《跨越性批判——康德与马克思》，赵京华译，北京：中央编译出版社，2011年版，第257页。
② 柄谷行人：《迈向世界共和国》，墨科译，台北：台湾商务印书馆，2007年版，第162页。
③ 柄谷行人：《世界史的构造》，赵京华译，北京：中央编译出版社，2012年版，第284—285页。

的批判，不想放弃人类社会的理想，就必须重新发现革命主体，重新寻找革命道路，重新确立人类社会目标，而柄谷行人对《资本论》解读的最终意义就在于此。他从马克思的《资本论》出发，而又跨越了马克思的时代，针对新时期人类社会的问题，提供了可能性的理论构想。尽管柄谷行人的理论构想在一定程度上充满了浪漫主义的色彩，就连他自己也承认，"实现基于互酬原理的世界体系即世界共和国，并非易事。交换样式 A、B、C 将顽强地存在下去。换言之，共同体（nation）、国家和资本将顽固地持续存在"[①]。但他毕竟提供了人类未来发展的可能性，从而在现当代的理论视阈中推进了马克思哲学思想尤其是《资本论》的研究，而这正是当代的马克思主义者所应当为之的。

---

① 柄谷行人：《世界史的构造》，赵京华译，北京：中央编译出版社，2012 年版，第 287 页。

第二论题 《资本论》哲学思想的深度阐释

第六章　马克思的《资本论》与古典政治经济学

在马克思哲学研究的思想史路径中，学术界往往侧重于从笛卡尔—康德—黑格尔这样的欧洲近代哲学史尤其是德国古典哲学的传统中来阐释马克思的哲学思想，相对忽视了马克思哲学研究的配第—斯密—李嘉图的古典政治经济学传统。即使对后一传统进行研究，也往往完全局限于政治经济学领域。因而，我们有必要从马克思哲学革命的角度重新审视这一思想史传统，尤其是马克思《资本论》的理论性质及其与古典政治经济学的关系。

中文版《马克思恩格斯文集》第5卷说明明确指出："《资本论》是马克思毕生研究政治经济学的伟大成果，是一部具有划时代意义的巨著。马克思在这部著作中运用辩证唯物主义和历史唯物主义的世界观和方法论揭示了资本主义社会的经济运动规律和资本主义产生、发展和灭亡的历史规律；根据对资本主义基本矛盾的分析，论证了资本主义被共产主义取代的历史必然性，为科学社会主义奠定了理论基础。这部著作在政治经济学领域实现了革命变革，创立了马克思主义政治经济学。"[①] 这一段论述具有两

[①] 《马克思恩格斯文集》（第5卷），北京：人民出版社，2009年版，第1页。

重意思：马克思的《资本论》是一部政治经济学著作，并且实现了政治经济学的革命性变革。这就意味着马克思的《资本论》是对英国古典政治经济学的超越。在通行的"马克思主义政治经济学教科书"中，这一表述更加直接。"马克思主义政治经济学批判吸收了古典政治经济学的合理成分，全面总结了国际工人运动的实践经验，深刻剖析了资本主义经济的内在矛盾，创立了剩余价值理论，建立了科学的劳动价值论，揭示了资本主义生产的本质，把政治经济学真正建立在科学基础上，完成了政治经济学史上的伟大变革。"① 可见，在通行的观点看来，1867年马克思出版的《资本论》第1卷，标志着马克思主义政治经济学理论体系的创立，实现了政治经济学领域的革命性变革。因此，马克思的《资本论》对古典政治经济学的超越是一种经济学超越。

但颇为吊诡的是，后世的西方主流经济学家们经常把《资本论》看作一部不是十分严谨的经济学著作，认为其并没有超越英国古典政治经济学尤其是大卫·李嘉图的理论视阈。熊彼特指出："要真正了解他（指马克思——引者注）的经济学，首先要认识，作为理论家，他是李嘉图的学生。他是李嘉图的学生不仅因为他自己的议论显然从李嘉图的命题出发，更重要的是他从李嘉图那里学会推理的艺术。他一直使用李嘉图的工具，他碰到的每一个理论问题都是以他深入研究李嘉图学说时出现的困难的形式和他在研究中找到的作为进一步工作的启发的形式出现的。"② 当然，从李嘉图出发，受李嘉图影响，并不意味着马克思就没有超越李嘉图。接下来，熊彼特从劳动价值论入手，进一步论证了马克思与李嘉图的一致性。熊彼特指出："马克思使价值理论成为他理论结构的基石，说明他赞成他那个时代以及较晚时代理论家的普通倾向。他的价值理论是李嘉图式的价值理论。"③ 在熊彼特看来，马克思的劳动价值论就是李嘉图式的价值理

---

① 《马克思主义政治经济学概论》，北京：人民出版社、高等教育出版社，2011年版，第9页。
② 熊彼特：《资本主义、社会主义与民主》，吴良健译，北京：商务印书馆，1999年版，第67—68页。
③ 熊彼特：《资本主义、社会主义与民主》，吴良健译，北京：商务印书馆，1999年版，第68—69页。

论。而这种价值理论在经济学上具有各种理论困难，从而"不能令人满意"。"不论是李嘉图还是马克思，看来都不完全知道他们采取这个出发点使他们自己处于很不利的地位，但他们十分清楚地看到某些不利因素。特别是他们俩人都努力设法排除起作用的自然力要素的问题，他们倡导的单独根据劳动量的价值理论，剥夺了自然力在生产和分配过程中的正当地位。"① 因此，取代它的理论——最早的但现在已过时了的形式称作边际效用理论——可以说在许多方面都比它优越。不仅如此，熊彼特还认为："马克思在货币领域明显微弱的成就，在这方面他没有成功地达到李嘉图的水平。"②

这两种悖论性的观点促使我们去认真地思考《资本论》的理论性质，去思考《资本论》与古典政治经济学的关系。在经济科学的意义上，熊彼特向我们指出，《资本论》的论题和观点未必超越了古典政治经济学。如果说马克思的《资本论》超越了英国古典政治经济学，那么究竟是在何种意义上超越了呢？这才是我们需要深长思之的问题。

一、《资本论》与古典政治经济学的界限

在《资本论》的第二版跋中，马克思明确指出古典政治经济学存在一个"不可逾越的界限"："英国古典政治经济学是属于阶级斗争不发展的时期的。它的最后的伟大的代表李嘉图，终于有意识地把阶级利益的对立、工资和利润的对立、利润和地租的对立当做他的研究的出发点，因为他天真地把这种对立看做社会的自然规律。这样，资产阶级的经济科学也就达到了它的不可逾越的界限。"③ 在马克思看来，英国古典政治经济学把阶级对立看作是社会的自然规律，"阶级关系"构成了古典政治经济学不可逾

---

① 熊彼特：《资本主义、社会主义与民主》，吴良健译，北京：商务印书馆，1999年版，第71页。
② 熊彼特：《资本主义、社会主义与民主》，吴良健译，北京：商务印书馆，1999年版，第68页。
③ 《马克思恩格斯文集》（第5卷），北京：人民出版社，2009年版，第16页。

越的界限。

亚当·斯密在《国富论》中通过对国民财富性质及其原因的研究表明：所有个体都会为自己的利益努力奋斗，这种奋斗最终会增加社会产品的产出量，创造出最好的社会收益。因此，最好的办法就是不需要做任何政府干预，让经济过程自行其是。换句话说，《国富论》的目的是要探讨如何实现国富民强的经济途径。斯密根本不关心人的存在方式的问题。在《国富论》中，斯密"聪明地掩盖了阶级问题"。"他决意使阶级斗争的作用最小化，因此他的陈述中很少出现残酷现实中斗争的一面。"[①]

在《国富论》的序言中，斯密为自己的理论起点设定了一个理想状态的世界。他认为："由于整个社会的劳动产出如此巨大，以至每个人都得到丰富的供应。而且任何一个工人，即使是最贫穷低下的，只要勤俭，就会比任何野蛮人享有更多的生活必需品与便利品。"[②] 在斯密看来，分工使财富增长，社会更加富裕；交换互通有无，使普遍富裕成为可能。"在一个施政完善的社会里，分工之后，各行各业的产出大增，因此可以达到全面富裕的状况，将财富普及到最下层人民。每个工人的产出，除了满足自己的需要之外，还有大量的产品可以自由处理；其他每个工人的处境也都一样，因此能以自己的大量产品，交换大量的产品，或者说，交换其他工人的大量产品。自己大量供应别人所需的物品，而别人也同样大量供应自己所需的物品，于是普遍富裕的状况自然而然地扩散至每个社会阶层。"[③] 普遍富裕世界的设定构成了斯密政治经济学理论的出发点。

不仅如此，斯密还进行了第二个假设：经济主体假设。斯密指出，与动物不同，"人类的情况正好相反，极不相似的才能可以彼此帮忙；他们个别生产出来的不同物品，好像都被人类这种相互交换的倾向，集结在一

[①] 迈克尔·佩罗曼：《资本主义的诞生——对古典政治经济学的一种诠释》，裴达鹰译，桂林：广西师范大学出版社，2001年版，第180页。
[②] 亚当·斯密：《国富论》，谢宗林、李华夏译，北京：中央编译出版社，2011年版，第2页。
[③] 亚当·斯密：《国富论》，谢宗林、李华夏译，北京：中央编译出版社，2011年版，第9页。

起，让每个人可以根据自己的需要，随时在那里买到利用他人的才能生产的物品"①。这是作为商品交换主体的人的情况。此外，雇主和工人之间也是一种单纯的买卖关系。工人们可以联合起来要求提高工资，而雇主们也可以说是随时随地处于一种无言、但坚定一致的团结状态。他们之间用不着言语协调，便都不会主动把工资提高到流行工资之上。雇主和工人之间的供求关系一样遵循市场价值规律，劳动工资随着市场而上下波动。然而，"即使是在工商业比较发达的斯密的故乡格拉斯科，客观现实中也不可能出现像斯密所说的那种自主的商品交换主体，只要资本主义的生产关系存在，现实的主体就必然负载有当下的社会关系角色，他就不可能是斯密式的自主和自由的"②。

可见，斯密以普遍丰裕的世界为假设前提，并且在此基础上还假设了自主和自由的经济主体的存在。实际上，这种假设的理想状态就是古典自然主义所讲的那种自然状态。当斯密假设一个财富普遍丰裕的世界存在的时候，这也就意味着他放弃了对现实生活本质的理解；当斯密假设一个自主和自由的经济主体存在的时候，他也就用单纯的经济关系掩盖了人与人之间最真实的社会关系。所以，斯密的缺点"并不是总体上的事实、细节的缺乏，而是在处理那些有关阶级斗争的微妙问题时，对有关事实、细节避而不谈"③。理想状态的假设抹杀了资本主义社会阶级斗争的现实。从斯密所设定的理想状态出发，由此而论及的人以及人与人之间的社会关系必然只能是一种"形而上"的东西，即斯密的人是一种假设出的自主的因而抽象的人，他的社会关系也是一种理性化的形而上学的关系。斯密在《国富论》中虽然论及了工人、资本家、地主这些理论对象，但他把他们之间

---

① 亚当·斯密：《国富论》，谢宗林、李华夏译，北京：中央编译出版社，2011年版，第16页。
② 唐正东：《从斯密到马克思——经济哲学方法的历史性诠释》，南京：江苏人民出版社，2009年版，第99页。
③ 迈克尔·佩罗曼：《资本主义的诞生——对古典政治经济学的一种诠释》，裴达鹰译，桂林：广西师范大学出版社，2001年版，第183页。

的关系只是看成一种"讨价还价"的经济关系，而没有看出其中的内在的利益对立关系。

正是在此意义上，斯密被马克思称为资产阶级的政治经济学家。《国富论》成为了资产阶级的意识形态，斯密"篡改"了历史。斯密"建构了一本结构巧妙的政治经济学和历史'修订本'。其中，他竭力美化了资本主义发展的残酷现实。在他的这一工程中，他依赖的大多是被他的学生斯图亚特称为'臆测历史'的那些东西。斯图亚特为这种做法作了辩护。他声称：'在缺乏直接证据的情况下，我们只能用推测的事实来代替'"①。即使当时的社会对历史并不太看重，即使早期的苏格兰曾被人称为是"一个满是神话和臆想的地区，应该被历史学家完全抛弃"。但是，斯密对历史采取的随意态度并不是一种不严谨的体现，而是因为社会现实和他的思想之间存在着不可调和的矛盾。"斯密对推测和奇闻逸事的依赖，是可以理解的。在他对政治经济学的修订中，许多事实，尤其是那些有关现存的经济现实的事实，会给斯密带来很多不便。这些事实可能会和他所要表述的思想相矛盾。"②

相对于斯密，也许李嘉图更加深刻，马克思将其称之为古典政治经济学"最后的伟大的代表"，但也依然没有逾越这一界限。斯密的经济世界是一个普遍丰裕的世界，这一点跟李嘉图正好相反，李嘉图的经济世界是一个稀少性的世界。这使得李嘉图的经济理论更加注重生产，马克思说他是"为生产而生产"。李嘉图的政治经济学理论全部围绕"生产"展开。他在经济理论上只关心商品价值的生产。"在他的眼里，没有作为人的工人，只有生产工人这种商品所需的劳动量。也没有作为人的资本家，只有

---

① 迈克尔·佩罗曼：《资本主义的诞生——对古典政治经济学的一种诠释》，裴达鹰译，桂林：广西师范大学出版社，2001年版，第184页。
② 迈克尔·佩罗曼：《资本主义的诞生——对古典政治经济学的一种诠释》，裴达鹰译，桂林：广西师范大学出版社，2001年版，第184页。

生产作为资本的商品所需的劳动量。"① 所以，李嘉图的《政治经济学及赋税原理》以"论价值"开篇，详细地论述了商品的价值由内含的劳动量所决定的观点。马克思高度评价了李嘉图："同这个科学功绩紧密联系着的是，李嘉图揭示并说明了阶级之间的经济对立——正如内在联系所表明的那样，——这样一来，在政治经济学中，历史斗争和历史发展过程的根源被抓住了，并且被揭示出来了。"② 虽然李嘉图"有意识地把阶级利益的对立、工资和利润的对立、利润和地租的对立当做他的研究的出发点"，但这并不意味着李嘉图突破了古典政治经济学的界限。"因为他天真地把这种对立看做社会的自然规律。"③ 与斯密维护整个资产阶级利益不同，李嘉图的理论事实上达到了维护工业资产阶级利益的目的，因为工业资产阶级发展更符合他的"生产"主题。

古典政治经济学不仅掩盖了阶级关系，并且在某种意义上可以说是推波助澜，促进了资本主义生产关系的形成。佩罗曼指出："为了确保人们接受雇佣劳动，古典政治经济学家积极地鼓吹一些措施，以剥夺人们传统意义上的谋生手段。表面看来，剥夺绝大多数自给自足者生产资料过程的野蛮行为，跟古典政治经济学'自由放任'的名声似乎毫无关系。但实际上，剥夺绝大多数小生产者的生产资料，与'自由放任政策'的确立过程结合得特别紧密，以至于马克思——或者至少他的解释者们——将这种对大众的剥夺贴上了'原始积累'的标签。"④

马克思的政治经济学批判和古典政治经济学有着迥然不同的目的。古典经济学共同的目的都想在资本主义社会的框架下发现经济运行的规律，从而促进社会财富的增长。而马克思关心的则是资本主义社会条件下人类

---

① 唐正东：《从斯密到马克思——经济哲学方法的历史性诠释》，南京：江苏人民出版社，2009年版，第92页。
② 《马克思恩格斯全集》第26卷（2），北京：人民出版社，1973年版，第183页。
③ 《马克思恩格斯文集》（第5卷），北京：人民出版社，2009年版，第16页。
④ 迈克尔·佩罗曼：《资本主义的诞生——对古典政治经济学的一种诠释》，裴达鹰译，桂林：广西师范大学出版社，2001年版，第2页。

的生存状况，致力于实现人类的自由解放。因此，阶级问题即人与人之间的关系问题构成了古典经济学的禁区。在英国古典政治经济学视为禁区或者说被其遮蔽的地方，正是马克思政治经济学大显身手的舞台。马克思的《资本论》所要揭示的正是资本主义条件下人的生存状况：物的掩盖下所形成的人与人之间的关系（阶级关系），这就突破了英国古典政治经济学"不可逾越的界限"。

二、《资本论》科学术语的革命

《资本论》对古典政治经济学界限的突破，使得《资本论》中的任何一个术语或范畴不仅获得了全新的内涵，并且上升到了存在论的层面。恩格斯在《资本论》英文版序言中明确指出："某些术语的应用，不仅同它们在日常生活中的含义不同，而且和它们在普通政治经济学中的含义也不同。但这是不可避免的。一门科学提出的每一种新见解都包含这门科学的术语的革命。……政治经济学通常满足于照搬工商业生活上的术语并运用这些术语。"[①] 马克思从来没有在日常或者政治经济学的意义上去看待商品、货币、资本、价值等一系列概念。马克思对这些经济范畴的分析都是为了揭示其背后所隐藏的社会关系。《资本论》科学术语的革命，简而言之，就是把单纯的经济范畴上升为哲学范畴或存在论范畴。

毫无疑问，《资本论》中最为核心的范畴就是"资本"。在马克思之前提出和关注资本的主要就是英国古典政治经济学家，其中最具代表性的就是亚当·斯密的资本理论。在《国富论》中斯密对资本的理解是：资本是为了生产获利而积蓄起来的物质资产，是用于继续生产的"预蓄财富"。在斯密看来，资本的产生是需要前提的，即物品的积蓄也就是资财必须富余。斯密指出："当某个人拥有的物品积蓄仅仅足够维持几天或几个礼拜

---

① 《马克思恩格斯文集》（第5卷），北京：人民出版社，2009年版，第32—33页。

的生活时,他不太会想到利用这项积蓄来衍生任何收入。他会尽可能省吃俭用地消费它,并且在全部吃光用尽之前,努力凭自己的劳动,获取一些可以替补的物品。在这种情况下,他的收入完全来自劳动。"① 斯密认为各国从事生产劳动的穷人,大部分的情况都是如此。"可是当他拥有的物品积蓄足够维持几个月或几年的生活时,他便自然会尽力利用大部分的积蓄来衍生收入,而只保留一小部分的积蓄,在前项收入开始进账之前足够供应他消费。所以,他的全部积蓄可区分成两部分。其中他期望衍生收入的部分,可以说是他的资本。另外一部分则是直接供应他消费使用的积蓄。"② 由此可见,斯密将一个人的财富分为两部分:一部分是用于目前消费的生活资料,另一部分则是用于继续生产,以期从中取得收入或利润,而这后一部分,就是"资本"。"一个人不管运用了自己的哪一部分积蓄当作资本,他都会渴望连本带利地把它收回来。所以,他会将当作资本的那一部分积蓄,完全花在维持生产性人员上面。这一部分积蓄对他发挥了资本的功用之后,便构成了生产性人员的收入。一旦他准备把任何一部分积蓄用来维持某种非生产性人员,这一部分积蓄立刻就不算是他的资本,而变成是供应他直接消费使用的积蓄了。"③ 这样,斯密实际上便把资本归结为用于继续生产并提供收入或利润的作为"预蓄财富"的"物质资料"。而李嘉图则直接接受了斯密对资本的理解,并由个人扩展到了国家的层面,表达的更为理论化和具体化。"资本是国家财富中用于生产的部分,包括实现劳动所必需的食物、衣服、工具、原料、机器等等。"④

可见,斯密认为资本产生的前提是物品积蓄或资财的富余。而马克思则认为货币转化为资本,资本获得增殖是因为劳动力这一特殊商品的出现。"货币占有者要把货币转化为资本,就必须在商品市场上找到自由的

---

① 亚当·斯密:《国富论》,谢宗林、李华夏译,北京:中央编译出版社,2011年版,第308页。
② 亚当·斯密:《国富论》,谢宗林、李华夏译,北京:中央编译出版社,2011年版,第308页。
③ 亚当·斯密:《国富论》,谢宗林、李华夏译,北京:中央编译出版社,2011年版,第375页。
④ 大卫·李嘉图:《政治经济学及赋税原理》,郭大力、王亚南译,北京:商务印书馆,1962年版,第78页。

工人。这里所说的自由，具有双重意义：一方面，工人是自由人，能够把自己的劳动力当做自己的商品来支配，另一方面，他没有别的商品可以出卖，自由得一无所有，没有任何实现自己的劳动力所必需的东西。"① 在斯密那里，资本本质上体现的还只是一种"物"，好像与人与人之间的社会关系无关。而在马克思关于资本的论述里，资本增殖的实现是基于工人把自己的劳动力出卖给货币占有者——资本家。资本的形成是在工人与资本家的雇佣劳动关系中实现的。因为，作为资本的货币价值的变化，不可能发生在这个货币本身上，货币作为购买手段和价值手段，只是实现它所购买或所支付的商品价格。资本的增殖来源于工人在生产过程中的剩余劳动。

针对古典经济学家尤其是斯密对资本本质的物化理解，马克思在《大纲》中指出在古典经济学家那里，"资本被理解为物，而没有被理解为关系"②，他们"只看到了资本的物质，而忽视了使资本成为资本的形式规定"③。"使资本成为资本的形式规定"就是指"社会关系性质"，确切地讲就是资本主义社会的生产关系。古典经济学家眼中资本的"社会关系性质"是以歪曲的形式表现为物的"属性"，从而遮蔽和掩盖了资本的社会关系内涵。马克思指出："经济学家们把人们的社会生产关系和受这些关系支配的物所获得的规定性看作物的自然属性，这种粗俗的唯物主义，是一种同样粗俗的唯心主义，甚至是一种拜物教，它把社会关系作为物的内在规定归之于物，从而使物神秘化。"④ 所以，将资本物质化，确立资本和雇佣劳动关系的自然性、永恒性和绝对性，完成对资本主义生产关系的意识形态遮蔽，这是所有自觉不自觉地充当资产阶级利益代言人的古典经济学家们共同的理论取向。也正因如此，马克思将古典政治经济学家们称为

---

① 《马克思恩格斯文集》（第5卷），北京：人民出版社，2009年版，第197页。
② 《马克思恩格斯全集》（第30卷），北京：人民出版社，1995年版，第214页。
③ 《马克思恩格斯全集》（第30卷），北京：人民出版社，1995年版，第213页。
④ 《马克思恩格斯全集》（第31卷），北京：人民出版社，1998年版，第85页。

"资产阶级经济学家"。

马克思在分析了古典政治经济学家对资本的理解之后,明确指出:"单纯从资本的物质方面来理解资本,把资本看成生产工具,完全抛开使生产工具变为资本的经济形式,这就使经济学家们陷入种种困难之中。"① 因此,马克思所要做的工作就是批判和消解古典经济学家对资本本质的"物化"理解,揭露和澄清"资本"的真实本质。马克思通过对物化现象的剥离,逐步揭示出了资本的更为真实的本质:资本绝不仅仅是一种"物",资本还是一种"社会关系"。

在《雇佣劳动与资本》中,马克思指出,关于资本古典经济学家是这样说的:"资本是由用于生产新的原料、新的劳动工具和新的生活资料的各种原料、劳动工具和生活资料组成的。资本的所有这些组成部分都是劳动的创造物,劳动的产品,积累起来的劳动。作为进行新生产的手段的积累起来的劳动就是资本。"② 与资产阶级经济学家把资本等同于"积累起来的劳动"的物化理解不同,马克思强调资本是一种"社会生产关系",认为生产资料只有在一定的社会关系下,它才成为资本。马克思用形象的类比说明了这一问题:"黑人就是黑人。只有在一定的关系下,他才成为奴隶。纺纱机是纺棉花的机器。只有在一定的关系下,它才成为资本。脱离了这种关系,它也就不是资本了,就像黄金本身并不是货币,砂糖并不是砂糖的价格一样。"③ 正是基于对资本的这一理解,马克思明确指出:"资本也是一种社会生产关系。这是资产阶级的生产关系,是资产阶级社会的生产关系。"④

在《大纲》中,马克思继续强调:"资本显然是关系,而且只能是生

---

① 《马克思恩格斯全集》(第30卷),北京:人民出版社,1995年版,第594页。
② 《马克思恩格斯选集》(第1卷),北京:人民出版社,1995年版,第343—344页。
③ 《马克思恩格斯选集》(第1卷),北京:人民出版社,1995年版,第344页。
④ 《马克思恩格斯选集》(第1卷),北京:人民出版社,1995年版,第345页。

产关系",① 并且是资本主义社会中占统治地位的社会关系。关于资本生产关系本性的论述,马克思在《资本论》中表达的更为明确。在第一卷中,马克思指出:"资本不是一种物,而是一种以物为中介的人和人之间的社会关系。"② 在第三卷中,马克思更加具体地指出:"资本不是物,而是一定的、社会的、属于一定历史社会形态的生产关系,后者体现在一个物上,并赋予这个物以独特的社会性质。资本不是物质的和生产出来的生产资料的总和。"③ 由此可见,资本作为一种社会关系,其实质就是资产阶级社会的生产关系,而且只有在资产阶级社会的生产关系下,积累起来的、物化的劳动才能支配直接的、活的劳动,才能变成资本。也就是说,只有在"死劳动"(物)支配"活劳动"(人)的颠倒的资产阶级社会关系里,资本才真正存在。在此意义上,资本本质上就是一种"颠倒"的社会关系。资本作为一种颠倒的社会关系,同时又是一种支配一切的"权力"。资本之所以是资本,就在于它能"增殖自身",而资本为了"增殖自身",就必须与雇佣劳动之间处于支配与被支配的关系。所以资本"按其本质来说,它是对无酬劳动的支配权",④ 即对剩余价值的掠夺权和控制权。资本是资产阶级社会中支配一切的权力,它影响和决定着其他一切社会关系。在此意义上,资本成了万物的尺度,一切都必须在资本面前为自己的存在作辩护或放弃存在的权利。资本获得了形而上学中本体的意义。资本摇身变成了现实中万能的上帝,它决定着它里面显露出来的一切存在的"比重"。

可见,"斯密是直接从生产资本的角度入手,主要在物质生产的过程上来把握资本,而马克思则主张首先要从价值=剩余价值论的角度来理解

---

① 《马克思恩格斯全集》(第30卷),北京:人民出版社,1995年版,第510页。
② 《马克思恩格斯文集》(第5卷),北京:人民出版社,2009年版,第877—878页。
③ 《马克思恩格斯文集》(第7卷),北京:人民出版社,2009年版,第922页。
④ 《马克思恩格斯文集》(第5卷),北京:人民出版社,2009年版,第611页。

资本"①。剩余价值理论所揭示的正是资本主义社会生产关系的秘密。与其说剩余价值理论是一条经济学规律，莫不如说它是一种理解资本主义社会生产关系的理论视阈。"只有当剩余价值规律成为一种视阈，而不是一个自足性的理论范畴，它才构成了阶级斗争理论的一部分。"② 在《资本论》中，马克思的任何一个范畴表面上看起来都是一个纯粹的经济范畴，而实际上都是一个存在论范畴。因为马克思通过对任何一个经济范畴的分析，所试图揭示的都是其背后所隐藏的社会关系。马克思是一个"革命家"，他所有的著作都致力于为人类的自由解放服务，《资本论》也不例外。因此，马克思把资本主义社会看作人类历史发展的过渡阶段、一个暂时性的状态，《资本论》的目的是为了揭示资本主义必然灭亡的规律。而古典政治经济学认为资本主义社会是人类社会的完美状态的实现，是人类历史的终结，其研究的目的只不过是为了发现资本主义经济增长的规律。正是由于马克思的政治经济学与英国古典政治经济学有着截然不同的目的，这才决定了《资本论》对每一经济范畴的分析都上升到了"存在论"的层面上。在《资本论》中，"资本"已经不单单是一个用于扩大再生产的经济范畴，而是一个体现着社会关系、人的生存状况的存在论范畴。"不言而喻，把现代资本主义生产只看做是人类经济史上一个暂时阶段的理论所使用的术语，和把这种生产形式看做是永恒的、最终的阶段的那些作者所惯用的术语，必然是不同的。"③

三、《资本论》的存在论超越

无论是《资本论》对古典政治经济学界限的逾越，还是《资本论》科

---

① 内田弘：《新版〈政治经济学批判大纲〉的研究》，王青、李萍、李海春译，北京：北京师范大学出版社，2011年版，第19页。
② 奈格里：《〈大纲〉：超越马克思的马克思》，张梧、孟丹译，北京：北京师范大学出版社，2011年版，第63页。
③ 《马克思恩格斯文集》（第5卷），北京：人民出版社，2009年版，第33页。

学术语的革命,都无可辩驳地表明:《资本论》超越了古典政治经济学。但是,这种超越绝非经济学意义上的超越,而是一种存在论的或者哲学的超越。与其把马克思的哲学定义为"经济学语境中的哲学话语",不如说马克思的经济学话语就是他的哲学话语。如果说古典政治经济学是经济学,那么马克思的政治经济学批判就是哲学,就是存在论。政治经济学批判就是哲学批判或存在论批判。因为政治经济学批判所指向的是人的存在方式的批判,而非一种纯粹的经济学批判。

马克思所谓的政治经济学理论不仅不是经济学理论,而且是一种反经济学理论。奈格里在对《大纲》的分析中曾经明确地指出了这一点:"正如克里斯蒂娜·潘那瓦扎(在她为维戈茨基写的简介中)所指出的,所有分析都将指向对抗,正是这种对抗,以至于我们决不能将价值理论视为封闭的理论,也不能在此基础上将再生产理论和流通理论等量齐观。'在《大纲》中,马克思主义是一种反经济的理论,这种批判拒绝回到政治经济学,然而恰恰相反,科学是一种对抗性的运动。'"① 尽管奈格里在此对马克思主义进行了一种激进政治的解读,从马克思的《大纲》中解读出的是"对抗"。但是,这种解读把握住了马克思政治经济学的理论本性,它是一种反经济的理论。奈格里解读到的"对抗性"正是一种作为阶级斗争的社会关系的体现,这远非一部经济学著作所要解决的问题。因此,奈格里非常明确地指出:"我们不知道还有什么断言比指认马克思主义为'经济学理论'或把它界定为'封闭'的断言更荒唐。"② 由此看来,马克思的《大纲》以及《资本论》并非单纯的经济学著作,而它对古典政治经济学的超越也就绝非是经济学意义上的超越。"以货币分析为中心使得马克思能够实现基于古典经济学的激进创新。这种创新体现在两个方面:发现

---

① 奈格里:《〈大纲〉:超越马克思的马克思》,张梧、孟丹译,北京:北京师范大学出版社,2011年版,第28页。
② 奈格里:《〈大纲〉:超越马克思的马克思》,张梧、孟丹译,北京:北京师范大学出版社,2011年版,第36页。

价值规律是基于社会平均劳动，发现价值的波动性和对抗性，以及它潜在的对抗性。"① 可见，马克思对古典政治经济学的超越就在于发现了这种对抗性，亦即发现了对抗性的社会关系：阶级冲突。

马克思的《资本论》有着与古典政治经济学迥然相异的理论主题。古典政治经济学试图寻求资本主义社会条件下，社会财富增长的机制原理。而马克思的《资本论》则要揭示物（经济范畴）的掩盖下所形成的人与人之间的关系（剥削关系），并且试图寻找一条人类解放的现实道路。马克思主义首先应该被"看成一种关于人类解放的学说"②。"解放何以可能"成为马克思主义哲学的理论旨趣。我们应当从动机和旨趣的视角去阅读马克思的《资本论》，这样才能把握住《资本论》的理论真义。柄谷行人曾经提示我们："我们阅读《资本论》时，不是要在此发现对革命的浪漫主义预见，而是要看身处劳动运动亦被吞食的资本主义经济中马克思试图找到的与此对抗的逻辑。"③ 马克思《资本论》的重要意义并不仅仅在于发现了资本主义社会的秘密：资本增殖的逻辑，更重要的是在于找到与此对抗的逻辑——瓦解资本的逻辑。

马克思对资本主义的分析，对古典政治经济学的批判，其最终的目的都是在探寻"解放何以可能"的现实道路。"把人从非人的存在中'解放'出来，这就是马克思为新哲学提出的使命。"④ 早在《〈黑格尔法哲学批判〉导言》中，马克思就已经明确指出："对宗教的批判最后归结为人是人的最高本质这样一个学说，从而也归结为这样的绝对命令：必须推翻使人成为被侮辱、被奴役、被遗弃和被蔑视的东西的一切关系。"⑤ 在《巴黎手稿》中，马克思把人的存在方式定义为"异化"的存在方式，而在

---

① 奈格里：《〈大纲〉：超越马克思的马克思》，张梧、孟丹译，北京：北京师范大学出版社，2011年版，第64页。
② 伯尔基：《马克思主义的起源》，伍庆、王文扬译，上海：华东师范大学出版社，2007年版，第7页。
③ 柄谷行人：《跨越性批判——康德与马克思》，赵京华译，北京：中央编译出版社，2011年版，第250页。
④ 孙正聿：《思想中的时代：当代哲学的理论自觉》，北京：北京师范大学出版社，2004年版，第195页。
⑤ 《马克思恩格斯文集》（第1卷），北京：人民出版社，2009年版，第11页。

《资本论》中，则进一步具体化为人受"抽象"即资本的统治。因此，作为无产阶级革命理论的马克思哲学，最迫切的要求是要把人从"抽象"的普遍统治中解放出来，从"物"的普遍统治中解放出来，从"资本"的普遍统治中解放出来，从资本主义的生产方式的普遍统治中解放出来。总而言之，把人从一切"非人"的或"异化"的状态中"解放出来"。正是在这个意义上，马克思才把共产主义解读为人向人的本性的复归。这是包括《资本论》在内的整个马克思学说的理论旨趣所在。

如果我们在马克思理论动机和旨趣的意义上去看待《资本论》的话，对《资本论》的理解就会发生一个根本性的变化：绝不再会将其看作是一部纯粹的经济学著作，而是一部关于人类自由解放，探寻"解放何以可能"的存在论著作。马克思的存在论革命就在于实现了从传统哲学的"世界何以可能"到"解放何以可能"的转变。"解放何以可能"就是马克思哲学的存在论。马克思"把本体论对'何以可能'的追问定位为对'人的解放何以可能'的寻求，从而变革了传统本体论对人的存在何以可能的抽象思辨，实现了本体论的理论内容的变革"。① 因此，《资本论》中的每一个概念都不只是纯粹的、孤立的经济学范畴，而是一个个在经济学的外表下隐匿地表征着人的存在方式的哲学范畴或存在论范畴。正如科西克所言："马克思主义政治经济学显然是一种存在哲学，它只把经济范畴看作某一隐蔽本质的信号或符号，看作人的生存状况的信号或符号。"② 可见，《资本论》中的经济学概念及其所构成的政治经济学批判体系，实质上是建基于新型存在论之上的哲学批判体系。

因此，马克思的《资本论》不仅是关于"资本"的"资本论"，而且是关于"人的存在方式"的"存在论"。这正是马克思比别的存在论尤其是海德格尔基础存在论的优越之处。在马克思看来，从人本身出发而考察

---

① 孙正聿：《思想中的时代：当代哲学的理论自觉》，北京：北京师范大学出版社，2004年版，第200页。
② 科西克：《具体的辩证法——关于人与世界问题的研究》，傅小平译，北京：社会科学文献出版社，1989年版，第124页。

人，只能是从抽象的人出发而形成对人的抽象的理解；而马克思的出发点是"现实的个人"，只有从关于人的各种规定——首先是最重要的经济范畴——出发，才能形成对人的具体的理解，才不至于堕入传统形而上学的抽象当中。只有展现经济范畴所构成的"具体"，才能揭示作为"现实的历史"的"存在"。这是马克思破解"存在"的秘密的立足点，也是作为"政治经济学批判"的《资本论》所破解的"存在"的秘密。只有立足于存在论的高度，才能把《资本论》所具有的最真实的哲学意义揭示出来。因此，洞悉资本主义社会生产方式的《资本论》，并非仅仅是揭示资本主义的发展规律，而且是通过揭示"一个复杂的社会形式"，即资本主义的社会形式，从而实现对全部人类生活形式即历史过程的揭示。在《资本论》中，马克思的政治经济学批判就是他的存在论批判，马克思对"对现实的描述"就是对人应该"如何存在"的探讨。因此，《资本论》不仅破解了"资本"的秘密，而且破解了"存在"的秘密；不仅揭示了资本主义社会特殊的发展规律，而且揭示了人类历史的发展规律；不仅揭示了人的存在状况，而且指明了人应当如何存在。《资本论》构成了马克思历史唯物主义的"存在论"。

现在，我们可以来回答熊彼特关于马克思的评价问题：马克思是否超越了英国古典政治经济学？马克思的劳动价值论既超越了李嘉图的价值理论，又没有超越。在经济学的意义上并没有超越，超越劳动价值论的是新古典经济学的边际效用理论。而在存在论的意义上，马克思的劳动价值论却超越了李嘉图。因为马克思使劳动价值论从单纯的经济学观点上升到了哲学—存在论的层面上。在马克思看来，劳动与资本之间存在着一种"对抗性"关系。劳动是创造价值，从而获得价值的合法性来源，而现在资本也成为获得收益的手段。从劳动价值论的角度讲，消除剥削就意味着让资本回归劳动或者说让资本等同劳动。可见，马克思的劳动价值论不是用来分析商品价值的来源，而是用来分析人与人之间的社会生产关系。马克思的劳动价值论不是经济学的,而是存在论的,它构成了马克思用来分析资本主义社会生产关系的理论视阈。正是在此意义上,马克思的劳动价值论超越了李嘉图的价值论。

因此,马克思《资本论》对古典政治经济学的超越,不是一种经济学意义上的超越,也不是一种经济哲学意义上的超越,而是一种哲学的存在论的超越。我们必须把笛卡尔—康德—黑格尔的思想史传统和配第—斯密—李嘉图的思想史传统结合起来,在这种互相诠释当中,才能真实地把握住马克思的哲学革命。这是因为"马克思超越近代形而上学哲学的关键在于,他从现实社会生活的内部重新给哲学提供了一种新的生成机制"[①]。也就是说,他将古典政治经济学所揭示的经济生活上升到哲学的层面,从而革新了德国古典哲学的抽象的、思辨的唯心主义传统,使哲学回归现实生活。如果只研究第一个传统便无法理解马克思哲学革命的真实意义,有可能仍囿于抽象的思辨当中;如果只关注第二个传统便有可能陷入一种无批判的经验实证主义。熊彼特正是因为不了解第一个思想史传统,不了解《资本论》的存在论,所以他也永远无法了解马克思政治经济学批判的理论性质和真实意义。

[①] 唐正东:《从斯密到马克思——经济哲学方法的历史性诠释》,南京:江苏人民出版社,2009年版,第1页。

第七章　重思马克思对黑格尔辩证法的"颠倒"

在阿尔都塞看来，马克思《资本论》第二版跋中的"颠倒问题"是辩证法发展史上的一个"路标"。这个问题不仅是理解马克思与黑格尔辩证法理论传承关系的核心节点，更是理解马克思辩证法特殊理论本性的关键所在。但是，我们往往将这一理论疑难简约化：把"颠倒"问题朴素地理解为马克思将黑格尔"头足倒置"的辩证法颠倒过来，亦即将辩证法从唯心主义移植到唯物主义的地基上去。但是，事情本身远非如此简单。阿尔都塞指出："所谓'对黑格尔的颠倒'在概念上是含糊不清的。我觉得，这个说法严格地讲对费尔巴哈完全合适，因为他的确重新使'思辨哲学用脚站地'。但是，这种说法不适用于马克思，至少不适用于已脱离了'人本学'阶段的马克思。"[①] 因此，作为颠倒概念的"'倒过来'一词只有象征的意义，甚至只是一种比喻，而不能最后解答问题"[②]。辩证法的颠倒问题绝对是马克思哲学思想研究中重大的理论疑难之一，而澄清这一疑难是我们推进马克思辩证法研究的前提条件。

---

① 阿尔都塞：《保卫马克思》，顾良译，北京：商务印书馆，2006年版，第76页。
② 阿尔都塞：《保卫马克思》，顾良译，北京：商务印书馆，2006年版，第76—77页。

如何理解这一具有象征意义的"颠倒"概念，不仅关涉到对马克思辩证法的理解，甚至决定了对整个马克思哲学革命的理解。在此，我们借鉴海德格尔关于尼采对柏拉图主义的"颠倒"来类比马克思对黑格尔辩证法的颠倒，以期达到对"颠倒之谜"的本质性理解。海德格尔在《哲学的终结与思的任务》一文中指出："纵观整个哲学史，柏拉图的思想以有所变化的形态始终起着决定性作用。形而上学就是柏拉图主义。尼采把他自己的哲学标示为颠倒了的柏拉图主义。随着这一已经由卡尔·马克思完成了的对形而上学的颠倒，哲学达到了最极端的可能性。"① 从海德格尔的这段话，我们可以得出两个最基本的判定：第一，形而上学就是柏拉图主义；第二，尼采和马克思都是对传统形而上学的颠倒。众所周知，黑格尔在自己的体系中以最宏伟的方式概括了全部哲学的发展，可以说他是整个传统形而上学的完成。据此，在颠倒传统形而上学的意义上，尼采哲学和马克思哲学具有同质性，这就为我们用尼采颠倒柏拉图主义来类比马克思对黑格尔辩证法的颠倒提供了合法性的理论根基；另外，海德格尔两卷本的《尼采》详细地分析了尼采对柏拉图主义的颠倒，这也为我们的类比提供了事实的可能性。

一、颠倒与翻转

在《尼采》一书中，海德格尔对"颠倒"问题的追问可谓一语中的。"据尼采本人的证词，他的哲学乃是一种颠倒过来的柏拉图主义。我们要问：在何种意义上，为柏拉图主义所特有的美与真理的关系通过这种颠倒而变成了一种不同的关系？"② 我们之所以认为海德格尔的追问触及了问题的实质，是因为他意识到通过"颠倒"使事情本身发生了本质性的改变，

---

① 海德格尔：《面向思的事情》，陈小文、孙周兴译，北京：商务印书馆，1999年版，第70页。
② 海德格尔：《尼采》（上卷），孙周兴译，北京：商务印书馆，2002年版，第221页。译文略有改动，下文改动之处不再一一标明。

变成了一种不同的、别的关系。"颠倒"不是简单的翻转,而是意味着本质性的改变。简单的颠倒过来,并不能使之发生根本性的变化。然而,流俗的理解却把马克思的哲学革命理解为是对黑格尔哲学的简单颠倒。如果将一个事物或问题颠倒过来,就会发生根本性的变革,那么实现哲学革命的就不是马克思,而是费尔巴哈。因为费尔巴哈在马克思之前就已经把哲学拉回到唯物主义的地基之上了。阿尔都塞清楚地表明:"至于对黑格尔的'颠倒',这个著名的词正好反映了费尔巴哈的企图。费尔巴哈正是作为黑格尔的晚辈,才采用了这个词,并把它推广了开来。值得指出的是,正当费尔巴哈自称他已经把黑格尔哲学'颠倒'过来的时候,马克思在《德意志意识形态》中恰恰指责他依旧是黑格尔哲学的俘虏。马克思还指责费尔巴哈接受了黑格尔的问题的前提,指责费尔巴哈作出的答复虽然不同于黑格尔,但回答的问题却与黑格尔相同。"① 当马克思指责费尔巴哈依旧是黑格尔哲学的俘虏的时候,就已经证明简单的翻转并不能产生哲学革命。

海德格尔详尽地分析了这种简单的、素朴的颠倒。"倘若对柏拉图主义的'颠倒'可以等同于那样一种做法,一种仿佛仅仅把柏拉图的一些句子颠三倒四折腾一番的做法,那么,上面这个问题就可以轻轻松松地通过一种简单的换算来解答了。"② 很显然,海德格尔坚决反对这种对"颠倒"的肤浅的理解。实际上,一开始尼采也没有特别自觉地意识到这个问题。海德格尔指出:"尼采本人也经常颠三倒四地表达事实,不仅是为了以一种粗犷的方式来说明他的意思,而且也是因为他自己就常常以这种方式进行思考,尽管他所寻求的其实是某种不同的东西。"③ 颠倒绝非一种简单的换算。此时的尼采不仅没有意识到这一问题,也没有认真地去思考颠倒柏拉图主义之后的哲学应该是什么样的形态。"只是到晚期,在他的思想工

---

① 阿尔都塞:《保卫马克思》,顾良译,北京:商务印书馆,2006年版,第60页。
② 海德格尔:《尼采》(上卷),孙周兴译,北京:商务印书馆,2002年版,第221页。
③ 海德格尔:《尼采》(上卷),孙周兴译,北京:商务印书馆,2002年版,第221页。

作中止前不久,尼采才完全清楚地认识到,他在这种对柏拉图主义的颠倒中被推向了何方。随着尼采越来越理解了这种倒转的必然性,亦即把它理解为克服虚无主义的任务所要求的,他也就越来清楚地认识到了上面这一点。"①

根据海德格尔的提示,尼采的"颠倒"关涉的是对柏拉图主义的颠倒,所以我们在思考颠倒问题的时候,必须从对颠倒的对象——"柏拉图主义"入手。"因此,在说明对柏拉图主义的颠倒时,我们必须以柏拉图主义的结构形态为出发点。在柏拉图看来,超感性领域就是真实世界。它作为赋予尺度的东西是高高在上的。而感性领域作为虚假的世界位居低层。高层的东西是首先惟一地赋予尺度的东西,因而是值得追求的东西。在颠倒之后,感性领域即虚假世界就位居高层,而超感性领域即真实世界则位居低层。这在形式上是容易推算出来的。"② 我们知道柏拉图把世界分为理念世界和现象世界,理念世界作为超感性领域是一个真实的世界,现象世界作为感性领域是一个变动不居的、虚假的世界。理念界位居高层规定并主宰着现象界。如果要对柏拉图的观念进行颠倒的话,最直接的思考就是"让感性领域即虚假世界位居高层,而超感性领域即真实世界则位居低层"。但是问题在于,理念界和现象界的简单翻转就能克服柏拉图主义吗?颠倒就意味着这种简单的翻转吗?

对此,海德格尔给出了否定的回答。"如果我们仅仅以这种方式来看颠倒,那就可以说,高层和低层的空位还是保留着的,仅仅作了不同的分配而已。而只要这种高层与低层决定了柏拉图主义的结构形态,则柏拉图主义在其本质上就依然持存着。这种颠倒并没有完成它作为对虚无主义的克服必须完成的东西,亦即一种对柏拉图主义的彻底克服。"③ 可见,颠倒作为一种简单的翻转并不能真正地克服柏拉图主义。在此基础上,反观马

---

① 海德格尔:《尼采》(上卷),孙周兴译,北京:商务印书馆,2002年版,第221页。
② 海德格尔:《尼采》(上卷),孙周兴译,北京:商务印书馆,2002年版,第221—222页。
③ 海德格尔:《尼采》(上卷),孙周兴译,北京:商务印书馆,2002年版,第222页。

克思对黑格尔辩证法的颠倒，如果仅仅是一种从唯心主义到唯物主义的翻转，也依旧无法彻底克服黑格尔主义。所以马克思才会认为费尔巴哈依旧是黑格尔哲学的俘虏。阿尔都塞指出："说到底，如果问题的确仅仅是把颠倒了的东西颠倒过来，那么事物的颠倒显然并不会因简单的位置移动而改变本质和内容！用头着地的人，转过来用脚走路，总是同一个人！在这个意义上，哲学的颠倒无非是位置的颠倒，是一种理论比喻：事实上，哲学的结构、问题，问题的意义，始终由同一个总问题贯穿着。"① 阿尔都塞的说法不仅形象，而且一针见血。"用头着地的人，转过来用脚走路，总是同一个人！"这就意味着把辩证法从唯心主义移植到唯物主义的地基上，辩证法本身不会发生本质性的改变。

那么，怎样的颠倒才能使事情本身发生根本性的改变呢？这就需要我们继续关注海德格尔关于尼采如何真正地颠倒柏拉图主义，如何真正地克服柏拉图主义的论述。海德格尔认为，"只有当高层本身根本上被清除掉，先前对一个真实的和值得追求的东西的设定已经终止，理想意义上的真实世界已经被取消掉，这时候，对柏拉图主义的彻底克服才能获得成功"②。克服柏拉图主义不是要对理念世界和感性世界进行简单的倒转，而是要彻底地消解理想意义上的真实世界——理念世界。然而，"对以往最高价值的批判并非简单地就是一种对它们的驳斥，把它们宣布为不真实的，而是要揭示出它们的起源，即它们如何起源于某些设定，后者恰恰必须肯定那个为被设定的价值所否定的东西。所以，真正说来，对以往最高价值的批判就意味着：揭示那些附属的价值设定的可疑来源，从而指明这些价值本身的可疑性"③。在尼采看来，虚无主义是西方历史的一个基本事实，是历史性运动的一个基本方式。虚无主义意味着：最高价值的自行贬黜。柏拉图以来的哲学中被设定为决定性的现实和法则的东西，失去了它们的约束

---

① 阿尔都塞：《保卫马克思》，顾良译，北京：商务印书馆，2006年版，第61页。
② 海德格尔：《尼采》（上卷）孙周兴译，北京：商务印书馆，2002年版，第222页。
③ 海德格尔：《尼采》（上卷）孙周兴译，北京：商务印书馆，2002年版，第26页。

力量，新的价值设定必然就是一种对一切价值的重估。正是基于这样的理解，后来尼采指出柏拉图的理念世界只不过是实在性蒸发出来的最后一缕烟雾。至此，对柏拉图主义的颠倒才彻底完成。这对我们理解马克思辩证法的颠倒问题具有重要的意义。如果以尼采对柏拉图主义的颠倒为参照系，那么对黑格尔辩证法的颠倒根本不是将辩证法颠倒在唯物主义的基础上，而是彻底地消解掉辩证法的唯心主义本性，消解黑格尔对"绝对精神"的价值设定。

让我们回过头来再看一下马克思关于"颠倒"问题的经典表述："辩证法在黑格尔手中神秘化了，但这决没有妨碍他第一个全面地有意识地叙述了辩证法的一般运动形式。在他那里，辩证法是倒立着的。必须把它倒过来，以便发现神秘外壳中的合理内核。"① 在这里，马克思明确地把"颠倒"理解为发现神秘外壳中的合理内核。如果是这样的话，我们似乎应该扔掉思辨哲学的神秘外壳，以保留辩证法的宝贵内核。换句话说，剥去外壳和把辩证法颠倒过来在马克思那里应该是同一个意思。怎么在颠倒的意义上去理解剥去外壳呢？或者说，在剥去外壳的过程中，究竟是什么东西被颠倒过来了呢？

马克思的这一经典表述不免让人心生疑虑。难道马克思对黑格尔辩证法的颠倒，就像人们剥干果一样，把外壳剥掉，留下里边的果仁那样简单吗？事实上这是不可能的！因为在黑格尔哲学那里神秘形式和合理内核并不是被摆放在一起的泾渭分明的两个东西。"说辩证法能够像外壳包裹着的内核一样在黑格尔体系中存身，这是不可思议的事。"因为"不能想象黑格尔的意识形态在黑格尔自己身上竟没有传染给辩证法的本质，同样也不能想象黑格尔的辩证法一旦被'剥去了外壳'就可以奇迹般地不再是黑格尔的辩证法而变成马克思的辩证法"。② 因此，我们需要重新审视马克思

---

① 《马克思恩格斯文集》（第5卷），北京：人民出版社，2009年版，第22页。
② 阿尔都塞：《保卫马克思》，顾良译，北京：商务印书馆，2006年版，第78—79页。

关于"颠倒"的经典论述，决不能使马克思的"剥离"庸俗化和简单化。"剥离"也应该在海德格尔所说的清除或消解掉高层的超感性世界本身的意义上去理解。在黑格尔那里，神秘外壳和合理内核是交织在一起的。恩格斯认为黑格尔的体系和方法之间存在着矛盾，其实就黑格尔哲学自身而言是不存在的。恩格斯只不过是想为辩证法开辟出一条新路来，才如此主张的。"神秘外壳根本不是思辨哲学、'世界观'或'体系'，不是一种可被认为同方法相脱离的成分，而是本身就属于辩证法。"① 神秘性不仅是黑格尔哲学体系的外壳也是其辩证法内核的本性。所以马克思才会说，"辩证法在黑格尔的手中神秘化了"。他正是用他自己合理形态的辩证法去反对和破除黑格尔辩证法的这种神秘形式。"神秘外壳无非是辩证法本身的神秘形式而已，换句话说，它不是辩证法的一种相对外在的成分（例如'体系'），而是与黑格尔辩证法同质的一种内在成分。"② 神秘外壳与合理内核是相互渗透在一起的，神秘性既是外壳的本性也是内核的本性。马克思对黑格尔辩证法的颠倒就是要破除黑格尔辩证法的神秘性，而这是通过简单的翻转或者简单的对外壳的剥离所无法做到的。

二、颠倒与转向

颠倒不是简单的翻转和剥离，而是对超感性世界神话的消解。这种意义上的颠倒究竟该如何进行？海德格尔一语道出了"颠倒"的真义。"当尼采认识到对柏拉图主义的颠倒就是一个从柏拉图主义中转向出来的过程时，他已经精神错乱了。迄今为止，人们既没有认识到这种颠倒乃是尼采的最后步骤，也没有看到尼采只是在其创作生涯的最后一年里（1888 年）才清晰地完成了这种颠倒。"③ 颠倒实际上是"转向"。尼采只是到了学术

---

① 阿尔都塞：《保卫马克思》，顾良译，北京：商务印书馆，2006 年版，第 79—80 页。
② 阿尔都塞：《保卫马克思》，顾良译，北京：商务印书馆，2006 年版，第 80 页。
③ 海德格尔：《尼采》（上卷），孙周兴译，北京：商务印书馆，2002 年版，第 222—223 页。

生涯的最后一年才完成了这种颠倒,可见理解和解决这一问题的艰难性。就此意义而言,马克思对黑格尔辩证法的颠倒并不是将其倒立过来,而是从黑格尔的哲学城堡中撤离出来,当然这一撤离也并非简单地将黑格尔哲学弃之如敝屣。阿尔都塞指出:"必须从'改弦易辙'这一认识出发,我们才能研究关于马克思向黑格尔借鉴和继承的问题,特别是关于辩证法的问题。"① 作为"转向"的颠倒意味着对"翻转"的否定,意味着不再拘泥于颠倒问题的表面含义。针对将颠倒问题简单化的倾向,胡克不无嘲讽地说道:"如果马克思的辩证法对其批评者来说还仍然是一个神秘的话,其原因在于他们不知道到什么地方去寻找其解答。他们过分拘泥于他的关于把黑格尔的方法头脚倒置的隐喻,似乎能够用我们检验母猪屁股的办法来研究一种方法!"② 胡克所主张的是要在"应用"的地方去领悟马克思辩证法的意义,其实和从黑格尔辩证法中"转向"出来的观点有异曲同工之妙。

在转向的意义上去理解颠倒和剥离,最重要的是要清晰地认识到从什么样的东西里转向出来。马克思剥去黑格尔辩证法的神秘形式就是批判作为德意志意识形态的黑格尔哲学。在《德意志意识形态》中,马克思明确指出:"德国的批判,直至它最近所作的种种努力,都没有离开过哲学的基地。这个批判虽然没有研究过自己的一般哲学前提,但是它谈到的全部问题终究是在一定的哲学体系即黑格尔体系的基地上产生的。不仅是它的回答,而且连它所提出的问题本身,都包含着神秘主义。"③ 整个德国思想界都笼罩在黑格尔哲学的阴影之下,或者说是黑格尔哲学基地上的产物。因为,黑格尔的哲学确实是18世纪的百科全书,是已经获得的全部知识的总结,也是历史的总结。对马克思来说,这个世界就是他当时生活的意识形态世界,也是他开始思想时所面临的意识形态世界。

---

① 阿尔都塞:《保卫马克思》顾良译,北京:商务印书馆,2006年版,第67页。
② 悉尼·胡克:《对卡尔·马克思的理解》,徐崇温译,重庆:重庆出版社,1989年版,第313页。
③ 《马克思恩格斯文集》(第1卷),北京:人民出版社,2009年版,第514页。

马克思写作《德意志意识形态》最重要的一个目的就是要洞穿当时德国的意识形态幻象。只有在这一前提下，才有可能把握住人类社会的真正现实。"德意志意识形态的世界无可比拟地是最受意识形态压迫的世界，也就是离历史实际最远的世界，是欧洲各意识形态世界中受神秘主义和异化影响最深的世界。马克思就在这一世界中诞生，并开始思想。马克思的开端的偶然性在于，他诞生时被包裹在一块巨大的意识形态的襁褓之中，而他成功地从这块沉重的襁褓中解脱了出来。"① 当时支配着18世纪30年代至40年代的德意志意识形态世界的正是德国的唯心主义，具体而言就是黑格尔的思辨哲学。马克思的哲学革命就体现在这一解脱、突破和转向之中。马克思辩证法的颠倒问题亦应该在这一哲学革命的思想背景之下获得理解。"1840年德国青年知识分子从黑格尔那里继承来的思想，同它们的外表相反，包含着一部分含蓄的、被掩盖的、经过伪装的和改变了方向的真理，而马克思在经过多年的理论努力后，终于用批判的威力把这一真理挖掘了出来，使它重见了天日和得到了公认。所谓把黑格尔的哲学（或辩证法）'颠倒过来'、使之'重新用脚立地'这个著名论题实际上就贯穿着这种逻辑。"② 阿尔都塞的这一论断向我们表明，颠倒问题所贯穿的逻辑就是真理方向的改变，一种转向的逻辑，从黑格尔哲学的神秘形式中转向出来。

马克思在致狄慈根的信中谈到："一旦我卸下经济负担，我就要写《辩证法》。辩证法的真正规律在黑格尔那里已经有了，当然是具有神秘的形式。必须去除这种形式……"③ 毫无疑问，马克思所谓的辩证法的神秘形式指的就是黑格尔哲学的"思辨"。在其逻辑学中，黑格尔明确地表达了关于"思辨"的含义。在论及逻辑学概念的进一步规定和部门划分时，黑格尔指出："逻辑思想就形式而论有三方面：（a）抽象的或知性［理智］

---

① 阿尔都塞：《保卫马克思》，顾良译，北京：商务印书馆，2006年版，第62—63页。
② 阿尔都塞：《保卫马克思》，顾良译，北京：商务印书馆，2006年版，第61页。
③ 《马克思恩格斯文集》（第10卷），北京：人民出版社，2009年版，第288页。

的方面，（b）辩证的或否定的理性的方面，（c）思辨的或肯定理性的方面。"① 这三个方面并不构成逻辑学的三部分，而是每一逻辑真实体的各环节，亦即每一概念或每一真理的各环节。辩证法和思辨并不能等同，而是概念或真理的两个环节。哲学把怀疑主义作为一个环节包括在它自身内，这就是哲学的辩证阶段。黑格尔之所以把辩证法与怀疑主义联系起来，是因为辩证法是以否定为其结果。但哲学不能像怀疑主义那样，仅仅停留在辩证法的否定结果方面。所以，哲学必须从否定的辩证阶段上升到肯定的思辨的阶段。"思辨的阶段或肯定理性的阶段在对立的规定中认识到它们的统一，或在对立双方的分解和过渡中，认识到它们所包含的肯定。"② 辩证法与思辨的区别就在于它们分别标志着否定和肯定的环节。流俗理解的最大失误就在于把辩证法和思辨混同了起来，从而也就无法澄清辩证法的颠倒问题。黑格尔指出："思辨的东西（das Spekulative），在于这里所了解的辩证的东西，因而在于从对立面的统一中把握对立面，或者说，在否定的东西中把握肯定的东西。这是最重要的方面，但对于尚未经训练的、不自由的思维能力说来，也是最困难的方面。"③ 而辩证法则是"抽象—否定"的方面，这是必须要超越的环节。

与黑格尔不同，马克思反对思辨的肯定，主张辩证法的否定。在《1844年经济学哲学手稿》中，马克思高度评价了"黑格尔的《现象学》及其最后成果——辩证法，作为推动原则和创造原则的否定性"④。其实马克思的这一说法也并不是和黑格尔完全对立。黑格尔也认为"辩证法是现实世界中一切运动、一切生命，一切事业的推动原则。同样，辩证法又是知识范围内一切真正科学认识的灵魂"⑤。但是黑格尔和马克思对辩证法的

---

① 黑格尔：《小逻辑》，贺麟译，北京：商务印书馆，1980年版，第172页。
② 黑格尔：《小逻辑》，贺麟译，北京：商务印书馆，1980年版，第181页。
③ 黑格尔：《逻辑学》（上卷），杨一之译，北京：商务印书馆，1981年版，第39页。
④ 马克思：《1844年经济学哲学手稿》，北京：人民出版社，2000年版，第101页。
⑤ 黑格尔：《小逻辑》，贺麟译，北京：商务印书馆，1980年版，第177页。

重视是不一样的,黑格尔是把辩证法当作逻辑学的一个环节:在辩证的阶段,这些有限的规定扬弃它们自身,并且过渡到反面。黑格尔强调的是整体中这一环节的重要性。而马克思则把辩证法当作了整体本身。所以马克思必须反对逻辑学的"思辨"环节。"因为黑格尔根据否定的否定所包含的肯定方面把否定的否定看成真正的和惟一的肯定的东西,而根据它所包含的否定方面把它看成一切存在的惟一真正的活动和自我实现的活动,所以他只是为历史的运动找到抽象的、逻辑的、思辨的表达,这种历史还不是作为一个当作前提的主体的人的现实历史,而只是人的产生的活动、人的形成的历史。"① 马克思要从黑格尔辩证法中彻底"转向"出来,就必须彰显辩证法的"批判性",消解掉黑格尔哲学的"思辨性"。

三、颠倒与退回

那么,马克思为什么要颠倒黑格尔的辩证法?剥离辩证法的神秘形式?消解掉黑格尔哲学的思辨结构呢?这是因为作为肯定环节的思辨最终会导致一种"意识形态"。"所有这些武断的推论并非神奇般地局限于黑格尔的'世界观'和'体系',它们实际上在黑格尔辩证法的构造和结构中,特别在黑格尔的矛盾中也得到反映,而这个矛盾的任务就是魔术般地推动历史世界的具体内容去达到意识形态的目的。"② 马克思必须突破黑格尔的思辨逻辑所形成的沉重的意识形态襁褓,重新发现真实的历史和真实的对象,这是马克思实现人类解放所需要的根本条件。

"为了从这一意识形态中解放出来,马克思不可避免地要认识到,德意志意识形态的过分发达实际上同时也是德国历史不发达的表现,因而必须从意识形态的大踏步倒退中重新退回到起点,以便接触事物本身和真实

---

① 马克思:《1844年经济学哲学手稿》,北京:人民出版社,2000年版,第97页。
② 阿尔都塞:《保卫马克思》,顾良译,北京:商务印书馆,2006年版,第92页。

历史，并正视在德意志意识形态的浓雾中若隐若现的那些存在。没有这一重新退回，马克思思想解放的历史就不能被理解；没有这一重新退回，马克思同德意志意识形态的关系，特别同黑格尔的关系，就不能被理解；没有向真实历史的这一退回（这在某种程度上也是一种倒退），青年马克思同工人运动的关系依然是个谜。"① 在这里，阿尔都塞把马克思的哲学革命或者说把马克思对黑格尔的颠倒理解为"退回"。从彼岸世界退回到此岸世界，退回到对象的实际。"退回"这一概念相对于"超越"这一概念更具有优越性。因为，我们必须抛弃"超越"（扬弃）这个概念所包含的黑格尔的逻辑精神，否则马克思对黑格尔辩证法的颠倒又容易陷入黑格尔哲学的螺旋运动中去。因为"超越"一词可能意味着克服错误而走向真理，但马克思的颠倒则是克服幻觉而走向现实，或者更确切地说，是要消除幻觉并从被消除的幻觉退回到现实。

马克思能够穿越德意志意识形态的幻象而退回到现实绝非偶然。日本学者柄谷行人曾将马克思的批判称之为"移动式批判"，正是在这种不断地移动中马克思才退回到了对象的实际。柄谷行人强调："当我们考察马克思的时候，也应当注意到他的不断移动及其在思想上的绝对重要性。"② 没有这种思想的移动，没有这种不断地流亡，没有这种德国之外的视角，马克思无法看清德国的意识形态幻象。按照阿尔都塞的说法，"马克思作出了一项根本的发现，他发现法国和英国并不符合它们的神话，他发现了法国的现实和英国的现实，发现了纯政治的谎言、阶级斗争、有血有肉的资本主义和组织起来的无产阶级。偶然的巧合为马克思和恩格斯作了分工，前者发现了法国的现实，后者发现了英国的现实。这里的问题也还是后退，而不是超过，也就是从神话退回到现实。这场真实的经历揭开了幻觉的面纱，而马克思和恩格斯由于他们自身的开端，当时就生活在这种幻

---

① 阿尔都塞：《保卫马克思》，顾良译，北京：商务印书馆，2006年版，第64—65页。
② 柄谷行人：《跨越式批判——从康德到马克思》，赵京华译，北京：中央编译出版社，2011年版，第97页。

觉之中。"①

因此，强调马克思的移动式批判，并非是要强调马克思是一个流亡者。马克思确实曾流亡过英国，后来被允许回国，事实上，1850年他也确曾一度回到德国。但他留在英国，其主要原因是为了研究资本主义。这样一来，我们便无法称他为单纯的政治流亡者，而毋宁说那是他自己主动选择的场所。因为当时的英国把现代世界的事实摆在了马克思的面前。"于是，一切都发生了变化，马克思终于发现了使他陷于迷茫之中的意识形态浓雾的现实。他不得不放弃用德国的神话去解释外国的现实，承认这些神话不但对外国毫无意义，而且对德国自己也是如此，这些神话只是使德国对自身的奴隶地位抱有幻想。马克思看到，必须相反用外国取得的经验去观察德国，以便对德国有清楚的认识。"②

从意识形态向现实的这一退回恰巧是与一种崭新现实的发现同时发生的。关于这一新的现实，马克思在"德国的哲学"著作中找不到任何反映。就这样，马克思在法国发现了有组织的工人阶级，恩格斯在英国发现了发达的资本主义，以及不需要哲学和哲学家的干预而按照自己的规律进行的阶级斗争。恩格斯在《英国工人阶级状况》中指明了这一退回的原因："英国工人阶级的历史是从上个世纪后半期，随着蒸汽机和棉花加工机的发明而开始的。大家知道，这些发明推动了工业革命，工业革命同时又推动了整个市民社会的变革，它的世界历史意义只是现在才开始被认识。英国是发生这种变革（这种变革越是无声无息地进行，就越是强有力）的典型地方，因此，英国也是这种变革最主要的结果即无产阶级发展的典型国家。只有在英国，才能把无产阶级放在它的一切关系中并从各个方面来加以研究。"③ 在《资本论》中，马克思在谈到工作日、资本主义积累一般规律的例证时都选择的是英国的发展事实，之所以有这样大量的事

---

① 阿尔都塞：《保卫马克思》，顾良译，北京：商务印书馆，2006年版，第69页。
② 阿尔都塞：《保卫马克思》，顾良译，北京：商务印书馆，2006年版，第71页。
③ 《马克思恩格斯文集》（第1卷），北京：人民出版社，2009年版，第388页。

实被列举,都是因为英国是最典型的资本主义社会。马克思指出,"现代社会的任何一个时期,都不如最近 20 年这样有利于研究资本主义的积累。在这个时期,真好像是福尔士纳特的钱袋被发现了。不过,在所有国家中,英格兰又是一个典型的例子,因为它在世界市场上占据首位,因为资本主义生产方式只有在这里才得到了充分的发展"①。

马克思通过《资本论》对资本主义社会的现实进行了详尽而又细致的分析。马克思所退回到的这个出发点不仅和青年黑格尔派不同,也与黑格尔哲学不同。如果不认真看待这个出发点的差异,如果看不到马克思的后退并不是退到黑格尔原来的出发点,就不可能解决黑格尔和马克思之间的关系问题。青年黑格尔派的出发点就是黑格尔的哲学。虽然青年黑格尔派中的每一个人都断言自己已经超越了黑格尔哲学,但他们与黑格尔哲学之间都存在着一种"依赖关系",因此没有一个人对黑格尔体系进行全面的批判。马克思则揭示了黑格尔哲学的意识形态本性。黑格尔通过辩证法的逻辑进程,最终达到了绝对精神,而普鲁士国家就是这种完美理念的体现,这使得黑格尔哲学成为普鲁士国家的官方哲学。

在《资本论》第一版跋中,紧随那段"辩证法是倒立着的"论述之后更为重要的表述:"辩证法,在其合理形态上,引起资产阶级及其空论主义的代言人的恼怒和恐怖,因为辩证法在对现存事物的肯定的理解中同时包含对现存事物的否定的理解,即对现存事物的必然灭亡的理解;辩证法对每一种既成的形式都是从不断的运动中,因而也是从它的暂时性方面去理解;辩证法不崇拜任何东西,按其本质来说,它是批判的和革命的。"②在这里,相对于黑格尔的辩证法,马克思提出了"合理形态"的辩证法的观念。这种辩证法如果能够引起资产阶级及其夸夸其谈的代言人的恼怒和恐怖,是由于辩证法的批判的和革命的本性,这种批判的辩证法就是对资

---

① 《马克思恩格斯文集》(第 5 卷),北京:人民出版社,2009 年版,第 746—747 页。
② 《马克思恩格斯文集》(第 5 卷),北京:人民出版社,2009 年版,第 22 页。

本主义社会的批判。因此,马克思的辩证法"并非仅仅是对黑格尔做了唯物论的颠倒,而是意味着从黑格尔式的问题构成本身走出来,实现了非连续性的变化"①。

在马克思关于辩证法"颠倒"问题的经典表述之前,马克思以赞美的方式援引了一位俄国评论者对《资本论》的方法的解释。这段话可能会对我们理解黑格尔与马克思辩证法之间的差异有所助益。这段话的核心观点如下:"作为这种批判的出发点的不能是观念,而只能是外部的现象。批判将不是把事实和观念比较对照,而是把一种事实同另一种事实比较对照。对这种批判唯一重要的是,对两种事实进行尽量准确的研究,使之真正形成相互不同的发展阶段,但尤其重要的是,对各种秩序的序列、对这些发展阶段所表现出来的顺序和联系进行同样准确的研究……"② 对这篇评论,马克思给予了非常高的评价。他指出,"这位作者先生把他称为我的实际方法的东西描述得这样恰当,并且在谈到我个人对这种方法的运用时又抱着这样的好感,那他所描述的不正是辩证方法吗?"③ 可见,马克思高度认可俄国评论者对其辩证方法的描述。通过这一评论,我们可以看到:黑格尔辩证法是将"事实和观念"比较对照,而马克思辩证法则是"把一种事实同另一种事实比较对照"。这意味着:黑格尔是把思维和存在的统一性作为其哲学解决的主要问题,思想的客观性也就成为其所要到达的最终目标,但也因此其哲学不可避免地会被上升为一种意识形态或被意识形态所利用。而马克思则是将资本主义社会的事实和共产主义社会的事实相比较对照,试图揭示出资本主义社会必然被共产主义社会所取代的社会发展规律。因此,马克思的批判的辩证法在其理论旨趣上必然是对资本主义社会的批判,这种批判本身宣布了革命的必然性。批判的、革命的辩证法必须以马克思从黑格尔哲学所营造的意识形态幻象中挣脱出来为前

---

① 柄谷行人:《跨越式批判——从康德到马克思》,赵京华译,北京:中央编译出版社,2011年版,第97页。
② 《马克思恩格斯文集》(第5卷),北京:人民出版社,2009年版,第21页。
③ 《马克思恩格斯文集》(第5卷),北京:人民出版社,2009年版,第21页。

提。"'马克思的道路'之所以堪称典范,这并不由这条道路的起源和细节所决定,而是因为马克思具有不屈不挠的意志,决心从自命为真理的神话中解放出来,因为他经历了推翻和扫除这些神话的真实历史。"① 在此意义上,我们可以说,马克思的辩证法穿越了意识形态的幻象,退回到实际对象本身,从而彻底实现了对黑格尔辩证法的颠倒,确立了"合理形态"的辩证法。

---

① 阿尔都塞:《保卫马克思》,顾良译,北京:商务印书馆,2006年版,第73页。

第八章　欲望形而上学批判
——《资本论》的形上意义

从理论外观上看，马克思的《资本论》毫无疑问是一部典型的政治经济学著作。马克思在《资本论》第一版序言中也宣称，"本书的最终目的就是揭示现代社会的经济运动规律。"① 这无疑会强化人们将马克思《资本论》看做是纯粹政治经济学著作的判断，而忽视对《资本论》的存在论或形上意义的揭示。此外，我们经常把马克思《资本论》中的"批判"理解为社会历史批判，亦即对于资本主义生产关系的具体历史批判。这种理解当然是正确的，马克思超越传统批判哲学的地方也正在于此，但这并不意味着马克思的社会历史批判和形而上学批判是对立的，正好相反，马克思的社会历史批判内蕴着形而上学批判。换句话说，马克思的社会历史批判和形而上学批判是统一的。《资本论》所具有的这种人道主义价值取向是其区别于纯粹的政治经济学著作的显著性标识。我们的最终目的不是想把《资本论》解读成一部存在论著作，更不是想把马克思的社会历史批判还原为"形而上学批判"，而只是想揭示《资本论》所具有的形上意义。因为，只有当我们上升到形上意义的高度，才能更加清晰、透彻地理解《资

---

① 《马克思恩格斯文集》（第5卷），北京：人民出版社，2009年版，第10页。

本论》的理论旨趣，而不至于迷失在《资本论》中的事实材料里。

一、欲望与历史形成的需要

在任何社会形态中人都是有欲望的，正如在前资本主义社会中也都存在着货币、资本和市场。但是资本主义社会中的欲望和其他社会形态中的欲望却有着本质性的区别。马克思在《资本论》的第一版序言中明确指出："我要在本书研究的，是资本主义生产方式以及和它相适应的生产关系和交换关系。"① 这意味着，马克思研究生产关系和交换关系有一个根本的前提就是"资本主义生产方式"。我们在研究"欲望"的时候，也必须将这一问题置于"资本主义生产方式"这一大前提之下，否则对"欲望"的研究就有可能成为抽象的。

马克思在《大纲》中区分了"自然的需要"和"历史形成的需要"。资本主义生产方式下欲望的产生和"历史形成的需要"密切相关。马克思说："资本作为孜孜不倦地追求财富的一般形式的欲望，驱使劳动超过自己自然需要的界限，来为发展丰富的个性创造出物质要素，这种个性无论在生产上和消费上都是全面的，因而个性的劳动也不再表现为劳动，而表现为活动本身的充分发展，而在这种发展状况下，直接形式的自然必然性消失了；这是因为一种历史形成的需要代替了自然的需要。"② "自然的需要"和"历史形成的需要"是两种具有本质性差异的需要形式。何谓"自然的需要"？"自然的需要"就是人作为生物体存在的本能层次的需要，它是维持人的基本的生存的需要，只要人活在这个世界上，这种需要就是必须的。这一点在动物身上表现得更加明显和突出，动物身上的需要只能是自然的需要，动物终其一生都在为这种需要而努力。如果说"自然的需

---

① 《马克思恩格斯文集》（第5卷），北京：人民出版社，2009年版，第8页。
② 《马克思恩格斯全集》（第30卷），北京：人民出版社，1995年版，第286页。

要"是维持人类本身再生产的必要的需求,而"历史形成的需要"则是超越本能需要的欲望。"自然的需要"的放大,我们可以称之为"贪欲",但它并不是对"自然的需要"的超越,依旧是自然的产物,贪欲在没有货币的情况下也是可能的。而资本主义条件下的欲望表现为对一般财富的追求亦即致富欲,致富欲望本身则是一定的社会发展的产物,而不是与历史产物相对立的自然产物。在马克思看来,货币不仅是致富欲望的对象,同时也是致富欲望的源泉。

"欲望"只有在资本主义的条件下才真正地诞生,并获得了它全部的意义。这是因为历史形成的需要即欲望通过货币和资本在现代社会中彻底地实现出来。马克思在《论犹太人问题》中指出犹太人要想获得真正的解放,"就其终极意义来说,就是人类从犹太精神中解放出来"。马克思这里所谓的"犹太精神"指的是犹太人在经商牟利的活动中表现出的唯利是图、追逐金钱的思想和习气。"实际需要、利己主义"就是犹太精神的基础。马克思指出:"实际需要、利己主义是市民社会的原则;只要市民社会完全从自身产生出政治国家,这个原则就赤裸裸地显现出来。实际需要和自私自利的神就是金钱。"① 因此,犹太精神的实质归根到底就是对"金钱"的崇拜,这构成了现代社会的精神实质。"金钱是以色列人的妒忌之神,在他面前,一切神都要退位。金钱贬低了人所崇奉的一切神,并把一切神都变成商品。金钱是一切事物的普遍的、独立自在的价值。因此,它剥夺了整个世界——人的世界和自然界——固有的价值。金钱是人的劳动和人的存在的同人相异化的本质;这种异己的本质统治了人,而人则向它顶礼膜拜。"②

"金钱"为什么能够在现代社会中获得"神"的地位,受人顶礼膜拜?马克思在《1844年经济学哲学手稿》中通过引述莎士比亚《雅典的泰门》

---

① 《马克思恩格斯文集》(第1卷),北京:人民出版社,2009年版,第52页。
② 《马克思恩格斯文集》(第1卷),北京:人民出版社,2009年版,第52页。

表明了这一原因：金钱作为货币具有购买一切东西的特性，货币的特性的普遍性是货币的本质的万能，它被当成万能之物。莎士比亚在《雅典的泰门》中写道：金钱或货币可以使黑的变成白的，丑的变成美的；错的变成对的，卑贱变成尊贵，老人变成少年，懦夫变成勇士。"它是有形的神明，它使一切人的和自然的特性变成它们的对立物，使事物普遍混淆和颠倒；它能使冰炭化为胶漆。"① 在马克思看来，货币是一种颠倒黑白的力量，而这种力量最终为货币占有者所拥有。"使一切人的和自然的性质颠倒和混淆，使冰炭化为胶漆，货币的这种神力包含在它的本质中，即包含在人的异化的、外化的和外在化的类本质中。它是人类的外化的能力。"② 正是由于货币具有这样的"神力"，所有的人都在追逐金钱，膜拜金钱。因为他们坚信，"凡是我作为人所不能做到的，也就是我个人的一切本质力量所不能做到的，我凭借货币都能做到"③。

在基督教时代初期，奥古斯丁曾经谴责了三种罪恶的欲望：金钱、权力和性。对金钱和财富的贪婪是令人堕落的主要罪恶中的一种，对权力的贪婪和性的渴望是其他两种罪恶。在现代社会中，对权力的贪婪和性的渴望都可以转化为对金钱和财富的欲望。"货币的力量多大，我的力量就多大。货币的特性就是我的——货币占有者的——特性和本质力量。因此，我是什么和我能够做什么，绝不是由我的个人特征决定的。我是丑的，但我能给我买到最美的女人。可见，我并不丑，因为丑的作用，丑的吓人的力量，被货币化为乌有了。"④ 所有的欲望都将汇聚成一个欲望：致富的欲望。因为拥有了金钱，就拥有了一切。中世纪时期，对荣誉的渴求凌驾于人类的所有欲望之上，为荣誉和光荣而奋斗成为美德和光荣的试金石。中世纪的骑士风气就是对"为荣誉和光荣而奋斗"的精神的弘扬。在文艺复

---

① 马克思：《1844年经济学哲学手稿》，北京：人民出版社，2000年版，第144页。
② 马克思：《1844年经济学哲学手稿》，北京：人民出版社，2000年版，第144页。
③ 马克思：《1844年经济学哲学手稿》，北京：人民出版社，2000年版，第144页。
④ 马克思：《1844年经济学哲学手稿》，北京：人民出版社，2000年版，第143页。

兴时期，对荣誉的追求更是占据了主导意识形态的地位。随着教会影响的衰落，贵族理想的拥护者能够利用大量的古希腊罗马文本来颂扬对荣誉的追求。但是对金钱的追逐在这一时期也逐渐获得了伦理道德意义上的合法性地位。进入现代社会之后，道德和意识形态背景发生了令人震惊的转变，英雄主义迅速覆灭。"英雄主义理想的毁灭，只能恢复耻辱式的平等，即奥古斯丁所指的赋予对金钱的热爱、对权力欲和荣誉欲（更不用说正当的欲望）的平等。事实上，不到一个世纪，攫取欲和与之相关的活动，例如，商业、银行业，最后是工业，由于种种原因得到了普遍认可。"[1]

欲望开始成为整个资本主义社会普遍的精神状态。这是因为资本主义使人类欲望的无止境和无限度成为可能。个人拥有有形的、特殊的财富终归是有限的，但人类对一般财富的追求却可以是无限的，因为人类可以无限制地拥有金钱和货币。"货币不仅是致富欲望的一个对象，而且是致富欲望的唯一对象。这种欲望本质上就是万恶的求金欲。致富欲望本身是一种特殊形式的欲望，也就是说，它不同于追求特殊财富的欲望，例如追求服装、武器、首饰、女人、美酒等等的欲望，它只有在一般财富即作为财富的财富个体化为一种特殊物品的时候，也就是说，只有在货币设定在它的第三种规定上的时候，才可能发生。"[2] 马克思这里所说的货币的"第三种规定"就是货币作为资本。资本的本性是"增殖自身"，资本增殖的逻辑所展现的正是欲望逻辑的现实化。对于金钱的欲望成为了资本主义社会制度所造成的现代人唯一的真正需要，因为这种制度使得金钱能够购买一切，权力、名望、地位、荣誉，甚至亲情和爱情。

"资本主义世界的真正上帝是金钱。强烈的占有欲，金钱欲，变成支配一切的东西，而一切价值都以金钱来表示。工人，资本家也一样，都想得到更多的金钱，但是即使工人的工资得到了提高，他仍旧被非创造性的

---

[1] 赫希曼：《欲望与利益——资本主义走向胜利前的政治争论》，李新华、朱进东译，上海：上海译文出版社，2003年版，第5页。
[2] 《马克思恩格斯全集》（第30卷），北京：人民出版社，1995年版，第174页。

劳动所奴役。"① 在资本主义社会中，悲惨的生活境遇阻挡不住无产阶级的革命意志，相反富裕的生活条件、对金钱的欲望反而使工人阶级逐渐丧失了自己的阶级意识。人们会沉浸在这种异化中，而不想超拔出来。人们不是想推翻资本家的统治，而是都梦想成为资本家。资本意味着权力、魔力和欲望的实现。从根本上来讲，人在非神圣形象中的自我异化最重要的就是这种欲望形而上学对人的控制。现代社会的人们遵循着利益最大化的法则，每个人都按照成本—报酬这种计算的方式实现着自己利益的最大化。在欲望的催逼之下，人们永远不可能停下追逐金钱的脚步。在资本主义条件下，人们永远处于一种"相对的贫困和一种相对收入差距的逻辑驱使下，人们对利益最大化的奋斗永远没有止境，也就意味着永远在焦虑、紧张，永远生活在巨大的压力之下"②。

二、欲望形而上学何以可能

海德格尔曾经指出，如果想集中考察一个时代，只需要考察那个时代的形而上学就可以了。我们的时代被称为"资本的时代"，那么，作为我们这个时代理论表征的形而上学又是一种什么样的形而上学呢？我们可以明确地将之称为"欲望形而上学"。

"资本主义最重要的要素之一，就是永不停歇、贪得无厌地榨取财富的强烈需要。之所以会产生这种无穷欲望，是因为财富与权力是不可分割的。资本在很大程度上具有指挥他人和让他人服从的力量，这就是权力。"③ 对马克思来说，资本是一种权力，即资产阶级社会中支配一切的权力。"有了商品流通和货币流通，决不是就具备了资本存在的历史条件。

---

① 宾克莱：《理想的冲突——西方社会中变化着的价值观念》，马元德、陈白澄、王太庆、吴永泉等译，北京：商务印书馆，1983年版，第70页。
② 孙利天、黄杰：《寻求根基性的存在经验》，载《社会科学辑刊》，2014年第3期。
③ 海尔布隆纳：《资本主义的本质与逻辑》，马林梅译，北京：东方出版社，2013年版，第18页。

只有当生产资料和生活资料的占有者在市场上找到出卖自己劳动力的自由工人的时候，资本才产生；而单是这一历史条件就包含着一部世界史。因此，资本一出现，就标志着社会生产过程的一个新时代。"① 货币转化为资本的一个前提性条件就是劳动力成为商品。劳动力是一种特殊的商品，是一种能够创造价值的商品。资本要想实现自身的增殖，就必须支配和控制雇佣劳动。资本家通过具体的生产过程和流通过程，剥夺和攫取了工人所创造的超出其工资（必要价值）的剩余价值，这一部分价值是工人的无酬劳动所创造的。因此，资本"按其本质来说，它是对无酬劳动的支配权"②，对无酬劳动的支配意味着对工人所创造的剩余价值的剥削和劫掠。资本的这种权力"不是一种个人力量，而是一种社会力量"③。换句话说，资本的这种权力不仅仅是某个资本家的权力，而是成为了整个资本家阶层亦即资产阶级的权力，是资产阶级社会中支配一切的权力。

"在一切社会形式中都有一种一定的生产决定其他一切生产的地位和影响，因而它的关系也决定其他一切关系的地位和影响。这是一种普照的光，它掩盖了一切其他色彩，改变着它们的特点。这是一种特殊的以太，它决定着它里面显露出来的一切存在的比重。"④ 资本主义社会中具有这种决定性和支配性地位的"生产"就是"资本"。资本影响和决定着其他一切社会关系。基于资本所形成的雇佣劳动关系成为了资本主义社会的生产关系。在此意义上，资本变成了万物的尺度，现实中的一切都必须在资本面前为自己的存在权利作出合法性辩护。资本摇身一变成了现实中万能的上帝。资本作为黑格尔绝对理念的化身成了另外一种形而上学——资本形而上学。虽然自黑格尔以来，"拒斥形而上学"就逐渐成为西方哲学的主流，包括马克思在内，尼采、海德格尔、卡尔纳普、维特根斯坦等一流哲

---

① 《马克思恩格斯文集》（第5卷），北京：人民出版社，2009年版，第198页。
② 《马克思恩格斯文集》（第5卷），北京：人民出版社，2009年版，第611页。
③ 《马克思恩格斯文集》（第2卷），北京：人民出版社，2009年版，第46页。
④ 《马克思恩格斯全集》（第30卷），北京：人民出版社，1995年版，第48页。

学家都开始对传统形而上学展开了猛烈地批判。黑格尔作为传统形而上学的集大成者更是首当其冲，在此意义上，马克思把这一过程称为"绝对精神的瓦解过程"。但是，正当人们认为传统同一性形而上学被彻底终结而欢呼雀跃的时候，真正的同一性的形而上学却在资本主义社会的现实生活领域中复活了。理性同一性形而上学虽然造成了"形而上学的恐怖"，但其仅仅是以概念的形式在思想领域里起着统治作用。而资本形而上学对人的控制不仅是一种意识形态的控制，更重要的是它还是一种政治制度、经济体制和生产方式对人的控制。

在《大纲》中，马克思指出资本主义社会中人的存在状态是"以物的依赖性为基础的人的独立性"。毫无疑问，这里所谓的"物的依赖性"指的就是对"资本"的依赖性。"以物的依赖性为基础的人的独立性"实质上就是"物的关系对个人的统治"。在《德意志意识形态》中，马克思曾经指出："在现代，物的关系对个人的统治、偶然性对个性的压抑，已具有最尖锐最普遍的形式。"[①] 人的本质被降低为物的本质，人与人之间的关系也被异化为物与物之间的关系。"个人现在受抽象统治，而他们以前是相互依赖的。但是，抽象或观念，无非是那些统治个人的物质关系的理论表现。"[②] 马克思在《大纲》中的这句话用最简练的语言表明了现代人的生存状况：个人现在受抽象统治。资本作为一种权力，是一种强大的同一性控制力量，它在现实社会中起着"抽象成为统治"的作用。它和传统的理性形而上学遵循着同样的逻辑——"同一性"逻辑。资本在现代社会中获得了一种类似于传统形而上学的"本体"的地位。资本成为了资本主义社会中规范人们全部思想和行为的根据、标准和尺度，它成为了黑格尔哲学意义上的"绝对精神"。资本主义社会的意识形态把人们的异化劳动颂扬为一种职业精神，把对金钱和资本的追求，美化为一种自我奋斗；把人们

---

① 《马克思恩格斯全集》（第3卷），北京：人民出版社，1960年版，第515页。
② 《马克思恩格斯全集》（第30卷），北京：人民出版社，1995年版，第114页。

的物质欲望的满足，描绘成一种成功和自我价值的实现；把人们的奢靡的生活方式美化为贵族式的高雅和教养。它使我们每个人都坚信，资本主义社会为我们提供了人类有史以来最好、最平等的自我实现的机会。在这种资本主义社会意识形态的笼罩之下，我们不仅意识不到发生在人类身上的本质异化，而且还乐此不疲地享受着这种资本的文明，并且宣称这是人类"历史的终结"，因为我们无法设想一个更加美好的社会制度。

资本之所以能够对所有人包括资本家和工人都能够形成控制和奴役，就是因为资本能够实现和放大人的物质欲望。马克思明确指出："资本作为财富一般形式——货币——的代表，是力图超越自己界限的一种无限制的和无止境的欲望。"[1] 由于资本增殖的需要，就必须使人的物质欲望得以膨胀，从而由传统社会的禁欲主义转向当代资本主义社会的纵欲主义。我们所熟知的"以消费来拉动内需"就是这一欲望逻辑的具体体现之一。在现代社会中，人的欲望展现出一个迄今为止最大的可能性空间，我们甚至可以说这种欲望空间是无穷大的。正是在人的欲望不断膨胀的前提下，资本主义社会生产力才能获得高速发展，资本也才能获得更多的增殖。从人性的角度来讲，"欲望"也许是构成资本主义社会发展的原动力。资本不仅是人的欲望扩张的巨大推动力，而且它本身就是一种无止境的欲望。"因此，资本作为无止境地追求发财致富的欲望，力图无止境地提高劳动生产力并且使之成为现实。"[2] 资本作为一种欲望的形而上学，极大促进了生产力的发展。马克思在《共产党宣言》中对此给予了高度的赞扬："资产阶级在它的不到一百年的阶级统治中所创造的生产力，比过去一切世代创造的全部生产力还要多，还要大。"[3]

"一方面，人的欲望的扩张不断地推动资本的积累；另一方面，资本的积累又使人的欲望空间不断扩张。实际上，欲望和资本是一而二、二而

---

[1]《马克思恩格斯全集》（第30卷），北京：人民出版社，1995年版，第297页。
[2]《马克思恩格斯全集》（第30卷），北京：人民出版社，1995年版，第305页。
[3]《马克思恩格斯文集》（第2卷），北京：人民出版社，2009年版，第36页。

一的事情。"① 资本就是欲望，欲望就是资本。欲望形而上学构成了现代社会的形上本性。在《共产党宣言》中，马克思深刻地指出："在资产阶级社会里，资本具有独立性和个性，而活动着的个人却没有独立性和个性。"② 在资本主义社会中，不断扩大商品销路的需要，驱使资产阶级奔走于全球各地。它必须到处落户，到处开发，到处建立联系。资本家只不过是资本的人格化。表面上看起来，是资本家奔走于世界各地，而实际上是资本遵循资本增殖的逻辑到处安家落户。"作为资本家，他只是人格化的资本。他的灵魂就是资本的灵魂。而资本只有一种生活本能，这就是增殖自身，创造剩余价值，用自己的不变部分即生产资料吮吸尽可能多的剩余劳动。资本是死劳动，它像吸血鬼一样，只有吮吸活劳动才有生命，吮吸的活劳动越多，它的生命就越旺盛。"③ 活动着的个人丧失了独立性和个性，被资本所统治。无论是资本家还是工人都被欲望形而上学所支配。为了所谓的"欲望"的实现，现代人放弃了自己真实的内心，或者说根本发现不了自己真实的内心，整个现代社会都被卷入到欲望的逻辑之中。

三、《资本论》与欲望形而上学批判

从存在论的角度来看待《资本论》，《资本论》所揭示的资本无限增殖的逻辑，正是人的欲望无穷膨胀的体现，是一种欲望形而上学的逻辑。马克思的形而上学批判不是以一种新的形而上学来取代旧的形而上学，而是从根本上拒斥和超越形而上学。因此，马克思的《资本论》不仅揭示了这种欲望形而上学及其逻辑，并且对这种欲望形而上学展开了激烈地批判，试图从根本上超越同一性形而上学对人类的控制。

马克思在《资本论》中，揭示了"G—W—G'"这一资本增殖的逻辑，

---

① 俞吾金：《实践与自由》，武汉：武汉大学出版社，2010年版，第344页。
② 《马克思恩格斯文集》（第2卷），北京：人民出版社，2009年版，第46页。
③ 《马克思恩格斯文集》（第5卷），北京：人民出版社，2009年版，第269页。

但是这一逻辑只是基于货币转换为资本的简单模式给出的公式。实际上，这一公式中的"W"并非简单的是指一种"商品"，而是一个生产过程。换句话说，"W"指的是资本的循环过程的第二阶段"W…P…W′"。"资本家用购买的商品从事生产消费。他作为资本主义商品生产者进行活动；他的资本经历生产过程。结果产生了一种商品，这种商品的价值大于它的生产要素的价值。"① 因此，货币资本循环的公式是：$G—W…P…W′—G′$。在这里，我们必须强调这一公式。强调这一公式的意义并不是让我们清楚这一资本增殖的逻辑，而是让我们明白这一公式是资本主义社会发展的合理性界限。正如康德的《纯粹理性批判》揭示了理性的边界，在某种意义上，马克思的《资本论》揭示了资本的边界。康德指出理性一旦超越自己的边界进行形而上学的误用，就会导致先验幻象。在资本主义社会中，资本一旦超出"$G—W…P…W′—G′$"这一货币资本循环的公式，就会陷入财富增长的幻象。

马克思所生活的时代是19世纪的早期工业资本主义时期。《资本论》写作所依据的主要是英格兰的社会状况。马克思通对英格兰工业资本主义的考察，发现了"资本主义积累的绝对的、一般的规律"："社会的财富即执行职能的资本越大，它的增长的规模和能力越大，从而无产阶级的绝对数量和他们的劳动生产力越大，产业后备军也就越大。"② 马克思的结论和亚当·斯密等资产阶级经济学家之间却出现了矛盾。因为根据亚当·斯密的观点，资本增长的规模和能力越大，整个社会的财富就会得到更大的增长，这种财富的增长将会惠及全体人民。而现在，马克思所看到的却是一个工人阶级生活悲惨的世界。这促使马克思去追问工人阶级生活的苦难根源在哪里？马克思指出，那是因为工人所创造的剩余价值被资本家剥夺了。当代资本主义社会谋求建立一种高福利国家，他们在第一次分配之

---

① 《马克思恩格斯文集》（第6卷），北京：人民出版社，2009年版，第31页。
② 《马克思恩格斯文集》（第5卷），北京：人民出版社，2009年版，第742页。

后，通过高税收等其他方式进行第二次、第三次分配，实现全体人民的社会福利和社会保障。这使我们很难再通过剥削去看待当今的资本主义制度。罗尔斯在其著作中，倡导一个能够最大程度增进最不利者利益的理想正义社会，更使我们有理由相信当代资本主义是在努力地解决马克思所谓的剥削问题。

实际上，当代资本主义社会的主要矛盾和危机还不在于"资本家和工人"之间的阶级对立，因为这一矛盾在当代资本主义的努力下，已经得到了很大缓解。对于当代资本主义来说，最大的危机在于偏离了资本主义发展的轨道，陷入了资本增殖的幻象，从而堕入了欲望的深渊。马克思在《资本论》中所展现的欲望形而上学的逻辑在当代社会中愈演愈烈。同马克思时代的工业资本主义相比，当代资本主义的本质特征是金融资本主义。金融资本主义的实质并没有改变资本主义社会的本性，只是将资本主义的欲望形而上学推到了极致。在早期资本主义时期，资本增殖的公式是：G—W⋯P⋯W′—G′。W⋯P⋯W′指的就是工业资本主义的生产过程，资本的增殖的根源是工人在生产领域中实现的。如果我们将资本的增殖逻辑"G—W⋯P⋯W′—G′"简约化为"G—W′—G′"，容易给人造成资本的增殖发生在流通领域的错觉。马克思在《资本论》第一卷中明确无误地告诉我们：资本的增殖是工人在生产领域中所创造出来的剩余价值部分，它是在生产领域而不是流通领域中产生的，只不过资本的增殖需要通过流通领域将其实现出来。马克思说，"资本不能从流通中产生，又不能不从流通中产生。它必须既在流通中又不在流通中产生。"① 马克思的这句话讲的就是这个道理。当我们把"G—W⋯P⋯W′—G′"简约化为"G—W′—G′"，就会面临把剩余价值的产生问题从生产领域转移到流通领域的风险，从而把资本主义社会当中的"剥削"问题给消解掉。日本学者柄谷行人对剩余价值理论的重释走的就是这条道路。他认为由于流通领域存在着不同

---

① 《马克思恩格斯文集》（第5卷），北京：人民出版社，2009年版，第193页。

的"价值体系",这些价值体系之间的商品交换最终导致了剩余价值的产生。因此,全世界无产者联合起来应该转变为全世界消费者联合起来。

自 20 世纪 70 年代以来,全球范围内都开始产生了"资产证券化"浪潮,衡量一个企业的资产首先要看的就是它的股价。金融资本主义开始成为当代资本主义的本质性特征。实际上,在早期的工业资本主义时期也存在着金融资本,马克思将其称之为"高利贷资本"。但是为什么不把那时的资本主义也称为金融资本主义呢?这是因为那个时期资本增殖的逻辑是工业资本主义式的,而我们当今社会的资本增殖模式却是金融资本式的。工业资本主义时期,存在着三类资本:工业资本、商业资本和高利贷资本,增殖逻辑是"G—W…P…W′—G′",通过工业生产过程发生资本的增殖,商业资本通过购买工业生产的劳动产品获得利润,高利贷资本通过把钱借贷给商业资本和工业资本获得利润,无论是高利贷资本,还是商业资本如果想产生增殖都离不开工业资本的生产过程,也就是说离不开"W…P…W′"。但是金融资本主义把资本这一增殖的过程给简约化了。我们时代的金融资本如果想获得增殖,不单单可以通过商业资本和工业资本实现,它完全可以自身实现增殖。资本不通过实体经济,自身发生增殖,标志着金融资本主义的诞生。

随着金融资本主义的兴起,"G—W…P…W′—G′"逐步被简化成"G—W—G′",并且其中的"W"逐渐被虚拟化,直到直接出现"G—G′"的资本增殖模式。① 现今的金融资本,对进行实体经济的投资获得收益已经没有多大的兴趣,他们热衷的是资本炒作,用钱来套取更多的钱。一旦资本增殖的逻辑由"G—W…P…W′—G′"转变为"G—G′",就意味着资本主义的发展模式超越了自己的合理性界限,欲望形而上学被膨胀到了极致。"在这种虚拟的'新经济'中,资本炮制了一种幻觉,仿佛它可以在

---

① 诸如社会上流行的"传销"就是资本增殖的中介"M"被虚拟化的表现。对于传销而言,传销的东西是什么是无所谓的,它只具有符号性的意义。

没有劳动介入的情况下自我繁荣。"① 人们不再把辛勤劳动当做美德,而是把资本的投机当做能力的展现。整个社会处于一种欲望的癫狂之中。仅靠诸如新教伦理之类的道德法则来规范人的欲望,随着神圣的祛魅,已经不再可能。"有一种看法,产生于文艺复兴时期,在17世纪期间变得根深蒂固,即人们不再相信能够用道德教化式的哲学和宗教戒律来约束人类的破坏欲。必须寻找约束人类欲望的新方法。"② 文艺复兴虽然使人类摆脱了神圣性的奴役,但却将人置于自己欲望的控制之下。

霍布斯、培根、洛克、休谟、爱尔维修等许多大思想家都在寻求压制或驯服欲望的解决之路。但是,"考虑到这样的不容忽视的事实,即人类是永不安宁的、充满欲望的并受欲望驱使的动物,那么压制欲望和驯化、利用欲望的解决方式都缺乏说服力。压制欲望是以假想的方式逃避问题,而更具现实性的驯化、利用欲望的解决方式,其转变过程与炼丹术一样神秘"③。当这些大思想家们试图解决欲望的时候,仅仅是早期资本主义时期,资本主义尚未发展到金融资本主义。也许当时的社会还可以通过新教伦理、通过权力的压制或者通过欲望与欲望之间的制衡来控制、利用和驯化欲望。即使效果不是那么理想,但毕竟还处在合理的发展界限之内。在我们的社会,不仅所有的欲望都转化为对金钱的欲望,并且这种欲望被放大到极致。在我们的时代,对于资本增殖来说,生产过程已经变得不再那么重要。2015年全球五百强企业排行榜前十名中,有七家都是银行保险类企业,并且占据着排行榜的前六位。"G—G′"的资本增殖模式已经冲破了资本增殖的合理性界限,所产生的只能是财富增殖的幻象,它会把整个资本主义推入到欲望的深渊。资本主义社会的欲望形而上学逻辑把现代人整

---

① 本赛德:《马克思主义使用说明书》,李纬文译,北京:红旗出版社,2013年版,第161页。
② 赫希曼:《欲望与利益——资本主义走向胜利前的政治争论》,李新华、朱进东译,上海:上海译文出版社,2003年版,第10页。
③ 赫希曼:《欲望与利益——资本主义走向胜利前的政治争论》,李新华、朱进东译,上海:上海译文出版社,2003年版,第15页。

个都卷入到了对欲望的追逐当中，人的本质完全被物化了，人所具有的"神性"的本质消失殆尽。我们很难看到"崇高"、"自由"和"诗意"，充斥着这个世界的是"卑污"、"催逼"和"算计"。

实际上，马克思已经找到了彻底消解欲望形而上学的道路，那就是瓦解"资本"。资本作为人类"欲望"的现实化，正是欲望形而上学的秘密所在。资本赖以生存的前提是"私有财产"，所以马克思认为扬弃人的异化和扬弃私有财产走的是同一条道路。正是在"财产权"这一问题上，资产阶级思想家们和马克思发生了根本性的分歧。在马克思看来，"财产权"是资本主义社会中异化的根源，而资产阶级思想家们则一致认为"财产权"是现代社会中人们基本权利和自由的保障。就当前社会发展的现状来看，至少在很长的一段时期内，我们无法抛弃资本，世界各国也依然会热衷于资本增殖所带来的经济发展。这也决定了人类至少暂时无法选择马克思的釜底抽薪式的方法。但是，当代社会必须坚守住资本的合理性界限：资本的增殖必须通过实体经济的生产（G—W…P…W′—G′）。一旦人类社会完全堕入到资本增殖的幻象（G—G′）中，等待人类社会的将不仅仅是所有的一切沉浸到金钱的冰水中，连现代社会的最后一丝先验的道德规范都将荡然无存。当我们被这个欲望形而上学的逻辑所控制，并津津乐道股票、基金和理财的时候，马克思的"劳动价值论"就已经被我们抛到了九霄云外。用海德格尔的话说，"世界趋向灰暗，诸神的逃遁，大地的毁灭"，没有任何东西来规训我们的欲望，这是一个人被神所弃的时代，我们正在日趋夜半。

第九章 《资本论》与哲学的未来

《资本论》是马克思最重要的著作。在对《资本论》的诠释和定位中，我们通常把《资本论》定义为经济学巨著，认为马克思只是在这部著作中运用了辩证唯物主义和历史唯物主义的哲学方法。但是，马克思自始至终也不想单纯地做一个经济学家，进行纯粹的经济学研究。实际上，马克思的政治经济学研究是政治经济学批判。马克思批判古典政治经济学的目的并不仅仅是想要推进政治经济学的研究，还在于突破政治经济学的学科界限。因此，《资本论》的主旨并不在于描述资本主义条件下经济发展的运行规律，而在于揭示物的掩盖下所形成的人与人之间的关系。在最根本的意义上，马克思的政治经济学批判是一种对人的存在方式的批判，是一种"存在论"批判。因此，政治经济学是经济学，而政治经济学批判则是哲学。《资本论》对古典政治经济学的超越不是一种经济学的超越而是一种哲学的超越。《资本论》是马克思建立的新哲学，是马克思的"新唯物主义"。

一、《资本论》与马克思的新哲学

阿尔都塞认为，马克思主义哲学具有一个"悖论性质"。正是从这一悖论性质入手，阿尔都塞阐释了"哲学的改造"，揭示出作为哲学新形态的马克思主义哲学。阿尔都塞指出："马克思主义哲学表现出一个内在的悖论，它起先令人感到难堪，而对此做出的解释也终究是一团迷雾。这个悖论不妨简单陈述如下：马克思主义哲学存在着，却又从来没有被当做'哲学'来生产。"① 我们所熟悉的哲学，从柏拉图到康德、黑格尔、胡塞尔和维特根斯坦，都是被当做"哲学"来生产的。这些经典意义上的哲学运用理性的理论体系给自己的哲学存在提供证明。这些体系产生了话语、论文和其他体系性写作，所有这些著述都可以在文化史上被当做"哲学"而加以分离和确认。不仅如此，这类系统的、理性的理论体系总是运用关于它们固有的某个对象的知识或发现，来给自己的哲学存在提供合法性论证。不管那个对象是关于整体、存在、真理、任何知识或可能行为的先天条件、开端、意义，还是关于存在者的存在的观念。所有这些已知的哲学，都在"哲学史"的领域内，都是运用专门的哲学术语和理性体系的形式，在我们的文化史上把自己表现为"哲学"。

哲学自柏拉图起就以认识和把握全部外在对象的真理为己任。哲学从现有的科学那里借来了适合于它自己的纯粹理性话语的模型。因而它服从于作为它的可能性条件的"实在科学"，然而在它自己话语的内部却出现了颠倒：哲学话语一改它对科学的屈从姿态，而把自己作为"最高的科学"摆在科学之上，僭取了高于它们的权力。哲学相信没有谁、没有什么可以代表它说话，相信如果它不存在，世界就会失去它的真理。因为要让世界存在的话，就必须让这样的真理说出来。这真理就是逻各斯，或开端，或意义。真理、逻各斯只有在哲学话语中才能完全被包揽或被抓住并呈现出来。因此，哲学话语恰恰就是作为逻各斯的真理的在场。马克思在《〈科隆日报〉第179号的社论》中曾经批评这种哲学，

---

① 阿尔都塞：《哲学的改造》，载《哲学与政治：阿尔都塞读本》（陈越编），长春：吉林人民出版社，2003年版，第221—222页。

指出:"哲学,尤其是德国哲学,爱好宁静孤寂,追求体系的完满,喜欢冷静的自我审视","哲学,从其体系的发展来看,不是通俗易懂的;它在自身内部进行的隐秘活动在普通人看来是一种超出常规的、不切实际的行为;就像一个巫师,煞有介事地念着咒语,谁也不懂得他在念叨什么"。①

但是现在马克思主义哲学的奇特的悖论摆在了我们面前。马克思主义哲学存在着,但它并没有被当做我们之前分析过的意义上的哲学来生产,更加不可能表现为马克思所批评的哲学形态。马克思甚至连勉强能够与古典的哲学话语形式相比的东西都没有给我们留下。

"如今,这一悖论的广度还在我们面前伸展。它存在于这样的事实之中,即马克思主义内部哲学话语的缺席仍然生产出了巨大的哲学效应。谁也不能否认,我们所继承的哲学,伟大的古典哲学传统(从柏拉图到笛卡尔、从康德到黑格尔和胡塞尔),由于马克思突然间引起的那场不可捉摸的、近乎无形的遭遇战的冲击,已经在根本上(并在其所有意图方面)受到了动摇。**然而这一点从未以直接的哲学话语形式出现,完全相反:它出现在《资本论》那样的文本形式中**。换言之,那不是一种'哲学的'文本,而是一种用以对资本主义生产方式(并通过它,对各种社会形态的结构)进行考察的文本;最终,是一种只讨论与阶级斗争有关的那种科学知识的文本(那种科学知识因而同时作为无产阶级阶级斗争的一部分出现在我们面前——这也正是在《资本论》中表述出来的东西)。"②

可见,阿尔都塞对这一悖论进行了明确的解答:马克思的哲学并没有以传统的哲学话语形式出现,而是出现在《资本论》这一对资本主义生产方式进行考察的文本当中。为什么没有"哲学"文本的马克思产生

---

① 《马克思恩格斯全集》(第1卷),北京:人民出版社,1995年版,第219页。
② 阿尔都塞:《哲学的改造》,载《哲学与政治:阿尔都塞读本》(陈越编),长春:吉林人民出版社,2003年版,第226—227页。黑体为引者所标识。

了巨大的哲学效应，那是因为《资本论》这样的文本就是马克思的新哲学。"我们可以读到马克思真正哲学的地方是他的主要著作《资本论》。"①

马克思哲学思想之所以表现为《资本论》这样的著作，是因为马克思"建立的是一种具有存在的特殊性的现实，这种存在的特殊性同时既要用所有的传统哲学话语来预设，却又天生地被排斥在这些话语之外"。② 这种"存在的特殊性的现实"就是人的现实的生存状况。在马克思看来，人总是处在一定社会生产关系条件下的人，因此，对人的考察就转换为对国家、社会的考察。马克思说："我的研究得出这样一个结果：法的关系正像国家的形式一样，既不能从它们本身来理解，也不能从所谓人类精神的一般发展来理解，相反，它们根源于物质的生活关系，这种物质的生活关系的总和，黑格尔按照18世纪的英国人和法国人的先例，概括为'市民社会'，而对市民社会的解剖应该到政治经济学中去寻求。"③ 因此，马克思把自己的哲学批判诉诸政治经济学批判。

马克思的政治经济学批判和国民经济学有着迥然不同的目的。亚当·斯密在《国富论》中通过对国民财富性质及其原因的研究表明：所有个体都会为自己的利益努力奋斗，这种奋斗最终会增加社会产品的产出量，创造出最好的社会收益。因此，最好的办法就是不需要做任何政府干预，让经济过程自行其是。换句话说，《国富论》的目的是要探讨如何实现国富民强的经济途径。在这里，"亚当·斯密聪明地掩盖了阶级问题"④。阶级问题即人与人之间的关系问题构成了古典经济学的禁区。在《资本论》的

---

① 阿尔都塞、巴里巴尔：《读〈资本论〉》，李其庆、冯文光译，北京：中央编译出版社，2008年版，第19页。
② 阿尔都塞：《哲学的改造》，载《哲学与政治：阿尔都塞读本》（陈越编），长春：吉林人民出版社，2003年版，第228页。
③ 《马克思恩格斯选集》（第2卷），北京：人民出版社，1995年版，第32页。
④ 迈克尔·佩罗曼：《资本主义的诞生——对古典政治经济学的一种诠释》，裴达鹰译，桂林：广西师范大学出版社，2001年版，第180页。

第二版跋中，马克思明确地指出了这一问题："英国古典政治经济学是属于阶级斗争不发展的时期的。它的最后的伟大的代表李嘉图，终于有意识地把阶级利益的对立、工资和利润的对立、利润和地租的对立当做他的研究的出发点，因为他天真地把这种对立看做社会的自然规律。这样，资产阶级的经济科学也就达到了它的不可逾越的界限。"① 而马克思的《资本论》所要揭示的是资本主义条件下人的生存状况：物的掩盖下所形成的人与人之间的关系（阶级关系），这就突破了英国古典政治经济学"不可逾越的界限"。在英国古典政治经济学视为禁区或者说被其遮蔽的地方，正是马克思《资本论》大显身手的舞台。

在这种哲学—政治经济学批判中，马克思曾以一个生动而犀利的论断来揭示他与李嘉图、黑格尔之间的理论关系。马克思说："如果说有一个英国人把人变成帽子，那么，有一个德国人就把帽子变成了观念。这个英国人就是李嘉图，一位银行巨子，杰出的经济学家；这个德国人就是黑格尔，柏林大学的一位专任哲学教授。"② 英国古典经济学家李嘉图在他的政治经济学理论中，用物和物的关系掩盖了人和人的关系；德国古典哲学家黑格尔在他的思辨哲学中，则把物和物的关系、人和物的关系、人和人的关系全都神秘化地抽象为观念与观念之间的关系。这样，所有的现实关系，都变成了黑格尔的"纯粹的、永恒的、无人身的理性"的自我运动。正因如此，马克思把自己的理论批判首先指向黑格尔的思辨哲学，使现实的关系从抽象的观念中显现出来，又从哲学批判转向政治经济学批判，使人与人的关系从物与物的关系中显现出来。

由于马克思的政治经济学与英国古典政治经济学有着截然不同的目的，这决定了《资本论》对每一经济范畴的分析都上升到了"存在论"的层面上。正因如此，恩格斯在《资本论》英文版序言中明确指出："某些

---

① 《马克思恩格斯文集》（第5卷），北京：人民出版社，2009年版，第16页。
② 《马克思恩格斯文集》（第1卷），北京：人民出版社，2009年版，第597页。

术语的应用，不仅同它们在日常生活中的含义不同，而且和它们在普通政治经济学中的含义也不同。但这是不可避免的。一门科学提出的每一种新见解都包含这门科学的术语的革命。……政治经济学通常满足于照搬工商业生活上的术语并运用这些术语。"① 马克思从来没有在日常或者国民经济学的意义上去看待商品、货币、资本、价值等一系列概念。马克思对这些经济范畴的分析都是为了揭示其背后所隐藏的社会关系。我们可以从《资本论》的开端——关于"商品"的分析中清楚地看到这一点。

马克思把商品看做是经济的细胞形式或财富的元素形式，但是"对商品的分析表明，它却是一种很古怪的东西，充满形而上学的微妙和神学的怪诞"②。站在国民经济学的立场上，"商品"只不过是用来交换的劳动的产品。但在《资本论》的理论视阈中，商品却具有了神秘的性质。在马克思看来，商品的神秘性质不是来源于商品的使用价值，也不是来源于价值规定的内容。"商品形式的奥秘不过在于：商品形式在人们面前把人们本身劳动的社会性质反映成劳动产品本身的物的性质，反映成这些物的天然的社会属性，从而把生产者同总劳动的社会关系反映成存在于生产者之外的物与物之间的社会关系。由于这种转换，劳动产品成了商品，成了可感觉而又超感觉的物或社会的物。"③ 简而言之，商品的神秘性质在于把劳动的社会性质反映成物的性质，从而把人与人之间的社会关系反映为物与物之间的社会关系。因此，"商品形式和它借以得到表现的劳动产品的价值关系，是同劳动产品的物理性质以及由此产生的物的关系完全无关的。这只是人们自己的一定的社会关系，但它在人们面前采取了物与物的关系的虚幻形式"④。人与人之间的关系不是表现为人们在自己劳动中的直接的社会关系，而是表现为人们之间的物的关系和物之间的社会关系。商品的形

---

① 《马克思恩格斯文集》（第5卷），北京：人民出版社，2009年版，第32—33页。
② 《马克思恩格斯文集》（第5卷），北京：人民出版社，2009年版，第88页。
③ 《马克思恩格斯文集》（第5卷），北京：人民出版社，2009年版，第89页。
④ 《马克思恩格斯文集》（第5卷），北京：人民出版社，2009年版，第89—90页。

式最终完成于货币,"正是商品世界的这个完成的形式——货币形式,用物的形式掩盖了私人劳动的社会性质以及私人劳动者的社会关系"①。人与人的关系被物与物的关系所掩盖,这正是资本主义生产形式下,人的存在方式的本质性特征。马克思指出:"一旦我们逃到其他的生产形式中去,商品世界的全部神秘性,在商品生产的基础上笼罩着劳动产品的一切魔法妖术,就立刻消失了。"②

可见,马克思的政治经济学批判与英国古典政治经济学虽然都是经济学的话语,但却存在着本质的不同。就连熊彼特也承认:马克思"是系统地看到和教导他人经济理论如何可以进入历史分析和历史叙述,如何可以进入历史理论的第一个一流经济学家"③。让经济学进入历史,这意味着经济学已经不再是纯粹的经济学。政治经济学批判构成了历史唯物主义的核心内容,构成了马克思的新哲学。

二、《资本论》与我们时代的哲学

马克思的新哲学在何种意义上属于我们的时代,又在何种意义上表征了我们的时代,这需要对我们时代哲学的合理性形态进行探索。我们时代的哲学必须建立在对"哲学的两个耻辱"反思的基础上。第一个耻辱是海德格尔所做出的论断,第二个耻辱则来源于西美尔的观点。如果不以这两个耻辱引以为戒,哲学就会退回到传统哲学,从而也就无法建构起属于我们时代的哲学。

海德格尔认为以往哲学一再寻求内在意识如何切中外部实在的问题是一种"哲学的耻辱","'哲学的耻辱'并不是至今人们尚未提出这个证

---

① 《马克思恩格斯文集》(第5卷),北京:人民出版社,2009年版,第93页。
② 《马克思恩格斯文集》(第5卷),北京:人民出版社,2009年版,第93页。
③ 熊彼特:《资本主义、社会主义与民主》,吴良健译,北京:商务印书馆,1999年版,第97页。

据，而是这样的证据还一再为人们所期盼所寻求"①。在海德格尔看来，人们一直以来孜孜不倦地寻求或试图解决"切中性问题"并不是哲学的荣耀，而是一种"哲学的耻辱"。伽达默尔高度地评价了海德格尔的这一论断，认为这是一个划时代的功绩。"自那时（即海德格尔）以后，许多人都开始认为追问主体如何达到对所谓'外部世界'的知识是荒谬的、陈腐透顶的。海德格尔把坚持提出这类问题的现象称为真正的哲学'丑闻'。"②海德格尔以前的整个西方传统哲学尤其是近代哲学致力于达到内在意识对外部事物的先验本质性把握。因此，以追求思想的明证性、客观性为目的的知识论问题成为传统哲学最核心的问题。自笛卡尔以来，自我意识，即认知主体与自身的关系，为思想的客观性论证开辟了一条内在意识的道路。"自我意识不是作为先验能力的本源被放到一个基础的位置上，就是作为精神本身被提高到绝对的高度。"③哈贝马斯的这句话揭示了思想客观性论证的两条道路：一条是先验论证的道路，另一条是超验论证的道路。先验论证的道路为思想的客观性找到的根据是"作为先验能力的本源"的先验自我，而超验论证的道路为思想的客观性找到的根据是"被提高到绝对的高度的精神本身"的绝对精神。"先验自我"与"绝对精神"作为思想规定的客观依据，是思想的真理性、客观性、确定性获得保障的终极基础。这样，思想的客观性问题被局限在内在意识的领域内。而这种意识哲学的道路本身就是一个悖论：它既要内在于意识，又要超越意识之外。内在意识是由用思想把握世界的思维方式决定的，要超越意识之外则是由思想规定的客观性要求决定的。④

海德格尔从根本上扭转了西方哲学的这一致思取向。这可以从胡塞尔与海德格尔现象学的区别当中辨识出来。法国现象学家马里翁指出："现

---

① 海德格尔：《人，诗意地安居》，郜元宝译，桂林：广西师范大学出版社，2000年版，第7页。
② 伽达默尔：《哲学解释学》，夏镇平、孙建平译，上海：上海译文出版社，2004年版，第120页。
③ 哈贝马斯：《后形而上学思想》，曹卫东、付德根译，南京：译林出版社，2001年版，第31页。
④ 参见孙利天：《让马克思主义哲学说中国话》，武汉：武汉大学出版社，2010年版，第342页。

象学的目标与客观性并不一致——这恰恰说出了海德格尔的出发点。近来发表的在《存在与时间》之前或紧随其后的讲座（既包括弗莱堡和马堡第一学期的课程，也包括弗莱堡第二学期的课程）使我们有可能牢固地树立起一个关键点：对海德格尔来说，唯有首先明确地对胡塞尔所追求的客观性理想进行批判，存在才能成为现象学的枢纽。"① 在马里翁看来，胡塞尔对"客观性"有一种难以抑制的祝圣行为，而海德格尔则认为哲学关注的应该是"实际生命"，即此在之存在。海德格尔的"那托普报告"明确指出：哲学对象就是人的此在，"哲学问题关涉实际生命的存在"，"哲学问题关涉那种在当下被称呼存在和被解释存在之方式中的实际生命的存在"。② 因此，哲学的第一个耻辱意味着当代哲学主题的转向：从"意识"转向"此在"，转向与人相关涉的存在。

传统哲学的第二个耻辱来自于西美尔。西美尔曾这样说过：在整个哲学史中，根本看不到人类所经受的深重苦难——这是哲学的耻辱。其实西美尔所谓的"哲学耻辱"是对海德格尔"哲学耻辱"的具体阐释和推进。在西美尔的意义上，哲学对实际生命关涉就是要揭示人类所经受的深重苦难。"哲学从来不是超然于世界之外的玄思和遐想，而是'思想中所把握到的时代'，或者更简洁地说，是'思想中的现实'。这就是哲学所具有的'时代的容涵性'和'强烈的现实感'。"③ 因此，任何真正的哲学都具有时代性的内容，而不是纯粹思辨的产物。任何真正的哲学都是以"思想"即"理论"的方式所把握到的"现实"，而不是简单的关于"现实"的"表象"。哲学就是把经验现实的大山推倒了，再用概念或理论的方式将之重新塑造起来。在哲学的概念当中有全部的生活和整个的世界，而人类所

---

① 马里翁：《还原与给予——胡塞尔、海德格尔与现象学研究》，方向红译，上海：上海译文出版社，2009年版，第2—3页。
② 海德格尔：《形式显示的现象学：海德格尔早期弗莱堡文选》，孙周兴编译，上海：同济大学出版社，2004年版，第90页。
③ 孙正聿：《哲学通论》，沈阳：辽宁人民出版社，1998年版，第433页。

经受的深重苦难构成了全部的生活和整个的世界的核心内容。

哲学的第二个耻辱提醒我们，我们时代的哲学必须从如何切中外部客观世界转向如何切中社会现实。因为，只有在社会现实本身被充分揭示的地方，哲学才可能真正触及人类苦难的根由，从而哲学才可能终止它的这份耻辱。以现象学"面向事情本身"的理论姿态"面向社会现实本身"，才有可能实际消除西美尔所揭示的这一哲学的耻辱。黑格尔是以最抽象的形式表达了最现实的人类生存状况：个人现在受抽象的统治。而马克思则进一步指出了，抽象或观念无非是那些统治个人的物质关系的理论表现。在资本主义社会中，"资本"具有独立性和个性，它统治着整个的现实，这是资本主义社会的最现实的普遍性，也是现实受"抽象"（资本）的统治的最普遍的现实性。因此，在回到社会现实的过程中，"我们就不仅经常需要黑格尔这位教师，而且尤其需要马克思这位导师，因为他们把揭示社会现实的本质性内容作为最坚决的哲学任务和方法论要求提了出来。只是当黑格尔把这种内容转变为理性思辨的形而上学本质时，马克思将它导回到理性前的现实生活过程之中。在这个意义上，回到社会现实本身，应当被看成是历史唯物主义的根本，因而也应当成为全部马克思主义哲学研究——这种研究的路径、方法和问题——所围绕着旋转的那个枢轴"①。

正是在这个意义上，马克思转换了真理观的哲学视野，把真理从天国拉回了尘世。马克思把真理区分为"彼岸世界的真理"和"此岸世界的真理"。马克思指出："真理的彼岸世界消逝以后，历史的任务就是确立此岸世界的真理。人的自我异化的神圣形象被揭穿以后，揭露具有非神圣形象的自我异化，就成了为历史服务的哲学的迫切任务。于是，对天国的批判变成对尘世的批判，对宗教的批判变成对法的批判，对神学的批判变成对政治的批判。"② 在马克思看来，宗教和传统形而上学所追求的超感性世界

---

① 吴晓明：《回到社会现实本身》，载《学术月刊》，2007年第5期，第57页。
② 《马克思恩格斯文集》（第1卷），北京：人民出版社，2009年版，第4页。

的真理实际上是一个"彼岸世界的真理",满足于获得对外部客观世界的本质性把握。而现代哲学(尤其是马克思哲学)的迫切任务是确立"此岸世界的真理",这就要求揭露具有非神圣形象的自我异化,具体表现为对尘世、法、政治和国家的批判。换言之,即回到社会现实本身,确立一门恩格斯所谓的"现实的人及其历史发展的科学"。

历史唯物主义作为"现实的人及其历史发展的科学"以人类的自由解放为其理论旨趣。马克思主义揭示了资本主义条件下人类的深重苦难。这构成了马克思全部思想的理论旨归。从恩格斯的《英国工人阶级状况》到马克思的《巴黎手稿》,一直到《资本论》中关于工作日的论述,马克思主义充分地论述了工人生活的悲惨状况。马克思在揭示人类苦难的同时,进一步挖掘了苦难产生的根源,把人类的苦难和资本主义的生产方式联系起来。在《资本论》中,马克思将工人的悲惨境遇明确地归结为工人对自己劳动力的出卖。当劳动力成为商品,货币就不断转化为资本,"死劳动"开始支配"活劳动",开始吮吸"活劳动"。在马克思看来,资本具有"对剩余劳动的狼一般的贪婪"。"资本主义生产——实质上就是剩余价值的生产,就是剩余劳动的吮吸——通过延长工作日,不仅使人的劳动力由于被夺去了道德上和身体上正常的发展和活动的条件而处于萎缩状态,而且使劳动力本身未老先衰和过早死亡。它靠缩短工人的寿命,在一定期限内延长工人的生产时间。"[①] 可是,孤立的工人,"自由"出卖劳动力的工人,在资本主义生产的一定成熟阶段上,是无抵抗地屈服的。工人"把自己的劳动力卖给资本家时所缔结的契约,可以说像白纸黑字一样表明了他可以自由支配自己。在成交以后却发现:他不是'自由的当事人',他自由出卖自己劳动力的时间,是他被迫出卖劳动力的时间;实际上,他'只要还有一块肉、一根筋、一滴血可供榨取',吸血鬼就决不罢休。为了'抵御'折磨他们的毒蛇,工人必须把他们的头聚在一起,作为一个阶级

[①]《马克思恩格斯文集》(第5卷),北京:人民出版社,2009年版,第307页。

来强行争得一项国家法律,一个强有力的社会屏障,使自己不致再通过自愿与资本缔结的契约而把自己和后代卖出去送死和受奴役"①。可见,工人的一切苦难都根源于资本主义的生产关系。在《资本论》中,马克思更是多次明确指出:"资本不是一种物,而是一种以物为中介的人和人之间的社会关系。"② 因此,工人受资本的支配,沦为资本的奴隶,在其最根本的意义上,是受资本主义生产关系的控制。资本主义的生产关系是使人成为被压迫、被剥削、被奴役、被蔑视的生产关系。马克思的哲学宣称:"对宗教的批判最后归结为人是人的最高本质这样一个学说,从而也归结为这样的绝对命令:必须推翻使人成为被侮辱、被奴役、被遗弃和被蔑视的东西的一切关系。"③

在反观哲学的两个耻辱的基础上,我们可以发现,马克思彻底消解了哲学的第一个耻辱(终结彼岸世界的真理,确立此岸世界的真理),并且开辟了一条超越第二个耻辱的哲学道路(推翻资本主义生产关系,实现人类的自由解放)。因此,马克思的哲学是真正的属于我们时代的哲学,是表征我们这个时代并为人类的未来指明方向的哲学。

三、《资本论》的存在论道路

与其说马克思的《资本论》是"经济学语境中的哲学话语",不如说《资本论》的经济学话语就是其哲学话语。"《资本论》不仅是关于'资本'的'资本论',而且是关于'现实的历史'的'存在论',即马克思的历史唯物主义的'存在论'。"④ 马克思的论述表明,从人本身出发而考察人,只能是从抽象的人出发而形成对人的抽象的理解;只有从关于人的

---

① 《马克思恩格斯文集》(第5卷),北京:人民出版社,2009年版,第349页。
② 《马克思恩格斯文集》(第5卷),北京:人民出版社,2009年版,第877—878页。
③ 《马克思恩格斯文集》(第1卷),北京:人民出版社,2009年版,第11页。
④ 孙正聿:《现实的历史:〈资本论〉的存在论》,载《中国社会科学》,2010年第2期,第6页。

各种规定——首先是最重要的经济范畴——出发,才能形成对人的具体的理解;只有展现经济范畴所构成的"具体",才能揭示"现实的历史"的"存在"。这是马克思破解"存在"的秘密的立足点,也是作为"政治经济学批判"的《资本论》所破解的"存在"的秘密。关于资本主义的《资本论》,并非仅仅是揭示资本主义的发展规律,而且也是通过揭示"一个复杂的社会形式",即资本主义的社会形式,从而实现对全部人类生活形式即历史过程的揭示。《资本论》表明,马克思不仅把自己的哲学批判和经济学批判统一起来,而且把"对现实的描述"与破解"存在"的秘密统一起来。正是在这种统一中,《资本论》不仅破解了"资本"的秘密,而且破解了"存在"的秘密;不仅揭示了资本主义特殊的发展规律,而且揭示了人类历史的发展规律。

如果我们指认《资本论》为存在论的话,那么马克思的存在论和海德格尔的存在论区别何在?我们必须在与海德格尔基础存在论的对照中,十分明确地标识出马克思的存在论道路,否则就容易将马克思的存在论海德格尔化。

马克思的存在论和海德格尔的存在论之间的区别首先聚焦于两者的出发点——"此在如何存在",即人的存在方式上。海德格尔认为,人这种特殊的存在者的存在样态是"此在"。基础存在论的整个理论体系都建立在对"此在"分析的基础上,所以对"此在"进行分析,就是对人的"生存论"性质进行分析,海德格尔称之为"生存论建构"。海德格尔指出:"对于先有的形成而言,决定性的是要看到日常状态中的此在。"[①] 海德格尔首先对此在的日常状态进行分析。日常状态包含此在的某种平均状态,即"常人"。"平均状态是常人的一种生存论性质。常人本质上就是为这种平均状态而存在。"[②] 常人指定着日常生活的存在方式,在这里此在的

[①] 海德格尔:《存在论:实际性的解释学》,何卫平译,北京:人民出版社,2009年版,第85页。
[②] 海德格尔:《存在与时间》,陈嘉映、王庆节译,北京:生活·读书·新知三联书店,1999年版,第148页。

本己性和可能的本真性被掩盖了。海德格尔通过对常人的分析揭示了"此在"的生存结构，常人沉沦于世的特性标志着常人在世界之中。海德格尔指出："先有的形式显示，即'实际生命（此在）指在一个世界中存在'，需要在直观中得到证明。"①"在之中"即此在的先行具有的形式显示。在《存在与时间》中，海德格尔把此在的这一源始结构表述为"共同存在与共同此在"②。作为日常生活的"主体"的常人的存在样式就奠基于这种存在方式之中。"'在之中'就是与他人共同存在。他人的在世界之内的自在存在就是共同此在。"③ 海德格尔指出，与他人共在属于此在的存在，属于此在恰恰为之存在的那一存在。因而此在作为共在在本质上是为他人之故而"存在"。也就是说，此在以共在的方式存在，共在就是生存论上的"为他人之故"。向他人的存在是一种独立的不可还原的存在关联。因此，海德格尔的"在之中"是"在世界之中"，是与"他人的共在"。"在之中"构成了此在的存在样式。

马克思历史唯物主义存在论的出发点与海德格尔基础存在论的出发点——"此在"相类似却又具有本质性的不同。在《德意志意识形态》中，马克思认为："我们开始要谈的前提不是任意提出的，不是教条，而是一些只有在臆想中才能撇开的现实前提。这是一些现实的个人，是他们的活动和他们的物质生活条件，包括他们已有的和由他们自己的活动创造出来的物质生活条件。因此，这些前提可以用纯粹经验的方法来确认。"④在这里马克思非常明确地表明历史唯物主义的前提或者说历史唯物主义存在论的前提是"现实的个人"。"这里所说的个人不是他们自己或别人想象中的那种个人，而是现实中的个人，也就是说，这些个人是从事活动的，

---

① 海德格尔：《存在论：实际性的解释学》，何卫平译，北京：人民出版社，2009年版，第86页。
② 海德格尔：《存在与时间》，陈嘉映、王庆节译，北京：生活・读书・新知三联书店，1999年版，第132页。
③ 海德格尔：《存在与时间》，陈嘉映、王庆节译，北京：生活・读书・新知三联书店，1999年版，第138页。
④ 《马克思恩格斯文集》（第1卷），北京：人民出版社，2009年版，第516—519页。

进行物质生产的，因而是在一定的物质的、不受他们任意支配的界限、前提和条件下活动着的。"① 接着马克思阐释道："这就是说，我们不是从人们所说的、所设想的、所想象的东西出发，也不是从口头说的、思考出来的、设想出来的、想象出来的人出发，去理解有血有肉的人。我们的出发点是从事实际活动的人。""它从现实的前提出发，它一刻也不离开这种前提。它的前提是人，但不是处在某种虚幻的离群索居和固定不变状态中的人，而是处在现实的、可以通过经验观察到的、在一定条件下进行的发展过程中的人。"②

无论是海德格尔的"此在"，还是马克思"现实的个人"，与传统哲学对人的抽象的理解相比，都发生了根本性的变化。针对传统形而上学对人的抽象理解，海德格尔明确指出"人的'实体'不是综合灵魂与肉身的精神，而是生存"③。在"生存"的意义上，海德格尔把人称之为"此在"。海德格尔指出："我们用'此在'这个术语既指世界的存在也指人生的存在。"④ 此在表明了"人"和"世界"的同一与共在，表明了"在之中"的性质。马克思认为，"现实的个人，是他们的活动和他们的物质生活条件，包括他们已有的和由他们自己的活动创造出来的物质生活条件。"⑤ 因此，马克思所肯定的是"现实的"、"从事实际活动的"、"可以通过经验观察到的"、"处于既有的历史条件和关系范围之内的"现实的个人。这些都充分表明了马克思"现实的个人"同样具有"在之中"的生存论性质。在这个意义上，亦即在对传统形而上学抽象人性论超越的意义上，马克思和海德格尔是一致的，都达到了现代哲学的高度。

问题的关键在于马克思和海德格尔在对"在之中"的理解上发生了分

---

① 《马克思恩格斯文集》（第1卷），北京：人民出版社，2009年版，第524页。
② 《马克思恩格斯文集》（第1卷），北京：人民出版社，2009年版，第525页。
③ 海德格尔：《存在与时间》，陈嘉映、王庆节译，北京：生活·读书·新知三联书店，1999年版，第136页。
④ 海德格尔：《存在论：实际性的解释学》，何卫平译，北京：人民出版社，2009年版，第87页。
⑤ 《马克思恩格斯文集》（第1卷），北京：人民出版社，2009年版，第519页。

野，从而使两者的存在论具有了根本意义上的不同。我们知道"在之中"是在"世界"之中。如果对"在之中"理解不同，就在于对世界理解的不同。海德格尔把世界看作是一个有意蕴的世界。世界是一个因缘整体性，这种"因……缘……"是一种指引性关联。海德格尔把"这些指引关联的关联性质把握为赋予含义"。"我们把这种含义的关联整体称为意蕴。它就是构成了世界的结构的东西，是构成了此在之为此在向来已在其中的所在的结构的东西。处于对意蕴的熟悉状态中的此在乃是存在者之所以能得到揭示的存在者层次上的条件——这种存在者以因缘（上手状态）的存在方式在一个世界中来照面，并从而能以其自在宣布出来。"① 世界的因缘整体性关联决定了世界是一个有"意蕴"的世界，这表明海德格尔的世界概念是一个现实的生活世界的概念。海德格尔的"世界概念"，其最根本的一点就是世界"归属于人之存在"。用海德格尔自己的话来表述就是："在这里，世界被带入与人之此在的实际生存的基本方式的关系之中了。"②

虽然马克思同样是将世界和人关联起来，但马克思对世界进行了更明确的和更现实的规定。在马克思看来，"人不是抽象的蛰居于世界之外的存在物。人就是人的世界，就是国家，社会"③。正是在此意义上，马克思进一步指出："人的本质不是单个人所固有的抽象物，在其现实性上，它是一切社会关系的总和。"④ 马克思认为不仅作为自然的自然界、与这些抽象概念分隔开来并与这些抽象概念不同的自然界是无，而且"被抽象地理解的，自为的，被确定为与人分隔开来的自然界，对人来说也是无"⑤。毫无疑问，马克思所强调的"世界"也是指此岸的、现实的生活世界。但与胡塞尔、海德格尔不同，马克思强调"世界"概念的"社会性"内涵。人

---

① 海德格尔:《存在与时间》,陈嘉映、王庆节译,北京:生活·读书·新知三联书店,1999年版,第102页。
② 海德格尔:《海德格尔选集》(上卷),孙周兴选编,上海:上海三联书店,1996年版,第174页。
③ 《马克思恩格斯文集》(第1卷),北京:人民出版社,2009年版,第3页。
④ 《马克思恩格斯文集》(第1卷),北京:人民出版社,2009年版,第501页。
⑤ 马克思:《1844年经济学哲学手稿》,北京:人民出版社,2000年版,第116页。

的世界等同于国家、社会，等同于生产关系意义上的世界。海德格尔在《晚期讨论班纪要》中也曾明确指出，马克思对世界的改变实际上是生产关系的改变。

海德格尔所理解的"在之中"的世界依旧是一个"抽象"的生活世界，前资本主义社会与资本主义社会中此在都是作为常人而存在的，两者的世界并没有本质的不同。而在马克思看来，规定着生活世界最本质的东西是生产关系。因此，对人的本质状态的考察必须从"阶级关系"的角度进行考察。正是因为从抽象的、无区别的生活世界入手，海德格尔的救赎只能是一种诗意的、形而上学的救赎。"人须作为生存着的人来按照存在的天命看护存在的真理。人是存在的看护者。"① 仅此而已，"哲学将不能引起世界现状的任何直接变化。不仅哲学不能，而且所有一切只要是人的思索和图谋都不能做到。只还有一个上帝能救渡我们。留给我们的唯一可能是，在思想与诗歌中为上帝之出现准备或者为在没落中上帝之不出现做准备；我们瞻望着不出现的上帝而没落"。对于上帝，"我们不能把他想出来。我们至多可以唤醒大家准备期待他"。② 因此，海德格尔的存在论，我们可以将其称之为"让其存在"。

相对于海德格尔这种消极的、悲观的审美救赎。马克思则把人类的解放诉诸国家社会，诉诸生产关系的改变，力图找到一条人类解放的现实道路。历史唯物主义的存在论绝对不是一种抽象的形而上学的存在论。马克思将人的存在状态和人类的社会制度关联起来。前资本主义社会是人的依附性的存在，资本主义社会是以物的依赖性为基础的独立性，而共产主义社会则是人的自由个性。马克思的存在论只有诉诸生产关系的改变，才不至于成为抽象的形而上学，马克思的社会发展理论只有上升到存在论的高度，才会实现人类自由解放的理论旨趣。《资本论》最为生动和鲜活地体

---

① 海德格尔：《海德格尔选集》（上卷），孙周兴选编，上海：上海三联书店，1996年版，第374页。
② 海德格尔：《海德格尔选集》（下卷），孙周兴选编，上海：上海三联书店，1996年版，第1306页。

现了马克思哲学这一独特的理论特征。马克思把《资本论》的研究对象定位为"资本主义生产方式以及和它相适应的生产关系和交换关系"。而其最终的目的，是要通过扬弃这种生产关系，实现无产阶级的解放。正是在这个意义上，我们可以将《资本论》的存在论称之为"使其存在"。①

《资本论》的存在论构成了人类的现实的历史。而如今，《资本论》的主题仍旧控制着我们的生活，是对我们时代的理论表征。《资本论》不仅表征着我们的时代，并且昭示着人的未来和哲学的未来。

---

① 将海德格尔与马克思存在论之间的区别界定为"让其存在"与"使其存在"的差别，是孙正聿教授做出的判断。这一区分对于我们理解两者之间的区别具有重要的启示意义。

第十章　存在的澄明与人类的解放
——海德格尔与马克思的存在论思想之比较

在西方哲学史上，马克思主义哲学实现了哲学从近代到现代的根本性变革，他们认为自己终结了以往的全部形而上学，并认为自己的哲学"这已经根本不再是哲学，而只是世界观"①。海德格尔也对传统的形而上学展开了激烈地批判，以"此在"的形而上学代替了传统的形而上学，并一再宣称自己只是思想家，而不是哲学家。无论是马克思还是海德格尔，他们之所以采取这种极端的做法，就是想把自己的哲学和以往的哲学区别开来，因为整个现代西方哲学已经不再停留于抽象的思辨之上，而是关注人的存在和生存问题。这里面的关键之处就在于转换了对人的理解。海德格尔认为，"人的'实体'不是综合灵魂与肉身的精神，而是生存"②。马克思也认为，"人的根本就是人本身"。对"人的本质"的重新理解构成了马克思哲学和海德格尔哲学共同的前提，但是由于二者哲学理论旨趣的不同，所以才表现出两种不同的哲学道路，呈现出不同的哲学理论形态。但是马克思和海德格尔都是在克服传统形而上学的基础上，从不同的视角、

---

① 《马克思恩格斯选集》（第3卷），北京：人民出版社，1995年版，第481页。
② 海德格尔：《存在与时间》，陈嘉映、王庆节译，北京：生活·读书·新知三联书店，1999年版，第136页。

运用不同的方法，形成了各自不同的哲学本体论追求，从而开启了整个现当代西方哲学，所以我认为两者之间存在着一种对话的必要性与可能性。

传统本体论哲学的"最大问题归根结底还在失落了人和人的主体性这一根本点上"[①]。在传统西方哲学里，不论把本体理解为自然物质存在，还是理解为绝对精神存在，人的这一地位都是同样的。海德格尔和马克思在重新理解人的基础上，变革了传统本体论的思维方式，把人理解为现实的人、具体的人，而不再是远离现实世界、脱离现实的人。他们不再追寻那种脱离了人的超验本体，而是着眼于人的存在，海德格尔追问存在的意义，马克思寻求存在的自由本真的状态。这样，本体论就从一种"无根"的本体论变成一种"有根"的本体论。传统哲学寻求的是一种超验的本体，这种超验的本体是和现象相对应的，而海德格尔和马克思已经不再追寻这种本体，而是关注人的基于生存的存在，海德格尔的主要目标之一就是要破除现象、本体之二分，除却对"存在"理解的千年之弊。所以我认为，近代以前的哲学本体论可以被称之为本体论，但是自海德格尔和马克思以后的哲学本体论称之为"存在论"则更为合适。

一、存在的意义与存在的样态

海德格尔认为，形而上学是人之宿命。但是近代形而上学自笛卡尔以来所采取的是一种主客二分的知识论探索方式，海德格尔激烈地批判传统形而上学的这种主客对立的思维方式，认为它使得人们只关注存在着的存在物，所以去追寻存在者何以存在的根据，而忽视了存在本身这一根本问题，造成了传统形而上学对"存在的遗忘"。自柏拉图、亚里士多德以来的西方哲学特别是近代哲学的局限性正在于此。但是对存在问题的追问时时刻刻激荡着作为此在的我们，存在的问题是人最为重要的问题，却恰恰

---

① 高清海：《哲学的憧憬》，长春：吉林大学出版社，1995年版，第240页。

被遗忘了。所以海德格尔最主要的观点可以概括为"存在的遗忘","存在可以被遮蔽得如此之深远,乃至存在被遗忘了,存在及其意义的问题也无人问津"①。我们向来生活在一种存在之领会中,而同时,存在的意义却隐藏在"晦暗"中,以至于海德格尔认为整个西方哲学史就是"存在"被遗忘的历史。海德格尔通过区分"存在"和"存在者",揭示了存在问题在存在论上的优先地位,如果不把存在问题置于存在论的首位,这种存在论归根到底就是盲目的,并且背离了"它最本己的意图",所以存在论应该首先充分澄清存在的意义,并把澄清存在的意义理解为自己的基本任务。所以海德格尔基础存在论的目的就是要达到存在的"澄明之境"。

与海德格尔不同,马克思不是去寻求存在的意义,他所关注的是"存在"的样态,换言之,马克思在彻底否弃以黑格尔哲学为标志的传统哲学的本体论的追求方式的基础上,深切求索这种本体论追求中所蕴含的真实的历史内容,从而以真实的历史内容为出发点,展开了自己的本体论追求,寻求人类存在的自由状态。马克思通过区分人与动物的不同,揭示出了人存在的"自由的活动"的本质。马克思认为动物和自己的生命活动是直接同一的。动物不把自己同自己的生命活动区别开来,它就是自己的生命活动。人的生命活动不是动物式的"生存"活动,而是人所特有的"生活"活动,人则使自己的生命活动本身变成自己意志的和自己意识的对象,所以说人具有有意识的生命活动。有意识的生命活动把人同动物的生命活动直接区别开来。正是由于这一点,人才是类存在物。或者说,正是因为人是类存在物,他才是有意识的存在物,也就是说,他自己的生活对他来说是对象,所以人的活动才是自由的活动。一个种的整体特性、种的类特性就在于生命活动性质,而自由的有意识的活动恰恰就是人的类特性。但是在资本主义社会条件下,人的存在方式却是一种异化的生活样态,作为人的类特性的自由的有意识的活动表现为异化劳动,异化劳动把

---

① 海德格尔:《存在与时间》,陈嘉映、王庆节译,北京:生活·读书·新知三联书店,1999年版,第42页。

这种关系颠倒过来,以致人正因为是有意识的存在物,才把自己的生命活动,自己的本质变成仅仅维持自己生存的手段。异化劳动把自主活动、自由活动贬低为手段,也就是把人的类生活变成维持人的肉体生存的手段。"劳动的异己性完全表现在:只要肉体的强制或其他强制一停止,人们会像逃避瘟疫那样逃避劳动。"① 人在自己的劳动中不是肯定自己,而是否定自己。所以马克思哲学就是要扬弃人存在的这种异化状态,达到一种自由自觉的存在状态。

二、现象学与辩证法

海德格尔和马克思的存在论思想之所以呈现出不同的特点,这与两者的哲学方法的不同是分不开的。海德格尔从胡塞尔那里吸收了现象学的方法。他认为"存在论与现象学不是两门不同的哲学学科,并列于其他属于哲学的学科。这两个名称从对象与处理方式两个方面描述哲学本身。哲学是普遍的现象学存在论"②。"存在论只有作为现象学才是可能的。"由此可以看出,海德格尔主张,哲学就是存在论,现象学是进行研究的方法。海德格尔在现象学运动中占有非常重要的地位,《存在与时间》一书就是海德格尔处于现象学运动的中心时写成的。海德格尔认为现象学是从胡塞尔的《逻辑研究》开始的,关于存在论的探索,也"只有在胡塞尔奠定的地基上才是可能的"。但是海德格尔所运用的现象学与胡塞尔的现象学理论有很大的差别。在胡塞尔的现象学中海德格尔最不能接受的就是其先验唯心论的立场,胡塞尔始终把先验还原与先验唯心主义结合在一起,而海德格尔从一开始就不愿接受先验唯心论的立场。并且胡塞尔主张一切周围世界的经验最终都必须习惯性地归结到一个同一的"自我极"才有可能,胡

---

① 马克思:《1844年经济学哲学手稿》,北京:人民出版社,2000年版,第55页。
② 海德格尔:《存在与时间》,陈嘉映、王庆节译,北京:生活·读书·新知三联书店,1999年版,第45页。

塞尔认为这个"自我极"就是"先验自我"。而海德格尔认为人首先是"在世之中"的，他拒绝接受一个与世界相脱离的主体。从海德格尔这方面说，现象学一上来就和对存在的追问联系在一起，而胡塞尔把先验还原一直推及日常自我从而把它还原为不具世界性的先验主观性，海德格尔则坚持认为这种还原既不必要也不可能，无论怎样还原，世界总是人的构成部分，人就是人的世界，人和世界是同一、共在的。在《存在与时间》里，海德格尔把人的存在方式称之为"此在"，就是为了说明这个问题。所以海德格尔与胡塞尔的基本分歧"从一开始就认为现象学的最终现象是存在者的存在而不是意向性意识或先验自我这类东西"①。于是海德格尔一面声称原则上追随胡塞尔的现象学，一面又坚持有权修正和发展它，虽然这一修正发展以胡塞尔现象学为基础。后期的海德格尔也不像他早期那样特别考虑现象学的方法，并且不再用"现象学"的名称来标明他的思维方式，但这并不是因为他放弃了现象学的方法，而是因为此后海德格尔只是将现象学的方法付诸实践。海德格尔认为"现象学"这个名称表达出一条原理，这条原理可以表述为："面向事情本身！"现象学这个词有两个组成部分：现象和逻各斯。现象可以界定为"就其自身显现其自身"，遮蔽状态是"现象"的对立概念。逻各斯的意思是"话语"，又可引申为"使……公开"，也就是展示出来让人看，所以现象学的方法就是事物显现其自身，并且与人"照面"。胡塞尔的哲学是意识的现象学，海德格尔和胡塞尔现象学的思维分歧导致了生存现象学的产生。

马克思主义哲学的存在论在其方法论意义上讲，就是辩证法。马克思批判地吸收了黑格尔辩证法的"合理内核"，他认为"如何对待黑格尔的辩证法这一表面上看来是形式的问题，而实际上是本质的问题"。所以，如何理解马克思对黑格尔辩证法的批判是理解马克思哲学辩证法的关键所在。马克思认为，"辩证法在黑格尔手中神秘化了"，"在他那里，辩证法

---

① 陈嘉映：《海德格尔哲学概论》，北京：生活·读书·新知三联书店，1995年版，第54页。

是倒立着的"；恩格斯也同样有类似的论述。他认为黑格尔的辩证法"头脚倒置"了。无论是马克思还是恩格斯的论述，他们都认为必须要把黑格尔的辩证法"倒过来"。马克思认为自己的辩证方法，从根本上来说，不仅和黑格尔的辩证方法不同，而且与他的截然相反。马克思认为"在黑格尔看来，思维过程，即他称为观念而甚至把它转化为独立主体的思维过程，是现实事物的创造主，而现实事物只是思维过程的外部表现。我的看法则相反，观念的东西不外是移入人的头脑并在人的头脑中改造过的物质的东西而已"①。恩格斯也认为黑格尔的思维方式"形式尽管是那么抽象和唯心，他的思想发展却总是与世界历史的发展平行着，而后者按他的本意只是前者的验证。真正的关系因此颠倒了，头脚倒置了"②。所以黑格尔的辩证法只是为历史的运动找到抽象的、逻辑的、思辨的表达，运用这种辩证法对现实的生存状况进行扬弃，只是一种思想上的扬弃，"这种思想上的扬弃，在现实中没有触动自己的对象，却以为实际上克服了自己的对象"③。马克思不满意这种"醉醺醺"的思辨，他要把"哲学现实化"，把辩证法现实化，把辩证法的革命性给彰显出来。马克思把辩证法理论应用于对人的生存样态的考察，认为在资本主义社会制度下，人的生存样态处于一种异化状态中，劳动不再是人的本质体现，而被降低为谋生手段。所以"作为推动原则和创造原则的否定性的辩证法"不能仅仅停留在思辨领域当中，而要对"现存的一切进行无情的批判"，消除这种异化的生存样态，达到一种自由的本真生活样态。当"德意志的意识形态家们"把黑格尔当作一条"死狗"一样抛掉，而马克思却要公开承认自己是这伟大思想家的学生，并且声称"在关于价值理论的一章中，有些地方我甚至卖弄起黑格尔特有的表达方式"。马克思发现了黑格尔辩证法"神秘外壳中的合理内核"，把它运用于存在论，形成了对异化存在样态的激烈批判，从而

---

① 《马克思恩格斯选集》（第2卷），北京：人民出版社，1995年版，第112页。
② 《马克思恩格斯选集》（第2卷），北京：人民出版社，1995年版，第42页。
③ 马克思：《1844年经济学哲学手稿》，北京：人民出版社，2000年版，第111页。

开辟了达到自由解放的生存样态的现实道路。

三、此在与实践

海德格尔认为，人这种特殊的存在者的存在样态是"此在"，此在是"我们自己向来所是的存在者"，此在在存在者身份上的特异之处就在于，它是"为了这个存在本身而存在"。所以只有通过此在这种特定的存在者才能通达存在，在此在那里，存在不是完全被封锁着而是已经以某种方式展开了，展开即是有所领会，只有对存在发问的人领会着存在。在《存在与时间》中，海德格尔认为此在具有两个基本特征：一是"去存在"，用海德格尔本人的话也可以表述为"它的生存"；二是"总是我的存在"，即此在"向来我属"的性质。海德格尔认为"此在的本质在于它的生存"，所以海德格尔把此在的存在特性称为"生存论性质"，非此在式的存在者的存在规定则称为"范畴"。存在论的整个理论体系都建立在对"此在"分析的基础上，所以对"此在"进行分析，就是对人的"生存论"性质进行分析，海德格尔称之为"生存论建构"。海德格尔认为此在在世界中，非此在式的存在者则在世界之内。此在的展开状态就是在世，在世是一种沉沦的此在，在世的生存论样式就记录在沉沦现象中，此在这种存在者在其日常生活中恰恰丧失了自身而且在沉沦中脱离自身而生活着，"沉沦解释着此在本身的一种本质性的存在论结构"。此在沉沦于众人，错把众人本身当自己本身，自以为过着真实而具体的生活。海德格尔认为"畏"这一基本现身情态是此在别具一格的展开状态，"怕"是怕有害之事的来临，"畏"之所畏却不是有害之事，它根本不是任何世内存在者。它所含的意蕴也不是确定的，这不是仅仅缺少确定性，而是本质上不可能有确定性。威胁着乃"无何有之乡"，畏之所畏者就是在世本身，畏不是仅"对……"生畏，畏作为现身情态同时是"为……"而畏，畏揭示着无。海德格尔认为在世本质上就是操心，所以寓于上手事物的存在可以被把握为操劳，而与他人的在世内照面的共同此在共在可以被把握为操持，这样此在就把自我解释为操心。海德格尔认为，"时间性绽露为本真的操心的意义"，"操心的结构的源始统一在于时间性"。① 时间是将来、曾在和当前的统一。这样海德格尔就把时间引入了存在论，使人成为了一个历史性的此在，从而彻底地终结了与人相脱离的传统形而上学。

与此相应，马克思把人的存在方式理解为"实践"，并以此为基础去理解以往所有的哲学。马克思在《关于费尔巴哈的提纲》中第一次提出了实践的概念。实践范畴的提出，标志着马克思主义哲学天才世界观的诞生。在《关于费尔巴哈的提纲》中，马克思公开以实践作为自己理论的建构原则和全部哲学变革的出发点。马克思把唯物主义和唯心主义都纳入到实践构架中去理解，指出过去旧唯物主义的缺点在于："对对象、现实、感性，只是从客体的或者直观的形式去理解，而不是把它们当作人的感性活动，当作实践去理解，不是从主体方面去理解。"而唯心主义的缺点则是："和唯物主义相反，唯心主义却发展了能动的方面，但只是抽象地发展了，因为唯心主义当然是不知道现实的、感性的活动本身的。"② 这句话充分表明了马克思是把唯物主义和唯心主义置于实践这一新的解释原则之下，但是马克思同时又把实践理解为"人的感性活动"，"个人怎样表现自己的生活，他自己就是怎样"，所以马克思是从人的存在方式去理解传统的唯物主义和唯心主义哲学，并且从这一角度阐明了自己的哲学与以往哲学的不同。在把实践作为人的存在方式的基础上，马克思进一步指出，"人的本质不是单个人所固有的抽象物，在其现实性上，它是一切社会关系的总和"。马克思认为所有的理论问题都可以归结为实践的问题，人应该在实践中证明自己思维的真理性，"凡是把理论导致神秘主义的神秘东

---

① 海德格尔：《存在与时间》，北京：生活·读书·新知三联书店，1999年版，第372—373页
② 《马克思恩格斯选集》（第1卷），北京：人民出版社，1995年版，第58页。

西，都能在人的实践中以及对这个实践的理解中得到合理的解决"①。即便是观念的东西，包括整个社会的精神生活，也要从物质实践来予以说明，不是从观念出发来解释实践，而是从物质实践出发来解释观念的形成。这样，实践范畴便成了马克思哲学的核心范畴，不仅社会物质生活在本质上是实践的，而且社会精神生活在本质上也是实践的，所以马克思认为"社会生活在本质上是实践的"。这样实践就成了理解所有哲学问题的一个视阈，而实践又是人的存在方式，所以马克思的哲学牢牢地抓住人本身。以人的自由自觉的存在方式为出发点，去理解我们应该需要什么样的理论，从而为后来的共产主义理论打下了理论根基。

四、澄明之境与共产主义

海德格尔的存在论哲学运用的是现象学方法，现象学方法最根本的原则就是"面向事物本身"，这就决定了海德格尔的哲学要达到一种存在的"澄明之境"。"澄明"一词的原文意思是"亮光朗照"（Lichtung），显然，其最初的词根是"光"（das Licht, Light）。亮光能驱走黑暗，使世界中的一切显现出来。所以"澄明之境"就是一种无遮蔽状态、敞开状态。遮蔽状态是"现象"的对立概念，现象是"就其自身显现其自身"，存在与表象对立的状态中，这个在就表明为现象，表明为敞开出来的在场状态。所以必须对存在本身发问，才能达到存在的敞开状态。"所谓敞开状态是说展开那由在的遗忘所晦蔽和遮蔽的东西。惟有通过这样的发问，迄今一直被遮蔽着的形而上学的本质处才会透入一丝光亮。"② 在海德格尔看来，存在的澄明就是存在亮敞了，在亮光中露面，这表现为世界的敞开。存在没有亮敞，世界就会趋向一片灰暗，存在的澄明就是世界有了光而亮敞。由

---

① 《马克思恩格斯选集》（第1卷），北京：人民出版社，1995年版，第60页。
② 海德格尔：《形而上学导论》，熊伟、王庆节译，北京：商务印书馆，1996年版，第21页。

于人与世界是共在的，所以世界的亮敞就是在世界之中的感性个体站出来生存。离开人，没有世界，更谈不上世界的敞开。但是此在在日常生活中表现为"常人"，在日常生活之中，人虽然仍是可能之在，但他已丧失了其存在的"向来我属性"，因而成为没有个性的、受公众意见统治的"常人"。"常人"就是在实际生活中丧失了位格、没有主见的人，是此在的存在样式。海德格尔断定，在日常生活中存在的都是常人，此在被异化为常人，这是生存的真实状况。海德格尔对常人的展开样式是通过"沉沦"来论述的，"沉沦"就是常人的生存结构。沉沦的具体样式有闲谈、好奇、两可，这些都反映出日常此在丧失了根基、忘却了本真、受公众意见支配的情形。"庸庸碌碌、平均状态、平整作用，都是常人的存在方式"，常人以非自立状态与非本真状态的方式而存在，所以此在的存在有本真与非本真两种样式，非此即彼。人站出来生存，才能真正地存在起来，达到一种本真的生存状态。因而，世界要敞开自身，必然是这世界本身（在世的人）站出来生存，也就是人为自己的存在操心、思虑、奔忙，对自己的存在有所领悟、有所作为。诸神的逃遁，大地的毁灭，人类的大众化，平庸之辈的优越地位，所有这些被海德格尔称之为"世界黑夜的时代"的特征，都不过是遗忘了真正的存在的必然后果而已。所以海德格尔存在论哲学的终极旨趣就是要达到一种存在的澄明之境，或"林中空地"。存在的澄明，本体的诗化，就是要求人站出来生存，世界亮敞。但海德格尔惊呼，如今世界已趋夜半。因为西方形而上学传统把思规定为主客体对象性思维，人居于所有存在者的根基上，居于对象化和表象性的根基上。结果，"人把存在极度遗忘"，忘记了站出来生存，沉沦于技术理性的科学控制，技术成为了支配着整个现代世界的"座架"（Das Ge-stell）。

马克思存在论哲学的方法就是辩证法，所以消除异化就是要对现存的一切进行无情的批判，对人存在的异化状态进行扬弃，就是要复归人的本性。"共产主义是私有财产即人的自我异化的积极的扬弃，因而是通过人并且为了人而对人的本质的真正占有；因此，它是人向自身、向社会的即合乎人性的人的复归。"可见马克思所谓的共产主义是人的本质的体现，是人的一种本真的生活状态。不仅如此，"这种共产主义，作为完成了的自然主义＝人道主义，而作为完成了的人道主义＝自然主义，它是人和自然界之间，人和人之间的矛盾的真正解决"，"它是历史之谜的解答"。① 但是共产主义的实现和私有财产的消灭是密不可分的，无产和有产的对立，只要还没有把它理解为劳动和资本的对立，它还是一种无关紧要的对立，一种没有从它的能动关系上、它的内在关系上来理解的对立，还没有作为矛盾来理解的对立。因此，它还不表现为由私有财产本身设定的对立。但是，一旦无产和有产理解为劳动和资本的对立，理解为"作为财产之排除的劳动"和"作为劳动之排除的资本"之间的对立，理解为"私有财产的主体本质"和"客体化的劳动"之间的对立，私有财产就变成了人类存在自我异化的根源，共产主义便成为扬弃了的私有财产的积极表现。在马克思主义哲学中，共产主义就是人的本真的生活样态，换言之，就是人类存在的"澄明之境"。与海德格尔存在的澄明之境不同，马克思的共产主义不再是一种说不可说之神秘，而是能形成一种现实的社会制度，能成为人类奋斗的目标。在马克思的学说中，共产主义理论具有双重意蕴，它不仅具有形而上的哲学意蕴，还具有形而下的科学意蕴，换言之，它不仅是人类的一种自由自觉的生存样态，它还具有现实的道路的意义，是一种社会制度。而达到共产主义的现实道路就是"暴力革命"，"共产党人不屑于隐瞒自己的观点和意图。他们公开宣布：他们的目的只有用暴力推翻全部现存的社会制度才能达到。让统治阶级在共产主义革命面前发抖吧。无产者在这个革命中失去的只是锁链。他们获得的将是整个世界"②。但是对于共产主义理论来说，更为持久的是它的形而上学的意义，就像宾克莱在《理

---

① 马克思：《1844年经济学哲学手稿》，北京：人民出版社，2000年版，第81页。
② 《马克思恩格斯选集》（第I卷），北京：人民出版社，1995年版，第307页。

想的冲突》中所评价的,"马克思对于我们今天的吸引力乃是一个道德的预言","作为我们选择世界观时的一位有影响的预言家的马克思永世长存,而作为经济学家和历史必然道路的预言家的马克思则已经降到只能引起历史兴趣的被人遗忘的地步"。①

海德格尔认为以往的哲学都只是一种无根的本体论,而只有他的哲学是一种有根的本体论,与海德格尔一样,马克思的本体论也实现了从"无根"到"有根"的转变,因为两者都抓住了"人"这个根本,从分析人的生存方式入手,来理解哲学的本体论追求。海德格尔运用现象学的方法,在区分"存在"与"存在者"的基础上,认为人这一特殊的存在者的存在样态是"此在",并对此在的生存性质进行分析,对存在进行解蔽,最后达到一种"存在"的"澄明之境",但这种"澄明之境"只能是一种说不可说之神秘。马克思继承了黑格尔辩证法的合理内核,与动物的生存方式相比较,认为人是一种"实践"的生存样态,但现实中的人却处于一种异化状态,要想达到人的本真状态,只有对人的自我异化进行扬弃,而这种扬弃了异化的状态就是"共产主义",所以说马克思的哲学表现出的是一种人类解放的旨趣。海德格尔的哲学可以说是一种贵族哲学,他关注的是个人的人生境遇,是个人的人生哲学,马克思的哲学是一种平民哲学,它着眼的是整个人类的命运,是关于人类解放的哲学,在这一点上,马克思要比海德格尔伟大得多,马克思的哲学也要比海德格尔的哲学伟大得多。在某种意义上,海德格尔哲学和马克思哲学代表了人类哲学本体论的两个不同的路向。

---

① 宾克莱:《理想的冲突——西方社会中变化着的价值观念》,北京:商务印书馆,1983年版,第106页。

第三论题 《资本论》哲学思想的当代意义

第十一章　马克思关于资本主义社会的三个隐喻

诚如恩格斯所言，马克思将资本主义社会"一览无余"，揭示了资本主义社会经济发展及其背后的逻辑架构，从而一眼望穿了历史的深处。只要资本主义存在，作为对资本主义反思与批判的马克思就永远是我们的同时代人。下面我们将以马克思关于资本主义社会的三个隐喻为切入点，展现资本主义社会的外部景观、内在逻辑以及其面临的根本性危机，全方位解析马克思关于资本主义社会的立场、观点和方法，并以此为基础，探讨现代社会的未来发展之路。

一、"机械怪物"

马克思所生活的时期正值英国的维多利亚时代，英国的工业革命达到了顶峰。如果从资本主义发展史来看，马克思所处的时代是早期资本主义，亦即工业资本主义时期。机器使工场手工业不再成为社会生产的支配原则，机器大工业逐步取代了工场手工业，成为了早期资本主义时代的社会景观。马克思曾经这样生动地描绘机器大工业的图景："在这里，代替单个机器的是一个庞大的机械怪物，它的躯体充满了整座整座的厂房，它的魔力先是由它的庞大肢体庄重而有节奏的运动掩盖着,然后在它的无数真正工作器官的疯狂的旋转中迸发出来。"① "庞大的机械怪物"取代的是"单个的机器",可见,机器大工业的生产体系并不是"单个的机器",而是"庞大的机械怪物"。这意味着机器大工业是以"机器体系"为基本结构的生产。

马克思指出,工具机是"18世纪工业革命的起点"。工具机(机器)和工具之间有着本质的区别,这种差别并非事实上的差别,而是生产方式的差别。其实有些工具在它们的手工业形式上就已经是机器了,但也并非机器生产,而是手工业生产。有些工具大部分仍然是由手工业或工场手工业生产,然后才装到由机器生产的工作机的机体上。"在真正的工具从人那里转移到机构上以后,机器就代替了单纯的工具。即使人本身仍然是原动力,机器和工具之间的区别也是一目了然的。"② 在手工业生产中,人能使用的工具的数量,受到人天生的生产工具的数量,即他自己身体的器官数量的限制,而在机器生产中,人摆脱了自己所受到的器官的限制。因此,在工场手工业中,人是作为单纯动力的人,而在机器生产中,人是作为真正操作工人的人。一旦人不再用工具作用于劳动对象,而只是作为动力作用于工具机,作为单纯动力的人就可以被机械动力取代了,机器生产也就逐渐开始了。

"作为工业革命起点的机器,是用这样一个机构代替只使用一个工具的工人,这个机构用许多同样的或同种的工具一起作业,由一个单一的动力来推动,而不管这个动力具有什么形式。"③ 机器只是机器生产的简单要素,对机器生产而言,最为重要的是机器体系所组成的"机构"。正因如此,马克思才把资本主义社会称为"庞大的机械怪物"。马克思认为,只有在劳动对象顺次通过一系列互相联结的不同的阶段过程,而这些过程是

---

① 《马克思恩格斯文集》(第5卷),北京:人民出版社,2009年版,第438页。
② 《马克思恩格斯文集》(第5卷),北京:人民出版社,2009年版,第430页。
③ 《马克思恩格斯文集》(第5卷),北京:人民出版社,2009年版,第432页。

由一系列各不相同而又互为补充的工具机来完成的地方，真正的机器体系才代替了各个独立的机器。"机器体系"的形成标志着工业资本主义的开端。工场手工业所特有的以分工为基础的协作又出现了，但这种协作现在表现为各个局部工作机的结合，表现为机器的协作。在工场手工业中，单个的或成组的工人，必须用自己的手工工具来完成每一个特殊的局部过程，这是以工人分工为基础的协作。在机器生产中，这个主观的分工原则消失了，取而代之的是一个客观分工的原则。整个过程是客观地按其本身的性质分解为各个组成阶段，每个局部过程如何完成和各个局部过程如何结合的问题，都是由科学技术的应用来解决。这是工场手工业和机器大工业本质性的区别。在工场手工业中，局部工人的直接协作，使各个特殊工人小组形成一定的比例数，同样，在有组织的机器体系中，各局部机器不断地互相交互工作，也使各局部机器的数目、规模和速度形成一定的比例。

机器体系的形成对于工业资本主义的发展来说是远远不够的。马克思认为，机器大工业还必须突破它的工场手工业基础。在早期，机器本身作为大工业所特有的生产资料都是由工场手工业提供的。"在工场手工业中，我们看到了大工业的直接的技术基础。工场手工业生产了机器，而大工业借助于机器，在它首先占领的那些生产领域排除了手工业生产和工场手工业生产。因此，机器生产是在与它不相适应的物质基础上自然兴起的。机器生产发展到一定程度，就必定推翻这个最初是现成地遇到的、后来又在其旧形式中进一步发展了的基础本身，建立起与它自身的生产方式相适应的新基础。"[①] 如果大工业的技术基础依旧依赖于工场手工业，那么大工业也就得不到充分的发展。大工业发展到一定阶段，必然在技术上同自己的手工业和工场手工业的基础发生冲突。"工场手工业时期遗留下来的交通运输手段，很快又转化为具有狂热的生产速度和巨大的生产规模、经常把

---

① 《马克思恩格斯文集》（第5卷），北京：人民出版社，2009年版，第439页。

大量资本和工人由一个生产领域投入另一个生产领域并具有新建立的世界市场联系的大工业所不能忍受的桎梏。"① 作为技术基础的工场手工业束缚着机器大工业的发展，成为其进一步发展的桎梏。因此，大工业必须掌握它特有的生产资料，即机器本身，必须用机器来生产机器。这样大工业才建立起与自己相适应的技术基础，才得以自立。

"用机器来生产机器"标志着机器大工业彻底突破了工场手工业这一技术基础的限制，但这仅仅是满足了工业资本主义发展的物质条件。机器大工业的飞速发展还有赖于工厂制度的建立。这二者分别构成了机器大工业发展的硬件和软件。手工业生产在机器基础上的再现只是向工厂生产的过渡，只要机械动力（蒸汽或水）代替人的肌肉来推动机器，工厂生产通常就会出现。工厂制度的形成使工业资本主义完全确立起来。在马克思看来，机器体系的构成只不过是工厂的躯体，机器体系的资本主义应用，表明了现代工厂制度的特征。工厂制度使机器生产的原则贯彻于一切生产领域。"随着工厂制度的发展和随之而来的农业的变革，不仅所有其他工业部门的生产规模扩大了，而且它们的性质也发生了变化。机器生产的原则是把生产过程分解为各个组成阶段，并且应用力学、化学等等，总之应用自然科学来解决由此产生的问题。这个原则到处都起着决定性的作用。"② 工厂制度的确立还使工人的存在方式发生了根本性的变化。马克思对比了工场手工业和工厂中工人的地位和作用。他指出："在工场手工业和手工业中，是工人利用工具，在工厂中，是工人服侍机器。在前一种场合，劳动资料的运动从工人出发，在后一种场合，则是工人跟随劳动资料的运动。在工场手工业中，工人是一个活机构的肢体。在工厂中，死机构独立于工人而存在，工人被当做活的附属物并入死机构。"③

现代工厂制度的确立使资本主义得以飞速发展。马克思曾经使用了

---

① 《马克思恩格斯文集》（第5卷），北京：人民出版社，2009年版，第441页。
② 《马克思恩格斯文集》（第5卷），北京：人民出版社，2009年版，第531页。
③ 《马克思恩格斯文集》（第5卷），北京：人民出版社，2009年版，第486页。

"巨大的跳跃式的扩展能力"和"热病似的生产"来形容这一发展状态。马克思指出:"工厂制度的巨大的跳跃式的扩展能力和它对世界市场的依赖,必然造成热病似的生产,并随之造成市场商品充斥,而当市场收缩时,就出现瘫痪状态。工业的生命按照中常活跃、繁荣、生产过剩、危机、停滞这几个时期的顺序而不断地转换。由于工业循环的这种周期变换,机器生产使工人在就业上并从而在生活状况上遭遇的没有保障和不稳定性,成为正常的现象。"① 这种飞速的扩展带来巨大的负面效应,"生产过剩"、"危机"、"停滞"等问题如影随形。更重要的是工人同生产资料之间完全对立起来。"资本主义生产方式使劳动条件和劳动产品具有的与工人相独立和相异化的形态,随着机器的发展而发展成为完全的对立。因此,随着机器的出现,才第一次发生工人对劳动资料的粗暴的反抗。"②

工业资本主义的机器大工业以"机器体系"为躯体,以"机器制造机器"(科学技术的发展)为左翼,以"工厂制度"(现代管理科学,现在主要体现为公司制度)为右翼,从而形成一体两翼的格局。这里显现给我们的就是现代社会的"庞大的机械怪物"。在马克思看来,科学、巨大的自然力、社会的群众性劳动都体现在机器体系中,并同机器体系一道构成了"主人"(庞大的机械怪物)的权力。

二、"吸血鬼"

促使这一"庞大的机械怪物"进行运转的内在驱动力或者说内核就是资本。资本的增殖本性是资本主义社会发展的原动力。为什么产品种类层出不穷,为什么我们的城市发展一日千里、为什么我们的社会日新月异,一言以蔽之资本增殖的需要,经济社会的发展只不过是为了给资本提供增

---

① 《马克思恩格斯文集》(第5卷),北京:人民出版社,2009年版,第522页。
② 《马克思恩格斯文集》(第5卷),北京:人民出版社,2009年版,第497页。

殖的空间。马克思的"吸血鬼"的隐喻就是为了揭示资本的这一理论本性。马克思告诉我们:"作为资本家,他只是人格化的资本。他的灵魂就是资本的灵魂。而资本只有一种生活本能,这就是增殖自身,创造剩余价值,用自己的不变部分即生产资料吮吸尽可能多的剩余劳动。资本是死劳动,它像吸血鬼一样,只有吮吸活劳动才有生命,吮吸的活劳动越多,它的生命就越旺盛。"①"吸血鬼"构成了资本的标志性形象。

马克思之所以把资本比喻成"吸血鬼",是因为两者都有一种本能的需要或欲望,吸血鬼有吸血的欲望,资本有增殖的欲望。在《大纲》的"货币章"中,马克思通过货币就已经揭示了这一欲望。他说:"货币不仅是致富欲望的一个对象,而且是致富欲望的唯一对象。这种欲望本质上就是万恶的求金欲。致富欲望本身是一种特殊形式的欲望,也就是说,它不同于追求特殊财富的欲望,例如追求服装、武器、首饰、女人、美酒等等的欲望,它只有在一般财富即作为财富的财富个体化为一种特殊物品的时候,也就是说,只有在货币设定在它的第三种规定上的时候,才可能发生。因此,货币不仅是致富欲望的对象,同时也是致富欲望的源泉。贪欲在没有货币的情况下也是可能的;致富欲望本身则是一定的社会发展的产物,而不是与历史产物相对立的自然产物。"②马克思在此表明了致富欲望的独特性,致富欲望不是追求特殊财富的欲望,而是追求一般财富的欲望,亦即追求货币的欲望。因此,马克思才会指出,货币不仅是致富欲望的对象,同时也是致富欲望的源泉。资本的增殖本性就是这种致富欲望的体现,它是资本主义最本质的一种要素。"这种要素在商业世界体现出来的逻辑中清晰可见,但作为行为导向的一种根本的、真正基础的方面,它却深深地植根于制度之内。这就是从以资本的形式进行的生产性社会活动中榨取财富的强烈需要。"③

---

① 《马克思恩格斯文集》(第5卷),北京:人民出版社,2009年版,第269页。
② 《马克思恩格斯全集》(第30卷),北京:人民出版社,1995年版,第174页。
③ 海尔布隆纳:《资本主义的本质与逻辑》,马林梅译,北京:东方出版社,2013年版,第20页。

在资本主义社会中，财富不单单是财富，货币也不仅仅是货币，当它们转化为资本时，它们就成为了一种权力，一种支配他人的权力。"资本主义最重要的要素之一，就是永不停歇、贪得无厌地榨取财富的强烈需要。之所以会产生这种无穷欲望，是因为财富与权力是不可分割的。资本在很大程度上具有指挥他人和让他人服从的力量，这就是权力。"① 资本能够成为一种支配他人的权力，首先在于货币具有一种魔力。在《1844年经济学哲学手稿》中，马克思指出，货币是一种"颠倒黑白的能力"。它使一切人的和自然的性质颠倒和混淆，使冰炭化为胶漆，货币的这种神力包含在它的本质中，即包含在人的异化的、外化的和外在化的类本质中。它是人类的外化的能力。正是这种能力使人的能力得以膨胀，并且能够化为现实。"凡是我作为人所不能做到的，也就是我个人的一切本质力量所不能做到的，我凭借货币都能做到。"② 一旦货币转为资本，就成为一种支配他人的权力。如果说财富是与权力不可分割的一种社会范畴，其前提条件就是转化为资本。在《资本论》中，马克思认为，货币占有者要把货币转化为资本，就必须在市场上找到自由的工人。"有了商品流通和货币流通，决不是就具备了资本存在的历史条件。只有当生产资料和生活资料的占有者在市场上找到出卖自己劳动力的自由工人的时候，资本才产生；而单是这一历史条件就包含着一部世界史。因此，资本一出现，就标志着社会生产过程的一个新时代。"③ 劳动力作为商品是一种特殊的商品，因为它是一种能生产出高于本身价值的商品。这一高于自身价值的价值就是剩余价值。资本增殖的秘密就在于剩余价值的榨取，而这是以对工人的支配力为前提的。"资本不仅像亚·斯密所说的那样，是对劳动的支配权。按其本质来说，它是对无酬劳动的支配权。一切剩余价值，不论它后来在利润、利息、地租等等哪种特殊形态上结晶起来，实质上都是无酬劳动时间的化

---

① 海尔布隆纳：《资本主义的本质与逻辑》，马林梅译，北京：东方出版社，2013年版，第19页。
② 马克思：《1844年经济学哲学手稿》，北京：人民出版社，2000年版，第144页。
③ 《马克思恩格斯文集》（第5卷），北京：人民出版社，2009年版，第198页。

身。资本自行增殖的秘密归结为资本对别人的一定数量的无酬劳动的支配权。"①

资本之所以是资本，就在于其能"增殖自身"，而资本为了增殖自身，就必须与雇佣劳动之间处于支配与被支配的关系。这种支配关系构成了一种新型的生产关系。马克思之所以说资本的出现开创了历史，标志着社会生产过程的一个新时代，就是在这种意义上而言的。马克思在反思英国古典政治经济学的意义上，指出："资本显然是关系，而且只能是生产关系。"② 这种生产关系是资产阶级社会中占统治地位的关系。整个资本主义社会分裂为两个对立的阶级：资本家和工人。资本家对工人的剥削就是资本增殖的人格化表现。资本的增殖是以资本家对工人的剥削而实现的。马克思指出："资本作为财富一般形式——货币——的代表，是力图超越自己界限的一种无限制的和无止境的欲望。"③ 这种欲望就是资本无限增殖的欲望。"因此，资本作为无止境地追求发财致富的欲望，力图无止境地提高劳动生产力并且使之成为现实。"④ 相信马克思的这些论述，西方资产阶级思想家也是认同的。问题在于，马克思把资本通过提高劳动生产力的增殖看作是对"无酬劳动"的支配、对"剩余价值"的榨取和对"活劳动"的吮吸，这是他们所无法认同的。

马克思的劳动价值论与李嘉图的劳动价值论的根本性区别也在这里。马克思通过劳动价值论的论述不仅仅是想阐述价值的来源，更重要的是想说明剩余价值的存在。在封建制和奴隶制的社会形式中，剥削是显而易见的。例如，佃农不能自由迁徙，他们被束缚在其领主的土地之上，并且，佃农们必须为他们的领主进行一定天数的劳动，这些劳动的成果归领主所有。在这种社会制度中，无酬劳动（剩余劳动）的事实与比率是显而易见

---

① 《马克思恩格斯文集》（第5卷），北京：人民出版社，2009年版，第611页。
② 《马克思恩格斯全集》（第30卷），北京：人民出版社，1995年版，第510页。
③ 《马克思恩格斯全集》（第30卷），北京：人民出版社，1995年版，第297页。
④ 《马克思恩格斯全集》（第30卷），北京：人民出版社，1995年版，第305页。

和公之于众的。但是，在资本主义社会中，工人没法说清楚，他们的劳动时间中有多少小时是维持自身的生存所必需的，又有多少时间是使资本家受益的剩余劳动。因此，资本主义社会的突出特征就是：对工人的剩余劳动和无酬劳动的榨取是隐而不现的。人们意识不到榨取的发生，对榨取的比率也一无所知。马克思的《资本论》最核心的问题就是要揭示剩余价值是如何存在的，这种剩余劳动和剩余劳动率是如何从人们的视野中消失不见的。因此，"劳动价值论的主旨，是挖掘资本主义秩序之外在表象下的深层结构，使我们能够了解劳动时间的花费轨迹，并发现那些使得工人阶级的未付酬劳动或剩余劳动能够被剥夺以及剥夺多少的各种制度安排"[1]。简而言之，马克思的劳动价值论最真实的目的就是为了证实剩余价值的存在，从而为资本主义社会存在着剥削提供科学依据。

无论是否同意马克思对资本主义社会是一种剥削制度的判定，马克思对资本增殖逻辑的论述确实是揭示了现代社会的本质和逻辑。在任何社会形态中人都是有欲望的，然而在现代社会中，人的欲望却展示出一个迄今为止最大的可能性空间，这一切都根源于资本增殖的逻辑。正是在资本增殖逻辑的推动下，资本主义社会生产力才能获得高速发展。资本的积累使人的欲望空间不断扩张，而人的欲望的扩张又不断地推动着资本的积累。

三、"魔术师"

资本增殖的逻辑构成了整个资本主义社会的内在逻辑，在这一内核的带动下，资本主义就像着了魔一样疯狂地高速发展。在《共产党宣言》中，马克思明确地把"现代资产阶级社会"比喻成为"魔术师"。马克思指出："资产阶级的生产关系和交换关系，资产阶级的所有制关系，这个

---

[1] 罗尔斯：《政治哲学史讲义》，杨通进、李丽丽、林航译，北京：中国社会科学出版社，2011年版，第342页。

曾经仿佛用法术创造了如此庞大的生产资料和交换手段的现代资产阶级社会，现在像一个魔法师一样不能再支配自己用法术呼唤出来的魔鬼了。"①马克思的这一隐喻实际上包含着正负两层含义。一方面，现代资产阶级社会这个"魔术师"用法术创造了如此庞大的生产资料和交换手段，召唤出了无数的生产力；另一方面，这个魔术师不能再支配自己用法术呼唤出来的魔鬼，即资本了。

马克思在《资本论》中把资本的正面效应称之为"资本的文明"，并且高度地评价了资本的这种积极作用。马克思指出："资本的文明面之一是，它榨取这种剩余劳动的方式和条件，同以前的奴隶制、农奴制等形式相比，都更有利于生产力的发展，有利于社会关系的发展，有利于更高级的新形态的各种要素的创造。"② 同以前的生产关系相比，资本主义社会的生产关系极大地推动了生产力的发展。这种生产关系下的现代工业使资本主义社会高速发展。这是因为"现代工业从来不把某一生产过程的现存形式看成和当做最后的形式。因此，现代工业的技术基础是革命的，而所有以往的生产方式的技术基础本质上是保守的。现代工业通过机器、化学过程和其他方法，使工人的职能和劳动过程的社会结合不断地随着生产的技术基础发生变革"③。资本增殖的欲望促使技术不断革新，新产品层出不穷，整个社会驶入了前所未有的快车道。

在《共产党宣言》中，马克思对资本主义的赞赏毫不逊色于任何一位捍卫资本主义的学者。马克思指出："资产阶级在它的不到一百年的阶级统治中所创造的生产力，比过去一切世代创造的全部生产力还要多，还要大。自然力的征服，机器的采用，化学在工业和农业中的应用，轮船的行驶，铁路的通行，电报的使用，整个整个大陆的开垦，河川的通航，仿佛用法术从地下呼唤出来的大量人口——过去的哪一个世纪料想到在社会劳

---

① 《马克思恩格斯文集》（第2卷），北京：人民出版社，2009年版，第37页。
② 《马克思恩格斯文集》（第7卷），北京：人民出版社，2009年版，第927—928页。
③ 《马克思恩格斯文集》（第5卷），北京：人民出版社，2009年版，第560页。

动里蕴藏有这样的生产力呢?"① 显而易见,资本主义的文明作用及其对人类世界的开拓是以往任何一种社会制度和生产方式所无法望其项背的。在这个意义上,资本主义社会的确是一个"魔法师",它召唤出了无数的生产力,它创造了空前辉煌的人类文明,它使人类获得了难以想象的物质享受。

但是,"资本"是一个魔鬼,当魔术师把它召唤出来之后,它也带来了巨大的负面效应。资本主义社会逐渐形成了两大对立的阶级:资产阶级和无产阶级。在这种社会体制中,资本家通过支配工人的无酬劳动,而从工人那里攫取了剩余价值,实现了资本的增殖。"资本主义制度却正是要求人民群众处于奴隶地位,使他们本身转化为雇工,使他们的劳动资料转化为资本。"② 因此,资本主义制度依旧是一种存在着压迫和剥削的制度。它不过是用资本主义的剥削取代了封建主义的剥削。实际上,资本主义和封建主义不过是一丘之貉,只不过资本主义使这种剥削隐藏了起来,正如罗尔斯所指出的:"马克思并不把剥削看成是由市场不完善或由于寡头垄断因素的存在而引发的。他的劳动价值论意在表明,即使处于充分竞争的状态之中,资本主义社会也仍然存在着剥削。他想要揭露——并使所有人都清楚看到——的是,就算资本主义是充分竞争的,甚至就算它完全满足了最适合它的正义观念,资本主义制度仍然是一种统治和剥削的不正义的社会制度。这最后一点非常关键。"③

资本主义社会的现代工业在促进社会经济发展的同时,也加深了工人的奴役状态。由于大工业需要不断地变革自己的技术基础,不断地使社会内部的分工发生革命,不断地把大量资本和大批工人从一个生产部门投到另一个生产部门。因此,大工业的本性决定了劳动的变换、职能的更动和

---

① 《马克思恩格斯文集》(第2卷),北京:人民出版社,2009年版,第36页。
② 《马克思恩格斯文集》(第5卷),北京:人民出版社,2009年版,第827页。
③ 罗尔斯:《政治哲学史讲义》,杨通进、李丽丽、林航译,北京:中国社会科学出版社,2011年版,第343页。

工人的全面流动性，这破坏着工人生活的一切安宁、稳定和保障，使工人在劳动资料被夺走的同时，生活资料也不断被夺走。在他的局部只能变成过剩的同时，他本身也变成过剩的东西。由于工人需要和机器竞争，从而使作为"产业后备军"的"过剩人口"成倍增加。机器大工业消灭了整个社会机制的迄今为止的安全阀，它使生产过程的资本主义形式的矛盾和对抗成熟起来。

资本主义社会使整个人类都处于一种"异化"状态之中。不仅是工人，包括资本家都同样处于异化状态。资本家作为资本的人格化，它只是在异化中获得了人的生存的外观，在这种异化中感到幸福，感到自己被确证。资本主义社会把人与人之间的关系降低为物与物之间的关系。在马克思看来，"它使人和人之间除了赤裸裸的利害关系，除了冷酷无情的'现金交易'，就再也没有任何别的联系了。它把宗教虔诚、骑士热忱、小市民伤感这些情感的神圣发作，淹没在利己主义打算的冰水之中。它把人的尊严变成了交换价值，用一种没有良心的贸易自由代替了无数特许的和自力挣得的自由。总而言之，它用公开的、无耻的、直接的、露骨的剥削代替了由宗教幻想和政治幻想掩盖着的剥削"[①]。在马克思看来，资本主义社会使人的本质的异化，使人与人之间的冲突和对抗达到了人类历史发展的极致。

资本主义社会最终形成了三大拜物教：商品拜物教、货币拜物教和资本拜物教，三大拜物教所表征的正是人受抽象的统治。用马克思的话说，我们所有的人都变成了"犹太人"，我们所有的人都加入了"犹太教"，即我们都成了金钱的信徒。资本的逻辑成为了传统形而上学现实的"幽灵"。我们的时代正在上演着资本的狂欢，资本主义已经无法控制自己从地底下所召唤出来的这一"魔鬼"。"在资产阶级社会里，资本具有独立性和个

---

① 《马克思恩格斯文集》（第2卷），北京：人民出版社，2009年版，第34页。

性，而活动着的个人却没有独立性和个性。"① 这是一个"资本"作为主体的时代，而非"人"作为主体的时代。因此，人与人之间的关系被贬低为物与物之间的关系，资本的狂欢最终导致的是物化的狂欢。

可见，现代社会的救赎之路就在于"支配魔鬼"。现代的西方思想家们也看到了这一点。吉登斯在《现代性的后果》一书中，就这一问题进行了一连串的发问："我们，作为整体的人类，究竟在什么程度上能够驾驭那头猛兽？或者至少，能够引导它，从而降低现代性的危险并增大它所能给予我们的机会？现在我们怎么会生活在一个如此失去了控制的世界上，它几乎与启蒙思想家们的期望南辕北辙？"② 无论是马克思的"支配魔鬼"，还是吉登斯的"驾驭猛兽"表达的都是同一个问题：如何解决现代社会的根本性问题——资本逻辑的问题。马克思认为，资本主义社会这个"魔术师"已经无力驯服和驾驭"资本"这一"魔鬼"，应当谋求一种新的生产方式，彻底地消解掉这一问题。如果说马克思的解决路径是一种釜底抽薪式的激进政治，而现代西方思想家们的思路则相对温和。他们认为，当代资本主义一系列福利政策（如分配正义）本身就是对资本逻辑负面作用的校正。换句话说，马克思的解决路径是以对资本主义社会制度的否弃为前提的，而现代思想家们则试图在资本主义社会制度的框架内解决问题。借用马克思对蒲鲁东的批评来表述，"这是一种虔诚和愚蠢的愿望"。

四、问题及其他

我们知道，马克思所生活的时代是18世纪的工业资本主义时期，这使我们不得不产生这样一个疑问：马克思关于现代社会的断言是不是已经不再适合我们这个时代？是不是已经过时了？马克思主义是不是已经结束

---

① 《马克思恩格斯文集》（第2卷），北京：人民出版社，2009年版，第46页。
② 安东尼·吉登斯：《现代性的后果》，田禾译，南京：译林出版社，2000年版，第133页。

了？马克思的时代是一个工厂林立、到处充满着饥饿和贫穷的世界，是一个以数量众多的工人阶级为标志的世界，是一个充满着剥削、压迫、痛苦和不幸的世界。通过马克思的《资本论》和恩格斯的《英国工人阶级状况》，通过狄更斯的《雾都孤儿》和《双城记》，我们可以深切地感受到那个时代人类所遭受的苦难。马克思的思想是那个时代的产物，也是对那个时代的描述和洞察。而我们这个时代是个阶级分化日益淡化、社会流动性日益增强的后工业化社会，那么，马克思主义是否再无用武之地？我们的世界已经取得了重大的进步，而过去的那个世界再也不会回来了。毋庸置疑的是，虽然我们的世界发生了翻天覆地的变化，但是依旧是资本主义世界。"作为有史以来对资本主义制度最彻底、最严厉、最全面的批判，马克思主义大大改变了我们的世界。由此可以断定，只要资本主义制度还存在一天，马克思主义就不会消亡。只有在资本主义结束之后，马克思主义才会退出历史的舞台。"①

"庞大的机械怪物"描述的是工业资本主义时代，而当今的资本主义已经逐步呈现出金融资本主义的特征。从20世纪70年代中期开始，西方的资本主义制度经历了至关重要的变革：后工业社会的来临。传统的机器大工业逐渐淡出人们的视野，取而代之的是后工业时代的文化、通讯、信息技术和服务业。"庞大的机械怪物"是否不太符合后工业时代的社会景观？如果我们切实地思考一下，后工业时代的文化、通讯、信息技术、服务业与机器大工业在某种意义上是一致的，即它们都被技术体系支配着。现代工业的机器体系在当今转化为生产线运作。马克思指出，机器生产的原则是把生产过程分解为各个组成阶段，然后应用科学来解决各个阶段的生产问题。马克思所指认的这种机器大工业的生产原则不正是我们时代的生产线原理吗？在当代社会中，无论是文化、信息技术，还是服务业都是

---

① 特里·伊格尔顿：《马克思为什么是对的》，李杨、任文科、郑义译，北京：新星出版社，2011年版，第6—7页。

一种生产线的运作模式,其两翼都是以自然科学技术和现代管理科学为支撑。

虽然资本主义社会的外部景观发生了全方位的变化,但是其发展的内在逻辑——资本增殖的逻辑却没有丝毫的变化,因为它是和资本主义社会的本性联系在一起的。"资本主义内在逻辑的稳定性,决定了马克思主义对资本主义体制的多数批判时至今日仍有其道理。只有当资本主义体制可以冲破自身的边界,开创一个崭新局面的时候,才能改变这样的状况。但资本主义恰恰没有能力创造一个与现实完全不同的未来。"[1] 资本增殖的逻辑构成了资本主义体制的边界,超越这个边界,意味着资本增殖逻辑的失效,但也同时意味着资本主义的灭亡和一种新型社会形态的到来。

资本主义虽然获得了巨大的成就,但是这个魔术师是否能够驯服"资本"这个魔鬼,确实是一个值得商榷的问题。在马克思眼中,资本主义社会无论怎样以自己的现代性成果引以为傲,但它都充满了财富增殖的幻象和拜物教的狂热,以及一戳就破的肥皂泡般的神话和盲目的崇拜。资本主义社会这个魔术师是无法支配资本这个"魔鬼"的。但是,现代资本主义的发展证明:资本主义社会具有超强的自我调适和自我纠正的能力。现代西方社会通过分配正义和经济发展逐步解决了早期资本主义所形成的诸多问题。工业化国家的政府采取了大量改革措施来改善劳动人民的生活水准:劳工法、最低限度工资法、社会福利和保障、平价住房、公共卫生体系、遗产税、累进所得税,等等。这些措施毫无疑问都是对资本这一"魔鬼"进行驯服的措施。

马克思对我们时代的洞察无疑是极其深刻的。我们不能没有马克思,也无法抛开《资本论》,但是"我们不要把《资本论》当作重工业以前或国家资本主义以前的古典,而是应该作为于新自由主义(全球资本主义)

---

[1] 特里·伊格尔顿:《马克思为什么是对的》,李杨、任文科、郑义译,北京:新星出版社,2011年版,第15页。

时代起死回生的文本来阅读"①。为什么马克思的《资本论》在新自由主义时代能够起死回生？新自由主义的代表人物罗尔斯给出了答案："把马克思的社会主义思想视为是重要的另一个理由是，自由放任的资本主义制度有着一些致命缺陷；这些缺陷应当得到承认并通过一些根本性的途径加以改革。"② 对马克思关于资本主义社会三个隐喻的思考，将有助于我们探讨现代社会的救赎和人类社会的未来发展。

---

① 柄谷行人：《跨越性批判——康德与马克思》，赵京华译，北京：中央编译出版社，2011年版，第250页。
② 罗尔斯：《政治哲学史讲义》，杨通进、李丽丽、林航译，北京：中国社会科学出版社，2011年版，第336页。

第十二章　历史唯物主义与中国问题

任何一种真正的哲学，都必须回答自己时代的重大理论和现实问题。问题是时代的呼声，哲学作为"时代精神的精华"，理应把自己时代的迫切问题作为自己关注的聚焦点。因此，重大的现实问题同时也就是重大的理论问题。"以马克思主义为理论基础的社会主义运动，是争取人类解放和实现人的全面发展的伟大事业。反思社会主义的历史命运，探索中国特色社会主义道路，是当代最重大的现实问题，因而也是我们时代最现实的哲学课题。"[①] 在某种意义上，对中国特色的社会主义道路的现实探索，在理论上就表征为探讨"历史唯物主义与中国问题"的关系。探讨两者之间的关系，并不是以历史唯物主义的观点教条地去评判中国现实，而是以历史唯物主义的方法或者说历史唯物主义开辟的道路去解决中国问题，从而探索一条中国特色的社会主义道路。

一、为什么是历史唯物主义

西方思想流派纷呈，为什么单单选择历史唯物主义去分析和解决中国

[①] 孙正聿：《马克思主义哲学的当代课题》，载《光明日报》2010年8月24日第11版。

问题？这不仅仅是因为中国是社会主义国家，马克思主义是当代中国的指导思想，更是因为马克思所开辟的这条理解人类社会现实的道路比其他思想优越、深刻得多。那么，马克思历史唯物主义的这种深刻性和时代性究竟体现在哪里？

海德格尔在《关于人道主义的书信》中认为："马克思在体会到异化的时候深入到历史的本质性的一度中去了，所以马克思主义关于历史的观点比其余的历史学优越。但因为胡塞尔没有，据我看来萨特也没有在存在中认识到历史事物的本质性，所以现象学没有、存在主义也没有达到这样的一度中，在此一度中才有可能有资格和马克思主义交谈。"① 海德格尔在此高度评价了马克思，认为其深入到了"历史的本质性的一度"，这也就是历史唯物主义优越于其他思想的地方。接下来，我们就要追问这个"历史的本质性的一度"的内涵是什么？海德格尔在其晚期讨论班的纪要当中给出了答案。"现今的'哲学'满足于跟在科学后面亦步亦趋，这种哲学误解了这个时代的两重独特现实：经济发展与这种发展所需要的架构。马克思主义懂得这［双重］现实。"② 可见，海德格尔所说的"历史的本质性的一度"指的就是我们这个时代的两重独特现实："经济发展与这种发展背后的架构"。正是这种经济发展及其背后的逻辑架构决定了人的异化的生存状态。由此，马克思开辟了一条理解人类社会现实的道路，而我们今天仍然生活在这样的社会现实中。

"经济发展"是我们这个时代的主要特征，这种发展背后的逻辑架构就是资本的逻辑，更确切地说就是"资本运动的逻辑"。这一逻辑座架正是被马克思的《资本论》等一系列著作揭示出来。马克思历史唯物主义的实质就是对资本主义社会"历史之谜"的解答，而对历史之谜解答的关键，又在于对"资本之谜"的揭示。马克思通过"资本"把现代社会关系

---

① 海德格尔：《关于人道主义的书信》，载《海德格尔选集》（上卷），孙周兴选编，上海：上海三联书店，第383页。
② 海德格尔：《晚期海德格尔的三天讨论班纪要》，F. 费迪耶等辑录，丁耘摘译，载《哲学译丛》，2001年第3期。

的全部领域看得明白而且一览无遗。也正是在这个意义上，有学者指出，"资本主义是马克思一生研究的主题"，因此，"《资本论》不是为社会主义改造提供的菜谱，也不是为社会主义制度下的经济描绘的乌托邦蓝图。它是对资本主义的潜在动态变化的系统研究"。① 这种资本主义的潜在动态变化就是"资本运动的逻辑"。马克思深刻地揭示了这一逻辑：以"价值增殖"为动机和目的的"没有止境"和"没有限度"的资本运动，这就是资本运动的逻辑。简而言之，价值增殖构成资本运动的逻辑。② 当马克思对资本主义社会进行深刻地洞察之后，马克思并没有停留于此，他还想改变世界，消除人的异化生存状态。海德格尔指出："然而他还提出了其它的任务：'哲学家们只是以不同的方式解释世界，而问题在于改变世界。'"只有当马克思试图改变世界的时候，他才能真正地解释世界。"那么，在马克思那里谈到的是哪样一种改变世界呢？是生产关系中的改变。"③ 只有生产关系的改变，人才能摆脱资本主义条件下人的异化状态。马克思通过对西欧资本主义起源的考察找到了一条人类自由解放的现实道路。

对此，马克思曾经明确地指出："一定要把我关于西欧资本主义起源的历史概述彻底变成一般发展道路的历史哲学理论，一切民族，不管他们所处的历史环境如何，都注定要走这条道路，——以便最后都达到在保证社会劳动生产力极高度发展的同时又保证人类最全面的发展的这样一种经济形态。"④ 可见，马克思并不想把历史唯物主义当成一种经验的历史学，而是想上升为"理性具体"的层面，成为一种"一般发展道路的历史哲学理论"，而这条发展道路是所有民族发展的必由之路。这种发展状态是生产力高度发展和人的全面发展的统一，即作为"自由人的联合体"的共产

---

① 詹姆斯·劳洛：《马克思主义哲学和共产主义》，载欧阳康主编：《当代英美哲学地图》，北京：人民出版社，2005年版，第644页。
② 参见孙正聿：《"现实的历史"：〈资本论〉的存在论》，载《中国社会科学》，2010年第2期。
③ 海德格尔：《晚期海德格尔的三天讨论班纪要》，F. 费迪耶等辑录，丁耘摘译，载《哲学译丛》，2001年第3期。
④ 《马克思恩格斯全集》（第19卷），北京：人民出版社，1965年版，第130页。

主义社会。必须引起我们重视的是，马克思这里所谓的发展理论包括两方面的内容：生产力的发展和人的全面发展。我们不能离开生产力的高度发展而企图实现人的全面发展，如果离开就会陷入一种抽象的人道主义；同时，我们也不能离开人的全面发展去盲目地追求生产力的发展，如果这样就会陷入经济决定论，堕入一种马克思所谓的"拜物教"，人与人之间的关系被贬低为一种物与物之间的关系。

对于我们的时代而言，马克思的思想仍然具有最强的解释力。不是马克思的时代已经过去了，恰恰相反，而是"马克思的时代"已经到来了。现代的社会仍然按照资本的逻辑进行着，各种社会现象仍是受资本的逻辑支配和制约的。要说变化，只不过与马克思所处的时代环境不同，资本的逻辑已不再局限于一个国家、一个民族，而是扩展和贯彻到整个世界。我们生活的时代，不仅仅是马克思所谓的"资本的时代"，而是一个"全球资本化"的时代。只要资本的逻辑没有被超越，围绕这种逻辑所阐发的各种发展思想也就很难被超越。马克思仍然是我们这个时代最深刻的思想家。这是因为"马克思的天才，马克思的影响经久不衰的秘密，正是他首先从历史长时段出发，制造了真正的社会模式"①。在布罗代尔看来，马克思是19世纪"最强有力的社会分析"，马克思一眼望穿了历史的深处。正因如此，只要资本的逻辑没有被瓦解，马克思就永远是我们同时代的人。我们的时代更是一个马克思思想中所把握到的时代。

当代中国面临的最大问题仍然是"发展问题"。邓小平看到了发展生产力对社会主义的重要性，指出"马克思主义最注重发展生产力。我们讲社会主义是共产主义的初级阶段，共产主义的高级阶段要实行各尽所能、按需分配，这就要求社会生产力高度发展，社会物质财富极大丰富。所以社会主义阶段的最根本任务就是发展生产力，社会主义的优越性归根到底要体现在它的生产力比资本主义发展得更快一些、更高一些，并且在发展

---

① 布罗代尔：《资本主义论丛》，顾良、张慧君译，北京：中央编译出版社，1997年版，第202页。

生产力的基础上不断改善人民的物质文化生活。"① 邓小平看到了生产力发展或者说经济发展是一切发展的前提，生产力是推动社会发展的根本动力。邓小平在判断中国现实的时候，指出我国更加需要发展生产力，这和中国所处的历史阶段是密不可分的。"要阐述中国社会主义是处在一个什么阶段，就是处在初级阶段，是初级阶段的社会主义。社会主义本身是共产主义的初级阶段，而我们中国又处在社会主义的初级阶段，就是不发达的阶段。一切都要从这个实际出发，根据这个实际来制订规划。"② 正因为我国处在社会主义初级阶段，发展生产力就成为了当代中国的第一要务。因此，邓小平认为："社会主义要消灭贫穷。贫穷不是社会主义，更不是共产主义。"③ 中国要发挥社会主义的优越性，要实现人的全面发展，必须发展生产力。只有在经济发展的前提下，才能谈到其他发展。人类的一切进步，人类对自由、平等的向往和追求都要以经济的高速发展为基础。因此，邓小平对社会主义的本质进行了具有中国特色的全新的理解："社会主义的本质，是解放生产力，发展生产力，消灭剥削，消除两极分化，最终达到共同富裕。"④ 社会主义的本质和根本任务告诉我们"发展才是硬道理"，因此在邓小平看来，抓住时机，发展自己，关键是发展经济，而实现发展经济的方式就是改革开放。

进入 21 世纪之后，改革开放取得了举世瞩目的成就。那么，发展还是不是当代中国的主题？当代中国发展不均衡的现状告诉我们，发展不仅仅是当代中国的主题，而且我国进入了全面建设小康社会的关键时期，是深化改革开放、加快转变经济发展方式的攻坚时期。这就需要我国实现"科学发展"。《中共中央关于十二五规划的建议》指出："以科学发展为主题，是时代的要求，关系改革开放和现代化建设全局。我国是拥有十三亿人口

---

① 《邓小平文选》(第3卷)，北京：人民出版社，1993年版，第63页。
② 《邓小平文选》(第3卷)，北京：人民出版社，1993年版，第252页。
③ 《邓小平文选》(第3卷)，北京：人民出版社，1993年版，第63—64页。
④ 《邓小平文选》(第3卷)，北京：人民出版社，1993年版，第373页。

的发展中大国,仍处于并将长期处于社会主义初级阶段,发展仍是解决我国所有问题的关键。在当代中国,坚持发展是硬道理的本质要求,就是坚持科学发展,更加注重以人为本,更加注重全面协调可持续发展,更加注重统筹兼顾,更加注重保障和改善民生,促进社会公平正义。"总而言之,就是应该更加重视落实科学发展观。科学发展观相对于以往的发展观最大的区别在哪里?简而言之,就是从"又快又好"转变为"又好又快",这是一种发展标准的顺序性选择发生的转变。"又好又快"意味着不再单纯地追求经济的高度增长,而更加关注经济增长的效益。因此,虽然发展仍旧是当代中国的主题,但是发展的方式发生了重要的改变,转变经济增长方式成为这一时期的重点。以加快转变经济发展方式为主线,是推动科学发展的必由之路,符合我国基本国情和发展阶段性新特征。加快转变经济发展方式是我国经济社会领域的一场深刻变革,必须贯穿经济社会发展全过程和各领域,提高发展的全面性、协调性、可持续性,坚持在发展中促转变、在转变中谋发展,实现经济社会又好又快发展。

西方思想家的发展理论是立足于西方的经济社会现实建立起来的理论体系,不仅在表层上是一种西方的理论话语,更深层次上体现的是一种西方的道德价值观念。这就决定了其不可能真正担负起为发展中国家的发展合理制定理论、战略、目标与道路的任务。不仅如此,其在对现代社会的分析与诊断上远没有马克思深刻。建设具有中国特色的社会主义道路,历史唯物主义为我们提供了丰厚的理论资源。

二、经济发展的三个悖论与中国问题

"资本主义是马克思一生的研究主题",① 尽管当今时代的资本主义发

---

① 梅格纳德·德塞:《马克思的复仇——资本主义的复苏和苏联集权社会主义的灭亡》,汪澄清译,北京:中国人民大学出版社,2006年版,第10页。

生了很大的变化，但是现代社会，资本仍然是一种决定性的生产关系，它的关系也还在决定着其他一切关系的地位和影响。利奥塔曾经指出，"资本主义是现代性的名称之一"①。马克思对资本主义的剖析和批判，就是对现代性的分析和批判。马克思揭示了资本主义社会经济发展的三个悖论，这三个悖论不仅仅是资本主义社会所独有的，而且是资本时代的现代社会所共同面临的人类性问题，因此也是当代中国所面临的根本性问题。受资本逻辑支配的经济发展不可避免地会造成三个悖论：环境悖论、两极悖论和存在悖论。

资本主义社会的特征是工业文明。工业文明是继农业文明之后兴起的一种新的文明形态。它开始于英国的产业革命，是现代社会的主要的文明形式。现代文明就是工业文明，工业文明的生产是工业生产，其技术基础是"大机器"。正是由于"大机器生产"代替了传统的"手工生产"，劳动生产率得到了快速的增长。资本逻辑是关于"物"的逻辑而不是"人"的逻辑。它关心的只是对物的占有，而人则仅仅被看成是实现资本运行的手段——"人力资源"和"消费机器"。最大利润的获得和资本的最快的增殖，是资本逻辑的最高原则。因此，掠夺更多的自然资源和消费更多的商品就成为资本逻辑的两个基本的支点。无偿地占有和支配更多的自然资源是经济过程的逻辑起点，而更多地消费则是资本逻辑的逻辑终端。它们是获取最大利润的两个关键的、必要的环节。在资本逻辑的支配下，已经不是通过经济增长来保证消费的满足，而是通过消费的扩张来保证经济的持续增长。当消费成为支撑"利润最大化"的逻辑的手段以后，这种消费也就主要不再是满足需要的活动，而是变成了对过剩产品的"消耗"和"毁灭"的活动。人成为毁灭过剩产品的机器，因为只有"毁灭"了过剩产品，生产才能继续进行，经济才能继续增长，资本才能继续增殖。因

---

① 利奥塔：《后现代性与公正游戏——利奥塔访谈、书信录》，谈瀛洲译，上海：上海人民出版社，1997年版，第147页。

此，从本质上说，工业文明的经济（商品经济）是以挥霍性消费为前提的，这种经济从本质上看是不能做到"节约"的。因此，资本的逻辑要求对自然资源进行疯狂地掠夺，自然生态系平衡的破坏，就成了工业文明的经济发展不可避免的必然后果。

资本逻辑导致了经济发展的环境悖论：人类只要促进经济发展，就不可避免地掠夺和消耗自然资源。但是，恩格斯告诉我们："我们不要过分陶醉于我们人类对自然界的胜利。对于每一次这样的胜利，自然界都报复了我们。每一次胜利，在第一步都确实取得了我们预期的结果，但是在第二步和第三步却有了完全不同的、出乎预料的影响，常常把第一个结果又取消了。"① 劳动是人类改造自然的最主要的方式。长期以来，人们存在一种认识上的误区，即认为人类的生产活动只是改造自然、利用自然物质为人类生存和生活服务的活动，而没有看到人与自然和谐相处、协调发展的重要性。马克思把劳动过程看成是人类和自然界之间的物质变换过程。他指出："劳动首先是人和自然之间的过程，是人以自身的活动来中介、调整和控制人和自然之间的物质变换的过程。"② 劳动本来是人以自身的活动来中介、调整和控制人和自然之间的关系，而现代社会却把劳动变成了人类改造、奴役、宰制自然的工具，人和自然之间的平等关系变成了人对自然的统治关系。因此，受资本的逻辑所支配下的经济发展不可避免会产生环境问题。

在财富分配领域，资本主义社会条件下的经济发展必然会产生第二个悖论：两极悖论，也就是说资本主义社会经济发展的结果必然会导致贫富两极分化。"因为私有制把每一个人隔离在他自己的粗陋的孤立状态中，又因为每个人和他周围的人有同样的利益，所以土地占有者敌视土地占有者，资本家敌视资本家，工人敌视工人。在相同利益的敌对状态中，正是

---

① 《马克思恩格斯全集》（第20卷），北京：人民出版社，1971年版，第519页。
② 马克思：《资本论》（第1卷），北京：人民出版社，2004年版，第207—208页。

由于利益的相同，人类目前状态的不道德已经达到极点，而这个极点就是竞争。"① 每一个竞争者，不管他是工人，是资本家，或是土地占有者，都必定希望取得垄断地位。竞争建立在利益的基础上，而利益又引起垄断；简言之，竞争转为垄断。竞争已经以垄断即所有权的垄断为前提，而最终导致更大的垄断。因此，作为国民经济学家主要口号的自由竞争，是不可能的事情。垄断引起自由竞争，自由竞争又引起垄断。大资本吞并了小资本，小资本家最终变成了无产者，财富迅速地向大资产者集中。"这种财产的集中是一个规律，它与所有其他的规律一样，是私有制所固有的；中间阶级必然越来越多地消失，直到世界分裂为百万富翁和穷光蛋、大土地占有者和贫穷的短工为止。任何法律，土地占有的任何分割，资本的任何偶然的分裂，都无济于事，这个结果必定会产生，而且就会产生，除非在此之前全面变革社会关系、使对立的利益融合、使私有制归于消灭。"② 竞争的结果是：在通常情况下，按照强者的权利，大资本和大土地占有吞并小资本和小土地占有，就是说产生了财产的集中。在经济危机发生的时期，这种集中进行得更快。

在财富向大资本家手里集中的同时，经济得到迅速的发展。因为资本的集中更加有利于经济发展。但是，工人的生活水平并没有得到根本性的改变。这是因为工人的工资相对而言一直是固定的，"实际上工人得到的是产品中最小的、万万不能缺少的部分，也就是说，只得到他不是作为人而是作为工人维持生存所必要的那一部分，只得到不是为繁衍人类而是为繁衍工人这个奴隶阶级所必要的那一部分"③。死的资本总是迈着同样的步子，并且对现实的个人活动漠不关心。由于资本的本性就是追求利润的最大化，这就决定了工人的工资永远是最低工资，永远是维持其本人生存和繁衍其后代所必需的生活资料的价值。"因此，在社会的衰落状态中，工

---

① 《马克思恩格斯文集》（第1卷），北京：人民出版社，2009年版，第72—73页。
② 《马克思恩格斯文集》（第1卷），北京：人民出版社，2009年版，第83—84页。
③ 《马克思恩格斯文集》（第1卷），北京：人民出版社，2009年版，第122页。

人的贫困日益加剧；在增长的状态中，贫困具有错综复杂的形式；在达到完满的状态中，贫困持续不变。"①

马克思指出工人的这种生存状态是一种"异化"状态，"工人生产的财富越多，他的生产的影响和规模越大，他就越贫穷。工人创造的商品越多，他就越变成廉价的商品。物的世界的增值同人的世界的贬值成正比"②。因此，劳动所生产的对象，即劳动的产品，作为一种异己的存在物，作为不依赖于生产者的力量，同劳动相对立。马克思指出："工人对自己的劳动的产品的关系就是对一个异己的对象的关系。因为根据这个前提，很明显，工人在劳动中耗费的力量越多，他亲手创造出来反对自身的、异己的对象世界的力量就越强大，他自身、他的内部世界就越贫乏，归他所有的东西就越少。"③ 资本主义社会的经济越发展，资本就越集中，工人所创造出来的异己的力量就越强大，工人自己就越贫穷，属于自己的东西也就越少，胜利必定属于资本家。正如恩格斯所说，"直到世界分裂为百万富翁和穷光蛋、大土地占有者和贫穷的短工为止"。

资本主义社会的经济发展必然造成"以物的依赖性为基础的人的独立性"生存状况，这是现代社会中人的存在方式的悖论。资本的逻辑表明，以生产关系为基础的人与人之间的全部社会关系，已经被异化为物与物的关系，"它使人和人之间除了赤裸裸的利害关系，除了冷酷无情的'现金交易'，就再也没有任何别的联系了"④。资产阶级在它取得了统治的地方把一切封建的、宗法的和田园诗般的关系都破坏了。"资产阶级撕下了罩在家庭关系上的温情脉脉的面纱，把这种关系变成了纯粹的金钱关系。"⑤

在《资本论》中，马克思通过对商品的剖析，揭示了"人与人之间的

---

① 《马克思恩格斯文集》（第1卷），北京：人民出版社，2009年版，第122页。
② 《马克思恩格斯文集》（第1卷），北京：人民出版社，2009年版，第156页。
③ 《马克思恩格斯文集》（第1卷），北京：人民出版社，2009年版，第157页。
④ 《马克思恩格斯文集》（第2卷），北京：人民出版社，2009年版，第34页。
⑤ 《马克思恩格斯文集》（第2卷），北京：人民出版社，2009年版，第34页。

这种关系"。马克思指出，商品的神秘的性质不是来源于商品的使用价值，也不是来源于价值规定的内容，而是从商品这种形式本身来的。"商品形式的奥秘不过在于：商品形式在人们面前把人们本身劳动的社会性质反映成劳动产品本身的物的性质，反映成这些物的天然的社会属性，从而把生产者同总劳动的社会关系反映成存在于生产者之外的物与物之间的社会关系。由于这种转换，劳动产品成了商品，成了可感觉而又超感觉的物或社会的物。"① 可见，商品之所以怪诞和神秘，其根源就在于，商品把人们本身劳动的社会性质反映成劳动产品本身的物的性质，因此也就把人与人之间的社会关系反映成了物与物之间的社会关系。马克思进一步指出："商品形式和它借以得到表现的劳动产品的价值关系，是同劳动产品的物理性质以及由此产生的物的关系完全无关的。这只是人们自己的一定的社会关系，但它在人们面前采取了物与物的关系的虚幻形式。因此，要找一个比喻，我们就得逃到宗教世界的幻境中去。在那里，人脑的产物表现为赋有生命的、彼此发生关系并同人发生关系的独立存在的东西。在商品世界里，人手的产物也是这样。我把这叫作拜物教。劳动产品一旦作为商品来生产，就带上拜物教性质，因此拜物教是同商品生产分不开的。"② 马克思在这里找到了人与人之间的社会关系采取物与物的关系的虚幻形式的根源，那就是商品拜物教，"人手的产物"劳动产品成为了商品，成了有生命的、彼此发生关系并同人发生关系的独立存在的东西。

因此，《资本论》最本己的任务就是揭露物与物的掩盖下所形成的人与人之间的关系。马克思通过一种特殊的商品——劳动力——来揭示这一异化的社会关系。马克思指出："如果劳动是商品，那么它就是一种具有最不幸的特性的商品。"③ 劳动力成为商品是资本得以增殖的前提。在 G—W—G′的运动中，"要转化为资本的货币的价值变化，不可能发生在这个

---

① 马克思：《资本论》（第 I 卷），北京：人民出版社，2004 年版，第 89 页。
② 马克思：《资本论》（第 I 卷），北京：人民出版社，2004 年版，第 89—90 页。
③ 《马克思恩格斯文集》（第 I 卷），北京：人民出版社，2009 年版，第 128 页。

货币本身上","这种变化必定发生在第一个行为 G—W 中所购买的商品上"。① 这就是说,在 G—W—G′的增殖运动中,"货币占有者就必须幸运地在流通领域内即在市场上发现这样一种商品,它的使用价值本身具有成为价值源泉的独特属性,因此,它的实际消费本身就是劳动的对象化,从而是价值的创造。货币占有者在市场上找到了这样一种独特的商品,这就是劳动能力或劳动力"②。

劳动力成为商品标志着雇佣劳动关系的产生,标志着资本主义生产方式的确立。"只有当生产资料和生活资料的占有者在市场上找到出卖自己劳动力的自由工人的时候,资本才产生;而单是这一历史条件就包含着一部世界史。因此,资本一出现,就标志着社会生产过程的新时代。"③ 也正是在这个意义上,马克思一再强调资本是一种"社会生产关系",生产资料只有在一定的社会关系下,它才成为资本。在《1857—1858 年经济学手稿》中,马克思明确地指出,"资本显然是关系,而且只能是生产关系",④ 并且这种关系是"资产阶级社会占统治地位的关系"。在《资本论》中,马克思更是多次明确指出,"资本不是一种物,而是一种以物为中介的人和人之间的社会关系"⑤,"资本不是物,而是一定的、社会的、属于一定历史社会形态的生产关系,后者体现在一个物上,并赋予这个物以独特的社会性质。资本不是物质的和生产出来的生产资料的总和"⑥。"资本"所体现出来的生产关系就是资本主义社会的生产关系,即资本家无偿占有工人创造的剩余价值的关系。资本的唯一目的和动机就是占有尽可能多的剩余价值。这就是人的独立性与物的依赖性这一悖论,或者说人与人之间的关系被贬低为物与物之间的关系所产生的现实根源。

---

① 马克思:《资本论》(第 1 卷),北京:人民出版社,2004 年版,第 194 页。
② 马克思:《资本论》(第 1 卷),北京:人民出版社,2004 年版,第 194—195 页。
③ 马克思:《资本论》(第 1 卷),北京:人民出版社,2004 年版,第 198 页。
④ 《马克思恩格斯全集》(第 30 卷),北京:人民出版社,1995 年版,第 510 页。
⑤ 马克思:《资本论》(第 1 卷),北京:人民出版社,2004 年版,第 877—878 页。
⑥ 马克思:《资本论》(第 3 卷),北京:人民出版社,2004 年版,第 922 页。

经济发展的三个悖论都根源于资本主义的生产方式,"资本主义的生产方式和积累方式,从而资本主义的私有制,是以那种以自己的劳动为基础的私有制的消灭为前提的,也就是说,是以劳动者的被剥夺为前提的"。① 瓦解资本的逻辑就是推翻资本主义社会的生产关系。这是因为,"资产阶级的生产关系和交换关系,资产阶级的所有制关系,这个曾经仿佛用法术创造了如此庞大的生产资料和交换手段的现代资产阶级社会,现在像一个魔法师一样不能再支配自己用法术呼唤出来的魔鬼了。"② 资本主义社会已经无力驯服和驾驭"资本"这一"魔鬼"了,那么社会主义呢?我国建立中国特色的社会主义市场经济体制,引入市场或资本这一现代社会最有效的资源配置方式和扩大再生产的手段,就不可避免地要面对资本逻辑的支配力量以及经济发展产生的三个悖论性后果。当代中国问题的关键就在于如何消解资本的逻辑所导致的经济发展的三个悖论。对于社会主义来讲,避免经济发展的三个悖论,不在于瓦解资本的逻辑,而在于如何驯服资本。

三、社会主义对资本力量

马克思为我们揭开资本主义社会发展的神秘面纱,经济发展背后的逻辑架构:资本增殖的逻辑。马克思把资本的这种正面效应称之为"资本的文明",并且高度地评价了资本的这种积极作用。马克思指出,"资本的文明面之一是,它榨取这种剩余劳动的方式和条件,同以前的奴隶制、农奴制等形式相比,都更有利于生产力的发展,有利于社会关系的发展,有利于更高级的新形态的各种要素的创造。③ 因此,"资产阶级在它的不到一百年的阶级统治中所创造的生产力,比过去一切世代创造的全部生产力还要

---

① 马克思:《资本论》(第 1 卷),北京:人民出版社,2004 年版,第 887 页。
② 《马克思恩格斯文集》(第 2 卷),北京:人民出版社,2009 年版,第 37 页。
③ 马克思:《资本论》(第 3 卷),北京:人民出版社,2004 年版,第 927—928 页。

多，还要大。自然力的征服，机器的采用，化学在工业和农业中的应用，轮船的行驶，铁路的通行，电报的使用，整个整个大陆的开垦，河川的通航，仿佛用法术从地下呼唤出来的大量人口——过去哪一个世纪料想到在社会劳动里蕴藏有这样的生产力呢？"① 资本所召唤和激发出来的生产力，是前所未有的，它使人类社会产生了爆发式的发展，以至于马克思在谈论"资本"时使用了"法术"、"魔法"等词语。

毫无疑问，作为经济发展的内在驱动力，资本仍是现代社会最有效的资源配置方式，中国作为社会主义国家在完成了对资本主义大工业体系的模仿之后，必须引入资本来作为扩大再生产的社会手段。"社会主义和市场经济之间不存在根本矛盾。问题是用什么方法才能更有力地发展社会生产力。"② 这是当时中国所急需解决的问题。因此，当邓小平作出"贫穷不是社会主义"的论断之后，引入资本就势在必行。

邓小平改变了资本的流俗观念，指出："计划多一点还是市场多一点，不是社会主义与资本主义的本质区别。计划经济不等于社会主义，资本主义也有计划；市场经济不等于资本主义，社会主义也有市场。计划和市场都是经济手段。"③ 邓小平的这段话有三重含义，或者说引发了三个问题：第一，资本与资本主义的问题。邓小平不再把资本看作是资本主义所独有的、决定社会性质的东西。这样，资本就被从资本主义当中剥离出来，社会主义国家也可以引入资本，搞市场经济。这样，我们可以就充分发挥资本增殖逻辑的正面作用，为社会主义经济建设注入活力。总而言之，要资本不要资本主义，但是如何做到成为问题；第二，计划和市场的关系。迄今为止，人类发明的组织扩大再生产的社会关系力量只有两种：一是作为政府力量的权力，用它来配置社会资源进行扩大再生产就是计划经济；一种是作为市场力量的资本，用它来配置社会资源仅此能够扩大再生产就是

---

① 《马克思恩格斯文集》（第2卷），北京：人民出版社，2009年版，第36页。
② 《邓小平文选》（第3卷），北京：人民出版社，1993年版，第148页。
③ 《邓小平文选》（第3卷），北京：人民出版社，1993年版，第373页。

市场经济。政府的经济权力与资本二者都是支配生产要素来进行生产活动的社会关系力量。那么计划和市场两者之间的关系是怎样的呢？第三，资本和社会主义的问题。如果说社会主义引入市场经济，引入资本的力量，如何做到为己所用，而不致为其所困，换言之，也就是社会主义如何驯服资本的问题，将资本作为利用、引导和驾驭的对象。三个问题归根结底是一个问题，就是社会主义如何驯服资本的问题。更明确地说，社会主义如何发挥资本的正面效应，而避免它的负面作用。

为了更清楚地分析这一驾驭资本的现实途径，在此引入"三种逻辑"的分析框架。我们可以把人的现实世界分成三个维度：生活世界、政治世界（国家）和经济世界（市场）。"虽然生活世界、国家和市场这三个实践场域之间密切相关，但它们各有其内在的规定性或内在的逻辑。生活世界的主体是全体社会成员，其自发的指向是维持全体社会成员好的生活或正常的生活，故其内在逻辑可称之为生活逻辑或生存逻辑；政治活动场域的主体是国家权力，其目标是将社会生活维持在一定的秩序范围内，故其内在逻辑可称之为秩序逻辑；市场或经济活动的主体是资本，其自发的目标是获取最大化的利益，其内在逻辑可称之为资本逻辑。这样，三个实践场域之间的博弈，也就是生存逻辑、秩序逻辑和资本逻辑之间的博弈。"① 三种逻辑为我们分析社会主义与资本力量提供了很好的理论坐标。

资本逻辑与生存逻辑经常处于一种对立状态。马克思在《1884年经济学哲学手稿》中曾经通过引用亚当·斯密的话来说明这种冲突："对资本家来说，资本的最有利的使用，就是在同样可靠的条件下给他带来最大利润的使用。这种使用对社会来说并不总是最有利的。"由于利润最大化构成了资本逻辑的指挥棒，因此，"最重要的劳动操作是按照投资者的规划和盘算来调节和指挥的。而投资者所有这些规划和操作的目的就是利润"。所以这就导致了"经营某一特殊商业部门或工业部门的人的特殊利益，在

---

① 王南湜：《全球化时代生存逻辑与资本逻辑的博弈》，载《哲学研究》，2009年第5期。

某一方面总是和公众利益不同，甚至常常同它相敌对。商人的利益始终在于扩大市场和限制卖者的竞争……这是这样一些人的阶级，他们的利益决不会同社会的利益完全一致，他们的利益一般在于欺骗和压迫公众"。① 由于资本逻辑和生存逻辑处于一种天然的对立状态，那么国家权力应该在两者之中采取一种什么样的立场？

第一种情况，资本逻辑支配国家政权，其最终的结果必将损害老百姓的生存逻辑，而使财富迅速地向少数人手中集中，违背了社会主义国家的宗旨，也违背了改革开放共同富裕的目标，其结果必将是政府被资本的逻辑所绑架；第二种情况，国家政权支配资本逻辑，国家政权以生存逻辑为导向，这样能够更好地保障民生，更好地引导和驾驭资本。除行政权力之外，国有资本应该在驾驭和引导社会资本方面发挥积极的作用，国有资本不应该以资本的逻辑及利润最大化为导向，而应该保障生存逻辑，引导整个社会的资本服务于民生。

因此，当代中国的问题，一言以蔽之，就是"社会主义对资本力量"问题。从总体上说，只有当社会主义力量足够强大，能够引导、利用、驾驭、制约私人资本力量，才有可能保持和发展我国的社会主义制度，才能建立起真正的社会主义市场经济。反过来说，当社会主义力量无法引导与驾驭私人资本力量，反过来私人资本力量成为全社会主宰力量。邓小平指出："多搞点'三资'企业，不要怕。只要我们头脑清醒，就不怕。我们有优势，有国营大中型企业，有乡镇企业，更重要的是政权在我们手里。有的人认为，多一分外资，就多一分资本主义，'三资'企业多了，就是资本主义的东西多了，就是发展了资本主义。这些人连基本常识都没有。"② 如果说邓小平"关于计划和市场"的论述为我们破除了关于"资本"的教条观念的话，那么这段话为我们指出了驾驭资本的道路："有国

---

① 《马克思恩格斯文集》（第1卷），北京：人民出版社，2009年版，第133页。
② 《邓小平文选》（第3卷），北京：人民出版社，1993年版，第372—373页。

营大中型企业，有乡镇企业，更重要的是政权在我们手里。"这句话我们可以看出驾驭资本的两条道路：国有资本和国家政权。国家政权通过行政权力和国有资本去调控和引导资本。改革开放以来，我国致力于建设有中国特色的社会主义市场经济，标志着社会主义结束了对资本力量的恐惧与敌对的态度，而代之以充满自信的主人翁态度，资本只是我们利用的手段，而不是我们信奉的主义，可以使资本力量纳入到社会主义轨道，为社会主义建设服务。

国家政权通过行政权力和国有资本去调控和引导资本，这也就是我们通常所说的宏观调控。党的十七大报告指出：要深化对社会主义市场经济规律的认识，从制度上更好发挥市场在资源配置中的基础性作用，形成有利于科学发展的宏观调控体系；完善国家规划体系；发挥国家发展规划、计划、产业政策在宏观调控中的导向作用，综合运用财政、货币政策，提高宏观调控水平。中国特色的社会主义市场经济的特色和其社会主义性质就在于通过国有资产资本化为"国有资本"，引导、吸收和控制全社会的资本来实现社会的公平和正义，来保障民生，实现共同富裕。

因此，如果从三种逻辑的视角看待社会主义力量对资本的驾驭，就是秩序逻辑与生存逻辑相结合，去引导资本的逻辑。而所有问题的关键在于政权的性质，政权的性质取决于执政党即中国共产党的本性，这就要求无论是党和国家，还是马克思主义中国化都必须坚持马克思主义人类解放的理论旨趣和价值诉求。

第十三章　金融资本批判
——马克思资本理论的当代效应及其逻辑理路

"资本主义是马克思一生的研究主题"①，正是在这个意义上，与其说马克思是一个研究社会主义的学者，不如说马克思是一个研究资本主义的学者。马克思对资本主义的研究就其实质来说是资本主义批判，更确切地说是一种彻底的资本主义批判。在当代，我们必须立足于历史唯物主义展开对资本主义的批判，这是因为，"马克思主义与其他自称要超越它的经济和社会理论相比具有不可估量的优势，它不仅提供了对资本主义自身的批判性考察，而且提供了对其进行批判性分析的范畴。而其他理论仍然把自己封闭在由历史上资本主义特定经验推衍出来的观念范畴的局限中，封闭在有关人性、合理性、系统的'运动法则'及历史过程的资本主义假定中"②。在马克思看来，不论古典经济学对资本主义的运行阐释了多少，但它从来没有洞穿资本主义的表象。因为它自己的概念框架已经把资本主义制度的逻辑视为当然，甚至在古典政治经济学发展到顶峰时，其研究框架也渗透着对资本主义的非批判性的假定。正是在这个意义上它成了"意识

---

① 梅格纳德·德塞：《马克思的复仇——资本主义的复苏和苏联集权社会主义的灭亡》，汪澄清译，北京：中国人民大学出版社，2006年版，第10页。
② 艾伦·梅克森斯·伍德：《民主反对资本主义——重建历史唯物主义》，吕薇洲、刘海霞、邢文增译，重庆：重庆出版社，2007年版，第3页。

形态"。当今西方的新自由主义思潮与此如出一辙,其所做的工作都是在资本主义社会的前提下,对现有制度的修补和完善。而历史唯物主义对资本主义的研究恰恰是与当前流行的方式完全相反的:它研究资本主义的历史真实性,研究资本主义被取代的可能性,而不是研究资本主义的必然性以及把资本主义当成历史的终结。把资本主义制度看做"历史上过渡的发展阶段",这是马克思主义进行资本主义研究的最根本的理论立场。

一、我们时代的资本主义

展开对当代资本主义的批判,必须首先洞悉当代资本主义社会的本质性特征。"现在的社会不是坚实的结晶体,而是一个能够变化并且经常处于变化过程中的有机体。"① 相对于传统资本主义社会而言,现代资本主义社会已经发生了翻天覆地的变化。如果说"工业资本"是传统资本主义的主要表现形式,那么"金融资本"已经成为现代资本主义的本质性特征。由信息技术和网络技术革命、新自由主义意识形态和为国际金融垄断资本服务的国际金融货币体系共同建构的国际金融垄断资本主义,是资本主义在全球化时代的表现形式。金融资本已经成为剖析现代资本主义的最佳切入点。

马克思在《资本论》中曾经探讨过符号执行货币职能的可能性,这是金融资本产生的前提性条件。马克思指出:"既然货币流通本身使铸币的实际含量同名义含量分离,使铸币的金属存在同它的职能存在分离,那么在货币流通中就隐藏着一种可能性:可以用其他材料做的记号或用象征来代替金属货币执行铸币的职能。"② 这意味着,在货币流通的过程中,单有货币的象征存在就足够了。流通过程的自然倾向就是要把"金存在"转化

---

① 《马克思恩格斯文集》(第5卷),北京:人民出版社,2009年版,第10—13页。
② 《马克思恩格斯文集》(第5卷),北京:人民出版社,2009年版,第148页。

为"金假象",或者把铸币转化为它的法定金属含量的象征。因此,"货币的职能存在可以说吞掉了它的物质存在。货币作为商品价格的转瞬即逝的客观反映,只是当做它自己的符号来执行职能,因此也能够由符号来代替"①。而金融资本就是货币或资本逐步抽象化和符号化的过程。

在《德意志意识形态》中,马克思明确地谈到了金融资本的产生。马克思把资本主义的诞生过程分为:工场手工业、商业和大工业三个时期。其中,第二个时期商业时期开始于17世纪中叶,一直延续到18世纪末。18世纪是商业的世纪,工场手工业只起到次要作用。正是由于商业的兴起,金融资本开始产生。马克思指出:"这一时期还有这样一些特征:禁止金银外运法令的废除,货币经营业、银行、国债和纸币的产生,股票投机和有价证券投机,各种物品的投机倒把等现象的出现以及整个货币制度的发展。资本又有很大一部分丧失了它原来还带有的那种自然性质。"② 在马克思看来,金融资本的产生,使资本丧失了原有的"自然性质"并且进一步抽象化。可以说,马克思一开始就是在"投机"这一贬义上看待金融资本的。在这一时期,金融资本仅仅是广泛地应用于商业,而很少参与到工厂手工业即社会的扩大再生产中来。

19世纪六七十年代,西方自由资本主义发展到了顶点,垄断开始萌芽。到19世纪末20世纪初,伴随工业高涨和经济危机的循环,生产和资本日益集中,垄断得到广泛发展,普及到一切工业部门,并趋势与银行资本结合,由此,金融资本主义得以形成。金融资本通过工商业的长期贷款、投资、股票和债券的买卖,操控整个工商业,成了整个经济生活的基础。此外,银行与产业的关系也更加密切,金融资本成为银行资本和产业资本的结合,最终金融资本将取得对整个社会经济活动的控制。因此,这一时期的金融资本是指银行资本和工业资本相互渗透、融合而形成的一种

---

① 《马克思恩格斯文集》(第5卷),北京:人民出版社,2009年版,第152页。
② 《马克思恩格斯文集》(第1卷),北京:人民出版社,2009年版,第565页。

最高形态的垄断资本。在这一阶段，金融资本的最大特点就是：金融资本与产业资本的结合，两者之间构成了一种双向依赖的关系。金融资本需要通过对实体经济的投资获得资本的增殖，同时工业生产也需要金融资本的投入和支持，从而实现产业资本的增殖，进而实现社会的扩大再生产。

自 20 世纪 70 年代以来，西方国家开始产生了"资产证券化"浪潮。当今的金融资本已经脱离了产业资本而独立出来。金融资本不仅已与产业经济脱离，而且像衍生金融工具更是符号的符号，更是离实体经济十万八千里。金融资本似乎已变成一根法力无比的魔杖，银行在发放债务的同时创造出大量原本不存在的钱，可以使一些私募基金和炒家一夜之间暴富，也可以使股市在一天里"千股跌停，总市值蒸发"。它在自身神奇增长的同时，还搅起一股股经济泡沫从而形成泡沫经济，制造出一个个耸人听闻的金融危机。现在西方的银行家们，早已开始盘活"沉睡的资产"和透支"未来的资产"。相对于金融资本发展的第二个阶段而言，在第三个阶段，虽然实体经济还是依赖于金融经济，但金融经济可以脱离和独立于实体经济而运作。这是一种单向度的依赖，即实体经济依赖于金融经济，但后者却不必依赖于前者。简而言之，金融资本和实体经济之间的关系已经由一种双向度的依赖转变为一种单向度的依赖关系。并且，这一时期金融资本还有一个非常明显的变化，就是转入了消费领域。

在成为当今资本主义的绝对核心和本质特征之后，当代金融资本主义明显出现三大趋势。第一是金融资本挟持了政府，甚至整个经济。金融资本，例如华尔街，往往是"大到不能倒"，其逻辑是，"我倒下了，也要把你（整个经济）拉倒，你如果还想活下去，你首先必须把我救活"。因为上面提到的单向度依赖的缘故，一旦金融业被救活，它根本没有意向来挽救实体经济，拉动实体经济的发展。相反，金融业还是根据自己的逻辑发展。除了威胁政府，金融资本实际上也早已经开始操控政府决策。例如，西方国家早就有征收金融交易税的思想，意在遏制过度投机的金融交易，但始终没有成为现实。在某种意义上讲，金融资本控制了整个政治生活、经济生活和社会生活。第二，当代金融业迫使世界上所有一切"货币化"或者"商品化"，不管有形的还是无形的，物质的还是非物质的。这也是金融资本固有的资本本性所决定的。马克思在《共产党宣言》中宣称资本主义"使人和人之间除了赤裸裸的利害关系，除了冷酷无情的'现金交易'，就再也没有任何别的联系了"①。金融资本把人与人之间的这种物化关系放大到了极致，从而也把"资本拜物教"放大到了极致。第三，金融资本越来越独立化和抽象化。当代金融业不是为实体经济服务，而是用货币炒作货币，众多的金融衍生品使金融资本的自身独立增殖成为可能。同时，金融资本使用大量的高科技，是高度计算机化的行业，这也使得货币的炒作表现为符号或数字的游戏。

"金融资本意味着资本的统一化。以前被分开的产业资本、商业资本和银行资本等，现在被置于产业和银行的支配者通过紧密的个人联合而结成的金融贵族的共同领导之下。"② 但这仅仅是当代资本主义社会外在的经济现象，事情并非如此简单。金融资本之所以能够成为当代资本主义的本质性特征，是因为当代人类一切问题的根源都来自金融资本。我们知道，无论从规模还是从性质来说，当代金融资本主义已经和昔日的金融资本主义全然不同。昔日的金融资本主义是和实体经济（制造业等）联系在一切的，是为后者服务的，金融就是要为实体经济融资。但在今天的金融资本主义那里，金融不再是为实体经济融资，而是更多地为自身"融资"，用钱来套取更多的钱。如今的许多投资银行家是没有国家概念、没有道德底线、也无所谓社会责任的人。金融资本主义已经不再需要传统意义上的"勤劳和努力"等美德了。它的"美德"是"机会主义"。

不仅如此，金融资本造就了当代社会最根本的矛盾。著名经济学家兼

---

① 《马克思恩格斯文集》（第 2 卷），北京：人民出版社，2009 年版，第 34 页。
② 鲁道夫·希法亭：《金融资本》，福民等译，北京：商务印书馆，1994 年版，第 343 页。

管理学大师德鲁克认为：符号经济取代实体经济，成为世界经济的飞轮，而且大体上独立于实体经济，这是一个最为醒目而又最难理解的变化。西方今天正面临着不可调和的结构性矛盾，即金融资本主义和实体经济之间的矛盾，这被称为"德鲁克难题"。正是这一矛盾构成当代资本主义危机的根源。国际金融资本主义必然导致全球性的金融危机。金融危机并不是西方国家金融制度的问题，而是当代资本主义最深层的危机的体现。

二、金融资本与资本主义危机

马克思主义从未停止过对资本主义经济危机的研究。不仅仅是现在西方发达资本主义国家才有经济危机，而是自从资本主义制度在欧美大陆上确立以来，资本主义经济危机就如影随形，只是处于不同阶段的资本主义，其资本主义危机的表现形式不同而已。

从某种意义上讲，一部资本主义的发展史，就是一部资本主义危机史。从 1825 年 7 月英国爆发第一次周期性普遍生产过剩的经济危机算起，西方发达国家的经济危机就没有结束过。仅 19 世纪发生在英国、法国、德国、美国的就包括 1837 年、1847 年、1857 年、1866 年、1872 年、1882 年的 6 次之多。进入 20 世纪之后，除 1907 年、1920 年、1937 年爆发的局部经济危机外，还有 1929—1933 年世界经济总危机（20 世纪 30 年代的大萧条）、1973 年的石油危机、1987 年和 1994 年的墨西哥金融危机，1997 年的东南亚金融危机、1998 年的俄罗斯金融危机。在 21 世纪的头十年中，2007 年由美国次贷危机引发的世界性经济危机是新世纪最猛烈、最具有破坏性的危机。

为了澄清 2007 年的金融危机，我们有必要将其与 20 世纪 30 年代的大萧条相对照，在此基础上，才能发现当代资本主义经济危机的本质性特征。无论是 20 世纪 30 年代的大萧条，还是 2007 年由美国次贷危机所引发的全球性金融危机，两者都是世界经济总危机。与局部经济危机相比，总危机对国际政治经济社会的影响更深远。就危机本身而言，此次国际性金融危机，同20世纪30年代的大萧条相比较，至少具有以下三个方面的显著特征：其一，20世纪30年代的大萧条始发于工业生产领域。2007年7月美国发生的所谓"次贷危机"，从本质上看，已经是金融危机。这次危机发端于银行、证券、投资公司等金融领域。其二，20世纪30年代的大萧条，一开始便鲜明地暴露出的是资本主义生产相对过剩所引发的经济危机。而此次危机，虽然从本质上看、从深层原因看仍同资本主义生产相对过剩有很大关联，但同时，在很大程度同经济金融化、金融虚拟化和金融衍生产品毒化、泡沫化，以及金融监管缺失即金融自由化等具有更为密切的关联。其三，20世纪30年代的大萧条，受重创的主要是资本主义国家，广大的不发达国家所受影响并不严重。而这次危机，虽肇始于美国，但席卷全球，世界各国无一幸免。①

当代资本主义的经济危机已经和金融资本紧密地联系在一起，或者说就是金融资本所导致的危机。当代资本主义金融危机就是发生在信贷机构、投资银行、房地产商、贷款人与投资者之间多重利益链条下的隐蔽性危机。这个链条的源头是作为信贷机构的银行让不具有资格的申请获得了信贷，信贷机构将这个存在信贷泡沫的抵押贷款经过处理卖给投资银行，而投资银行对次级抵押贷款进行证券化处理，层层打包成高风险抵押凭证（CDO）之后再卖给投资者。当泡沫与风险累积到一定程度时，利益链条断裂，危机链条就如同多米诺骨牌一样势不可挡。换句话说，这些金融衍生品本身就是"有毒的"，而在利益的驱使下，这种"有毒性"被有意掩盖了。在危机发生前，信贷机构、投资机构、房地产商等在处理这些高风险金融创新产品时具有隐蔽性、伪装性和欺骗性，使广大普通投资者已经无法辨认出这些金融产品的真假、优劣与好坏。其实，美国华尔街的这些

---

① 参见何秉孟：《美国金融危机与国际垄断资本主义》，载《中国社会科学》，2010年第2期。

金融大鳄、投资大鳄们自己是十分清楚他们销售的虚拟金融产品是垃圾产品，但是这些垃圾金融产品必须销售出去。因为只有这些金融垃圾产品销售出去了，他们才能实现"虚拟剥削"，至于这些垃圾金融产品只不过是他们获得真实利润的工具。

正是基于以上原因，西方主流的经济学家们认为当代资本主义社会金融危机的根源是因为"监管缺位"、"政策失误"和"金融创新"等造成的。如果以马克思主义的视野来看，这些其实都是危机的表面原因，拿这些表面现象说明危机的根源，就是掩盖危机的真正原因。

从工业资本主义到金融资本主义是资本主义社会一次重大的转变：资本主义经济形态实现了由实体经济到虚拟经济或符号经济的转变；资本主义运行方式从过去的工业资本运作到现在的金融资本运作；与此相应，资本主义社会的剥削方式也从工业剩余价值剥削到虚拟剩余价值剥削。更重要的是，资本主义社会的经济危机也从生产过剩的危机转变为金融危机。纵观整个资本主义危机史，生产过剩的危机和金融危机是资本主义经济危机的两种主要形态，前者是传统资本主义社会经济危机的主要表现形式，后者是当代资本主义经济危机的主要特征。那么，两者之间是否存在着一种本质性关联？金融危机产生的根源是否已经超越了马克思对生产过剩危机根源的论述？

马克思和恩格斯分析了他们所生活的时代自由资本主义时期经济危机的根源、特征和表现，揭示了资本主义经济危机的现实性与必然性。马克思认为："一切现实的危机的最终原因，总是群众的贫穷和他们的消费受到限制，而与此相对比的是，资本主义生产竭力发展生产力，好像只有社会的绝对的消费能力才是生产力发展的界限。"[①] 显而易见，马克思的论述很好地揭示了自由资本主义时期生产过剩的经济危机的内在根源。资本由于自身增殖的需要，就必须源源不断地生产出劳动产品，然后把劳动产品

---

① 《马克思恩格斯文集》（第7卷），北京：人民出版社，2009年版，第548页。

投入流通领域。因此，资本主义大力发展生产力，以便获得更多的剩余价值。但是由于群众的贫困和他们有限的消费，使他们没有能力购买更多的商品，从而也就无法实现剩余价值。"作为资本的货币的流通本身就是目的，因为只是在这个不断更新的运动中才有价值的增殖。"① 然而现在，这一流通过程由于群众消费能力的限制停滞了，价值增殖也就无从实现。虽然流通过程并不产生剩余价值，但是资本的增殖却需要通过流通过程来实现。马克思曾经指出："我们那位还只是资本家幼虫的货币占有者，必须按商品的价值购买商品，按商品的价值出卖商品，但他在过程终了时取出的价值必须大于他投入的价值。他变为蝴蝶，必须在流通领域中，又必须不在流通领域中。"② 而如今流通领域的僵化和停滞，不仅无法实现资本的增殖，并且必然导致生产过剩的经济危机。

"资产阶级除非对生产工具，从而对生产关系，从而对全部社会关系不断地进行革命，否则就不能生存下去。"③ 因此，资本主义具有超强的自我完善和自我调整机制。金融资本的产生为生产过剩经济危机的解决提供了契机。在工业资本主义时期，金融资本主要投入的是生产领域，而现在金融资本开始转向消费领域。金融资本转向消费领域意味着群众有限消费能力得到提升。今天消费不起可以用明天的钱、用未来的钱，消费者可以透支、可以借贷，从而放大自己的消费量。因此，金融资本使人的消费能力得到空前的膨胀，从而适应了资本主义社会生产力的发展，暂时解决了马克思所谓的资本主义危机的根源：群众的贫穷和他们的消费受到限制与资本主义生产竭力发展生产力之间的矛盾。消费能力的增强虽然解决了生产过剩的危机，但同时也使经济虚拟化、泡沫化，最终导致大规模的金融危机。归根到底，资本主义社会的基本矛盾社会生产可无限扩展的趋势同广大劳动者有支付能力的需求相对不足依旧规定着金融资本主义。因此，

---

① 《马克思恩格斯文集》（第5卷），北京：人民出版社，2009年版，第178页。
② 《马克思恩格斯文集》（第5卷），北京：人民出版社，2009年版，第193—194页。
③ 《马克思恩格斯文集》（第2卷），北京：人民出版社，2009年版，第34页。

马克思对资本主义经济危机根源的揭示不仅适用于生产过剩的危机，而且同样也是金融资本主义时代经济危机的根源。

金融资本本身并不创造剩余价值，货币循环或货币炒作之所以能够产生更多的货币，全靠投机诈骗、高杠杆运作。这种高杠杆运作的投机诈骗能带来超乎寻常的高额回报，给极具冒险性的资本以强烈刺激，不惜举债高于自身资产数倍、数十倍、数百倍的银行贷款去购买金融资产、股票债券及其他形形色色的金融衍生品。而资本的本性就是追求利润的最大化。在市场这只"看不见的手"的推动下，什么利润率高，资本就会向什么领域流动。金融领域、资本市场虽然风险大，但存在着通过高杠杆操作、通过投机获取高额回报的机遇，于是吸引具有冒险天性的资本纷纷向金融领域、资本市场集中，使金融垄断资本迅速扩张、膨胀，并开始了由"圈地"（办实体企业）向直接"圈钱"的蜕变。"信息技术和网络技术的发明与广泛应用，既大幅提高了社会生产力，同时又为国际金融垄断资本的全球扩张，以及金融与资本市场的虚拟化和病态膨胀提供了技术支撑；新自由主义则成为国际金融垄断资本向全球扩张及其制度安排的理论依据；当代国际金融货币体系为美英国际金融垄断资本全球扩张提供了最重要的杠杆或平台。这三者的媾和，成为拉动美国为代表的发达资本主义由国家垄断向国际金融资本垄断过渡的'三驾马车'。"[①] 正是在这"三驾马车"的拉动下，以金融资本为标志的发达资本主义社会的经济得以高度发展，但同时背后隐藏着巨大的经济危机。更重要的是，它造成了金融资本主义时代人的全面异化。

三、金融资本的本质

金融资本给资本笼罩了一层神秘的面纱，它使人们很难看到资本的真

[①] 何秉孟：《美国金融危机与国际垄断资本主义》，载《中国社会科学》，2010年第2期。

面貌，从而也遮蔽了我们对当代资本主义的分析。其实，当代资本主义无论发生多么巨大的变化，其发展并没有超出马克思对资本主义的原初判定。我们依然需要从马克思对资本的分析中汲取理论资源，去洞察当代资本主义的本质、现状与未来。

对马克思来说，资本是一种权力（power），即资产阶级社会中支配一切的权力。资本之所以是资本，就在于它能"增殖自身"。而资本为了增殖自身，就必须与雇佣劳动之间处于支配与被支配的关系。资本通过支配和控制雇佣劳动，通过具体的生产和流通过程，获取一定量的剩余价值。所以资本"按其本质来说，它是对无酬劳动的支配权"[1]，即对剩余价值的掠夺权和控制权。这种权力"是资产阶级社会的支配一切的经济权力"[2]，并且资本这种权力"不是一种个人力量，而是一种社会力量"[3]。它影响和决定着其他一切社会关系。资本所形成的雇佣劳动关系成为了资本主义社会的生产关系。"在一切社会形式中都有一种一定的生产决定其他一切生产的地位和影响，因而它的关系也决定其他一切关系的地位和影响。这是一种普照的光，它掩盖了一切其他色彩，改变着它们的特点。这是一种特殊的以太，它决定着它里面显露出来的一切存在的比重。"[4] 资本主义社会的生产及其生产关系都是由资本决定的。在此意义上，资本成了万物的尺度，一切都必须在资本面前为自己的存在作辩护或放弃存在的权利。资本摇身变成了现实中万能的上帝。马克思曾经引用莎士比亚《雅典的泰门》形象地描述了货币或资本这种巨大的魔力。资本作为绝对理念的化身成为了另外一种形而上学。

如果说传统形而上学往往都是以概念的形式在思想领域里起着统治作用，资本形而上学则是以货币的形式衡量着现实世界一切东西的比重。所

---

[1] 《马克思恩格斯文集》（第5卷），北京：人民出版社，2009年版，第611页。
[2] 《马克思恩格斯全集》（第30卷），北京：人民出版社，1995年版，第49页。
[3] 《马克思恩格斯文集》（第2卷），北京：人民出版社，2009年版，第46页。
[4] 《马克思恩格斯全集》（第30卷），北京：人民出版社，1995年版，第48页。

以就在人们以为理性形而上学在思维领域里真的"终结"了的同时，形而上学却在现实生活领域里"冒"了出来，并挺起了强大的身躯。在资产阶级社会里，资本作为一种权力，是一种强大的同一性控制力量，它在现实社会中起着"抽象成为统治"的作用。"资本的权力化"发展到极致，就成了一种形而上学的"同一性"逻辑——资本的逻辑。马克思的深刻性就在于其揭示了资本逻辑的形而上学的同一性本性。

在现代社会中，资本具有了同一性形而上学的本质特征：资本是资本主义社会中统治人们全部生活的终极的"绝对存在"和"绝对价值"，也即资本主义社会的最高原则和标准；资本逻辑体现在它是一种吞噬一切的"同一化"和"总体化"的控制力量；这种资本逻辑的统治力量，还体现在它是一种试图永远维护其统治地位、使现存状态永恒化的"非历史性"的作为保守力量的资产阶级意识形态。因此，资本逻辑作为资本主义社会里统治一切的最高原则和控制力量，在现实领域里起着形而上学"同一性"意识形态的作用，所以它本质上就是现实的同一性形而上学，也即形而上学同一性在现实世界中的"感性显现"。正是由于资本逻辑本身既具有同一性和现实性，又具有强制性和隐匿性，方使传统形而上学的"同一性思维"以改头换面地形式继续在"感性"的现实领域里强劲地存在着，并左右和控制着人的自由和发展。正是在这个意义上，马克思把现代社会人的存在状态称之为"以物的依赖性为基础的人的独立性"。资本与理性形而上学的"联姻"与"共谋"，乃是最具有世界历史意义的事件。它不仅将资本改造为由理性形而上学武装起来的"现代资本"，还将形而上学重塑为凭借资本力量而不断繁殖的"现代形而上学"。

这种"资本形而上学"在本质上是一种"主体性形而上学"。在《共产党宣言》中，马克思深刻地指出："在资产阶级社会里，资本具有独立性和个性，而活动着的个人却没有独立性和个性。"[①] 在资本主义社会中，

---

① 《马克思恩格斯文集》（第2卷），北京：人民出版社，2009年版，第46页。

不断扩大商品销路的需要，驱使资产阶级奔走于全球各地。它必须到处落户，到处开发，到处建立联系。资本家只不过是资本的人格化。表面上看起来，是资本家奔走于世界各地，而实际上是资本遵循资本增殖的逻辑到处安家落户。活动着的个人丧失了独立性和个性，被资本所统治。因此，在《德意志意识形态》中马克思曾说过："在现代，物的关系对个人的统治、偶然性对个性的压抑，已具有最尖锐最普遍的形式。"① 资本对人的统治实质上就是"物的关系对个人的统治"。在《1857—1858 年经济学手稿》中，马克思更是进一步指出："个人现在受抽象统治，而他们以前是互相依赖的。但是，抽象或观念，无非是那些统治个人的物质关系的理论表现。"② 所有这些论述都表明，资本形而上学作为一种主体性形而上学，归根结底就是抽象对个人的统治，这也构成了"现存世界"的根本性质。

在黑格尔那里，个人现在受抽象的统治表现为个人受到绝对精神（抽象理性）的统治；在马克思这里，个人现在受抽象的统治表现为"人与人的关系"受"物与物的关系"（即资本）的统治。因此，马克思所面对的资本主义社会的最根本事实就是"抽象成为统治"。这个抽象就是商品、货币和资本，也即资本主义社会中"看不见的手"的交换原则和交换体系，而这个抽象最终表现为作为"普照的光"的"资本的逻辑"。在根本而重要的意义上，"抽象成为统治"也正是资本主义社会"拜物教"——商品拜物教、货币拜物教和资本拜物教的凝练概括。"抽象"之所以能成为"统治"，在马克思看来，与资本的本性有关。资本的唯一本性就是无限增殖自身，而资本为了增殖自身，就必须把一切都纳入到资本逻辑的强大的抽象同一性之网中。在资本主义社会里，这种"抽象的力量"是以资本增殖为核心的市场交换价值体系具体体现出来的。"交换价值"和"交换原则"成了压倒一切的主宰力量，在它的无坚不摧的强大同一性"暴

---

① 《马克思恩格斯全集》（第 3 卷），北京：人民出版社，1960 年版，第 515 页。
② 《马克思恩格斯全集》（第 30 卷），北京：人民出版社，1995 年版，第 114 页。

政"下，人与物的一切关系都被颠倒了，不是人支配和使用物，而是物反过来控制和奴役人。

资本对人的控制和奴役可以表现在很多方面，最重要的是资本放大了人的物质欲望。由于资本增殖的需要，就必须使人的物质欲望得以膨胀，从而由传统社会的禁欲主义转向当代资本主义社会的纵欲主义。按照马克思的观点，在任何社会形态中人都是有欲望的，然而在现代社会中，人的欲望却展示出一个迄今为止最大的可能性空间，而这种欲望又是没有限制的。正是在人的欲望不断膨胀的前提下，资本主义社会生产力才能获得高速发展，资本也才能获得更多的增殖。其实，资本不仅是人的欲望扩张的巨大推动力，而且它本身就是一种无止境的欲望。马克思明确指出："资本作为财富一般形式——货币——的代表，是力图超越自己界限的一种无限制的和无止境的欲望。"[1] 这种欲望就是资本无限增殖的欲望。"因此，资本作为无止境地追求发财致富的欲望，力图无止境地提高劳动生产力并且使之成为现实。"[2] 很显然，资本作为一种欲望的形而上学，极大促进了生产力的发展。马克思在《共产党宣言》中对此给予了高度的褒扬。但是问题在于资本增殖的过程是对剩余价值的榨取。马克思告诉我们："作为资本家，他只是人格化的资本。他的灵魂就是资本的灵魂。而资本只有一种生活本能，这就是增殖自身，创造剩余价值，用自己的不变部分即生产资料吮吸尽可能多的剩余劳动。资本是死劳动，它像吸血鬼一样，只有吮吸活劳动才有生命，吮吸的活劳动越多，它的生命就越旺盛。"[3] "吸血鬼"构成了资本的标志性形象。所以资本的原始积累就表现为一部血迹斑斑的历史，正如马克思所说："资本来到世间，从头到脚，每个毛孔都滴着血和肮脏的东西。"[4]

---

[1] 《马克思恩格斯全集》（第30卷），北京：人民出版社，1995年版，第297页。
[2] 《马克思恩格斯全集》（第30卷），北京：人民出版社，1995年版，第305页。
[3] 《马克思恩格斯文集》（第5卷），北京：人民出版社，2009年版，第269页。
[4] 《马克思恩格斯文集》（第5卷），北京：人民出版社，2009年版，第871页。

在现代社会中，一旦人获得了巨额资本，不仅他的欲望可以无限地增长，而且它们也容易从可能性转化为现实性。货币是一种"颠倒黑白的能力"。它使一切人的和自然的性质颠倒和混淆，使冰炭化为胶漆，货币的这种神力包含在它的本质中，即包含在人的异化的、外化的和外在化的类本质中。它是人类的外化的能力。正是这种能力使人的能力得以膨胀，并且能够化为现实。"凡是我作为人所不能做到的，也就是我个人的一切本质力量所不能做到的，我凭借货币都能做到。"① 一方面，人的欲望的扩张不断推动资本的积累；另一方面，资本的积累又使人的欲望空间不断扩张。资本的形而上学就是欲望的形而上学。金融资本主义只不过是把这种欲望形而上学放大到了极致，使全社会所有的人都沉浸在金钱的冰水当中，都异化为对欲望满足的追求。在这个意义上，马克思的政治经济学批判就是对这种欲望形而上学的批判。马克思的人类解放就是从这种欲望形而上学之中超拔出来。

哲学是时代精神的理论表征。因此，考察一个时代，集中地表现为考察一个时代的形而上学。资本形而上学作为一种物质欲望的形而上学而成为资本主义时代的哲学表征。"资本形而上学既是主体形而上学，又是意志（或欲望）形而上学在现代社会中的真正的谜底。"② 金融资本主义是这种形而上学发展到极致的社会外观。因此，当代资本主义批判在哲学的意义上就是欲望形而上学批判。物质欲望的形而上学把人的所有的一切都沉浸在欲望满足当中，人的精神与自由被遮蔽得如此之深远，以至于我们忘记了人是具有"神性"的存在，而完全堕入了"物性"之中。这构成了我们时代马克思主义哲学最真实的理论主题。

---

① 马克思：《1844年经济学哲学手稿》，北京：人民出版社，2000年版，第144页。
② 俞吾金：《实践与自由》，武汉：武汉大学出版社，2010年版，第345页。

第十四章　超越资本的文明
——"后改革开放时代"的中国道路

2008年北京奥运会，是一个象征性的意象。它标志着改革开放时代的终结和后改革开放时代的开启。改革开放30年来，中国经济持续高速增长，GDP总量跃居世界第二，综合国力迅速增强，国际影响力日益扩大，人民生活水平得到大幅度提升。北京奥运会的举办集中展现了改革开放所造就的物质力量和精神力量。但是，经济突然的大规模且持续增长并不必然伴随着现代性转型的完成，恰恰相反，它反而会加速地暴露当代中国更多的社会问题，尤其是各种体制弊端。后改革开放时代正是在各种各样的社会危机中徐徐拉开了帷幕。

30年的改革开放，我国着力于以经济建设为中心，解放生产力，发展生产力，实现了经济又快又好地发展。具体而言，中国经济改革开放的目标主要有两个：对内是所有制的改革或市场经济体制的建立，对外是扩大国际贸易或融入世界经济体系，这两个目标实际上也是合二为一的。现在，这两个目标都已基本实现。而后改革开放时代，我们所关注的、所需要解决的问题，已经跟前一个改革开放时期完全不一样了。在后改革开放时代，我们所面临的最大问题就是改革开放自身所带来的问题：两极分化日趋严重，民生问题得以凸显，权钱崇拜成为全社会的价值取向。这就是当代中国所面临的现代性问题。我们之所以把现在这个时代称之为"后改革开放时代",就在于我们现时代所面临的问题和任务与前30年改革开放时期相比发生了重大变化。可见,后改革开放时代相对于改革开放时代而言虽说是一种断裂,但同时又是改革开放时代的延续,是改革开放的进一步深化和拓展。当代中国应该研究"后改革开放时代"的社会问题和对策,探讨"后改革开放时代"的中国道路,这样,改革和开放方能健康持久地发展下去,社会主义的价值和目标也才能实现。

一、作为现代性的资本主义

现代性并不是一个空洞的、普遍的抽象,而是一个活生生的当下。相对于传统而言,现代性是一个断裂,现代性标志着我们时代独特的历史特征。后改革开放时代就是当代中国的现代性处境。这一处境虽然具有特殊性,但绝不是孤立于现代世界而存在的。后改革开放时代的中国问题是中国所面临的世界性问题,是世界历史意义上的现代性问题在当代中国的显现。因此,对现代世界的本质性考察是探讨当代中国道路的前提性条件。

在历史唯物主义看来,现代世界的历史本质是资本主义的性质。大工业是中世纪以来继工场手工业、商业之后私有制发展的第三个时期的动力。大工业采用机器生产以及实行最广泛的分工。大工业使竞争普遍化,创造了交通工具和现代的世界市场,控制了商业,把所有的资本都变为工业资本,从而使流通加速,货币制度得到迅猛发展,资本高度集中。因此,"它首次开创了世界历史,因为它使每个文明国家以及这些国家中的每一个人的需要的满足都依赖于整个世界,因为它消灭了各国以往自然形成的闭关自守的状态"①。资本主义具有世界历史的意义,现代世界是一个世界历史性的事实。"历史向世界历史的转变,不是'自我意识'、世界精

---

① 《马克思恩格斯文集》(第1卷),北京:人民出版社,2009年版,第566页。

神或者某个形而上学幽灵的某种纯粹的抽象行动，而是完全物质的、可以通过经验证明的行动，每一个过着实际生活的、需要吃、喝、穿的个人都可以证明这种行动。"① 世界历史的进程已经毋庸置疑，因为我们每天都生活在全球化这样的现实当中。

可见，资本主义使现代世界进入了世界历史，现代世界的本质就是资本主义。沃勒斯坦指出："我们并非生活在一个现代化的世界，而是在一个资本主义的世界。"② 詹姆逊也明确声称："我相信现代性惟一令人满意的语义学意义在于它与资本主义的联系。"③ 如果我们把现代世界的本质定义为资本主义，问题就转换为对资本主义的理解。马克思与传统思想家区别的根本分歧之处正在于此。传统思想家"作为资产阶级的代言人，他们把历史的曲折发展单纯地归结为他们梦想加以消灭的宗教迫害和封建专制。他们认为，一旦实现了以上的梦想，社会秩序和政治秩序将永远合乎理性地建立起来；在这个条件下，进步将得到保障，一切都取决于个人的努力。同所有新兴的阶级一样，资产阶级把自己的胜利看作是历史的终结"④。正是在这一基本判定的前提下，西方思想家们进一步认为，资本主义所构成的现代世界是基督教伦理道德的世俗化，是基督教天国在尘世的实现，是人类历史的终结。恰恰与此相反，马克思揭示了资本主义社会种种罪恶的现实。在《神圣家族》中，马克思指出施里加"他看不到，工业和商业正在建立另一种包罗万象的王国，根本不同于基督教和道德、家庭幸福和小市民福利所建立的包罗万象的王国"⑤。可见，在马克思看来，资本主义是工业和商业所建立的一种包罗万象的王国，而不是基督教和道德、家庭幸福和小市民福利所建立的包罗万象的王国。

---

① 《马克思恩格斯文集》（第1卷），北京：人民出版社，2009年版，第541页。
② 伊曼纽尔·沃勒斯坦：《沃勒斯坦精粹》，黄光耀、洪霞译，南京：南京大学出版社，2003年版，第137页。
③ 詹姆逊：《单一的现代性》，王逢振、王丽亚译，天津：天津人民出版社，2005年版，第24页。
④ 乔治·勒费弗尔：《法国革命史》，孟湄、张慧君译，北京：商务印书馆，2010年版，第64页。
⑤ 《马克思恩格斯全集》（第2卷），北京：人民出版社，1957年版，第88页。

正因如此，海德格尔不无赞赏地指出，马克思的历史唯物主义深入到"历史的本质性的一度"中去了。在海德格尔看来，马克思懂得我们时代两重独特的事实：经济发展及其背后的逻辑架构。资本的逻辑对现代世界的控制是马克思对我们这个时代的现代性诊断。"现代哲学和资本主义之间的关系相当于古代哲学和希腊的关系：一个绝对的内在性平面与一个同样依内在性行事的相对的社会环境之间的关系。"① 割断现代哲学与资本主义之间的关联性，也就无法将其称之为"现代"哲学了。任何一种忽视现代世界资本主义本质特征的现代性解决方案，都不免会堕入一种抽象的现代社会救赎当中。

在资本全球化的今天，资本的逻辑已经成为我们无可争议的生存处境。马克思的历史唯物主义揭露了现代社会发展的秘密：资本逻辑及其所导致的资本之链。在现代社会中，劳动力占有者把劳动力当做商品出卖，货币转化为资本，必然产生资本增殖的逻辑，资本逻辑在社会中必然引发商品、货币和资本三大拜物教，资本无限增殖的本性产生了资本主义社会本身无法克服的基本矛盾：生产社会化与资本主义生产资料私有制之间的矛盾。这一矛盾最终必将导致现代社会的终结。马克思所揭示的资本之链告诉我们：以资本增殖的逻辑为架构的资本主义社会必将灭亡。因此，现代社会如果想实现自我救赎，必须斩断马克思所揭示的资本之链。我们把斩断资本之链的做法，称为驯服资本的逻辑。

在《共产党宣言》中，马克思指出："资产阶级的生产关系和交换关系，资产阶级的所有制关系，这个曾经仿佛用法术创造了如此庞大的生产资料和交换手段的现代资产阶级社会，现在像一个魔法师一样不能再支配自己用法术呼唤出来的魔鬼了。"② 资本主义社会已经无力驯服和驾驭"资本"这一"魔鬼"。吉登斯也曾明确地把驯服资本为标志的现代社会称为

---

① 吉尔·德勒兹、菲力克斯·迦塔利：《什么是哲学？》，张祖建译，长沙：湖南文艺出版社，2007年版，第339页。
② 《马克思恩格斯文集》（第2卷），北京：人民出版社，2009年版，第37页。

"驾驭猛兽"。吉登斯追问道："我们，作为整体的人类，究竟在什么程度上能够驾驭那头猛兽？或者至少，能够引导它，从而降低现代性的危险并增大它所能给予我们的机会？现在我们怎么会生活在一个如此失去了控制的世界上，它几乎与启蒙思想家们的期望南辕北辙？"① 无论是马克思的驾驭或支配"魔鬼"，还是吉登斯的"驾驭猛兽"，都向我们表明："驯服资本"的问题已经成为现代社会所面临的最尖锐的生死攸关的问题。

这一问题在现代中国尤为突出。我国建立中国特色社会主义市场经济体制，引入市场或资本这一现代社会最有效的资源配置方式和扩大再生产的手段，就不可避免地要面对资本逻辑的支配力量以及其所带来的种种恶果。改革开放所导致的种种负面效应都是由此而来。如果说前30年改革开放时期是利用、彰显和建构资本增殖的逻辑，达到推进国民财富的增长和提高人民生活水平的目的，那么，后改革开放时代就是要制约、驾驭和驯服资本增殖的逻辑，实现财富的合理分配和社会的公平正义，让资本为民生服务。驯服资本的问题已经成为当代中国最为严峻的现实问题和理论问题。因此，当代中国的问题，一言以蔽之，就是"社会主义对资本力量"的问题。从总体上说，只有当社会主义力量足够强大，能够引导、利用、驾驭、制约私人资本力量，才有可能斩断马克思所揭示的"资本之链"，才有可能保持和发展我国的社会主义制度，才能建立起真正的社会主义市场经济。反过来说，当社会主义力量无法引导与驾驭私人资本力量时，私人资本力量反过来就会成为全社会的主宰力量。

简而言之，所谓"驯服资本"就是要发挥资本的正面作用，规避资本所带来的负面效应。驯服资本的可能性和必要性就在于资本所具有的这种二重性特征。如果对资本进行一种单向度的负面理解，那么唯一的解决方法就只有消灭资本。马克思从来都没有对资本进行绝对的否定性理解，马克思对资本的理解是双向度的。换言之，马克思揭示了资本的双重本性及

---

① 安东尼·吉登斯：《现代性的后果》，田禾译，南京：译林出版社，2000年版，第133页。

其双重作用。在《资本论》中，马克思把资本的正面效应称之为"资本的文明"，并且高度地评价了资本的这种积极作用。马克思指出："资本的文明面之一是，它榨取这种剩余劳动的方式和条件，同以前的奴隶制、农奴制等形式相比，都更有利于生产力的发展，有利于社会关系的发展，有利于更高级的新形态的各种要素的创造。"① 在《共产党宣言》中，马克思对资本主义的赞赏毫不逊色于任何一位捍卫资本主义的学者。马克思指出："资产阶级在它的不到一百年的阶级统治中所创造的生产力，比过去一切世代创造的全部生产力还要多，还要大。自然力的征服，机器的采用，化学在工业和农业中的应用，轮船的行驶，铁路的通行，电报的使用，整个整个大陆的开垦，河川的通航，仿佛用法术从地下呼唤出来的大量人口——过去哪一个世纪料想到在社会劳动里蕴藏有这样的生产力呢？"② 显而易见，资本主义的文明作用及其对人类世界的开拓是以往任何一种社会制度和生产方式所无法望其项背的。但是，同时资本也产生了巨大的负面效应："它使人和人之间除了赤裸裸的利害关系，除了冷酷无情的'现金交易'，就再也没有任何别的联系了。它把宗教虔诚、骑士热忱、小市民伤感这些情感的神圣发作，淹没在利己主义打算的冰水之中。它把人的尊严变成了交换价值，用一种没有良心的贸易自由代替了无数特许的和自力挣得的自由。总而言之，它用公开的、无耻的、直接的、露骨的剥削代替了由宗教幻想和政治幻想掩盖着的剥削。"③ 在马克思看来，资本主义社会使人的本质的异化，人与人之间的冲突和对抗达到了人类历史发展的极致。

马克思对资本二重性的揭示决定了我们对待资本的态度完全可以采取"驯服资本"而非"消灭资本"的策略。站在马克思主义的立场上，资本主义是没有办法或无力驯服资本这一"魔鬼"的，驯服资本只有在社会主

---

① 《马克思恩格斯文集》（第7卷），北京：人民出版社，2009年版，第927—928页。
② 《马克思恩格斯文集》（第2卷），北京：人民出版社，2009年版，第36页。
③ 《马克思恩格斯文集》（第2卷），北京：人民出版社，2009年版，第34页。

义制度的前提下才能完成。中国特色的社会主义最核心的任务就是"驯服资本",这是解决后改革开放时代中国问题的关键所在。现代的世界是资本主义的世界,现代性的文明就是资本的文明。因此,"驯服资本"的道路就是一条超越"资本的文明"的道路。

二、"驯服资本"的精神建制

超越"资本的文明",驯服资本必须从两个层面对资本进行规范和制约:一是精神伦理层面,一是社会制度层面。这两个层面的建构是当代中国所必须解决的问题。否则中国特色的社会主义就会成为一句空谈。

如果我们审视当代资本主义的发展,就会发现资本主义出现在西方尤其是西欧绝非偶然。在某种意义上讲,资本主义只不过是西方基督教世界的世俗化。资本主义自由、平等、博爱等精神都来源于基督教。但也有思想家如赫斯做了相反的揭示。他认为作为资本主义世界的小商人社会只不过是基督教功利主义或利己主义思想的世俗化。但无论如何,资本主义和基督教之间存在着本质性的内在关联。当马克斯·韦伯指证新教伦理与现代资本主义精神的内在联系时,他确实颇有识见地提示了欧洲资本主义得以形成和发展的这一重要的精神—文化支撑——新教伦理。韦伯指出:"教派成员身份意味着一种关于个体的道德资格,尤其是其商业道德的凭证。"[1] 也就是说,在资本主义社会中,市场经济的合法性主体应当是"教派成员",否则就不具备道德的可信度。韦伯比较了传统意义上行会成员和教会成员。某个行会成员获得资本主义意义上的成功将会削弱行会的精神。而如果某个教派兄弟合法地获得了资本主义意义上的成功,那么,这种成功所证实的是他的价值以及他的恩宠状态,而且这会提升该教派的声

---

[1] 马克斯·韦伯:《新教伦理与资本主义精神》,苏国勋、覃方明、赵立玮、秦明瑞译,北京:社会科学文献出版社,2010年版,第124页。

望和增加宣传的机会。因此，新教伦理和资本主义精神是一种内在的共契。"行会当然不可能产生出现代中产阶级的资本主义精神气质。只有禁欲教派的那种有条理的生活方式，才能够对现代资本主义的精神气质所具有的那种经济的'个人主义的'推动力进行合法化，并赋予它一种荣光。"①

在西方资本主义社会，其精神和文化的条件是作为救赎宗教的基督教。中国虽然引进了西方的市场经济体制，但我们不可能引进其背后的精神和文化支撑——新教伦理。在完全没有这种救赎宗教传统的中国，若无相应的并且有足够平衡力量的精神—文化建制，则这种唯利是图的市场经济足以毁灭性地瓦解整个社会生活。它自发地产生的意识形态只能是利己主义，利己主义的无限制发展，即为所欲为的个人主义和拜金主义，一种欲望满足的形而上学。在马克斯·韦伯的视阈中，新教伦理的核心是一种禁欲教派的伦理，它正是对资本这种欲望形而上学的约束和抵制。在此基础上，西方发展出了完善的法律制度，来制约和规范市场经济的运行。因此，如果没有对罗马世界的宗教和法律传统进行现代改造和利用，西方资本主义社会早就自行瓦解了。其实，早在亚当·斯密那里已经对西方市场经济的运行指明了方向。亚当·斯密向我们表明：市场经济运行的条件是：以同情为基础的公正旁观者作为内心的监督；以公正为核心原则的法律制度作为社会运行的基本框架；完全平等条件下的自由竞争。这三条正是《道德情操论》、《法学讲稿》和《国富论》三本著作各自的主题。这就是斯密留给现代资本主义最为宝贵的遗产。可见，西方的市场经济是在内心道德监督和外在法律规范制约下的自由市场经济。而在这三者之中市场经济的基督教道德主体是最为基础性的。

而在中国，市场经济的道德主体自始至终没有完全实现。五四时期的

---

① 马克斯·韦伯：《新教伦理与资本主义精神》，苏国勋、覃方明、赵立玮、秦明瑞译，北京：社会科学文献出版社，2010年版，第140页。

新文化运动矛头直指传统儒家的伦理道德规范，这场对传统伦理的消解一直延续到"文化大革命"。毛泽东在乌托邦式的共产主义社会理想的感召下，试图全方位地改变中国人的精神世界，建立一种理想化、大公无私的共产主义道德。改革开放以来，这种抽象的共产主义道德已经很难适应新时代的需要。我们引进了市场经济体制，但也仅限于引进了西方的市场经济体制，因为其背后的精神文化支撑——新教伦理——是无法引进的。而传统的儒家伦理已经被摧毁，抽象的共产主义道德已经为时代所抛弃，当代中国处于一个伦理道德空场的时代。"它正在成为一种能够被明显感觉到的普遍而深刻的精神缺失。这种缺失意味着：以往的或既与的精神样式已不再具有普遍的约束力了；虽说某些部分或片断依然在起作用，但缺少一种已然成熟的定型的完备的精神形态，一种足以掌握并协调日益巨大的物质力量并使之获得自由表现的精神形态。"[1] 正是这种普遍缺失的困境将当代中国精神建设的任务提到了思想面前。

因此，对于当代中国来讲，最重要的问题之一就是建立一种与社会主义市场经济体制相匹配的精神—文化建制，其中最核心的就是适应新时代发展的伦理道德规范。因此，社会主义核心价值观的提出正逢其时，它绝非是一个空洞的意识形态口号，而是捕捉到了当代中国亟须解决的时代任务。作为精神—文化建制的核心价值观必须是一种成熟的、定型的、完备的精神形态，一种足以掌握并协调日益巨大的物质力量并使之获得自由表现的精神形态。这是我们民族精神和时代精神相统一的客观精神，是中华民族在现时代的安身立命之本。

作为客观精神的精神—文化建制绝非一种主观任意性的构造，它是民族精神和时代精神的统一，具有这两方面的内容。黑格尔曾经立足于客观精神的概念，批判了形式的知性、形式的意志和自由、外部的反思、无内容的推理和空洞的抽象。一句话，批判了主观思想的各种表现形式。在

---

[1] 吴晓明：《当代中国的精神建设及其思想资源》，载《中国社会科学》，2012年第5期。

《历史哲学》中,黑格尔探讨了精神—文化建制的原则。黑格尔指出:"在国家内表现它自己,而且使自己被认识的普遍的原则——包括国家一切的那个形式,——就是构成一国文化的那个一般原则。但是取得普遍性的形式,并且存在于那个叫做国家的具体现实里的——那个确定的内容就是'民族精神'本身。"① 在黑格尔看来,现实的国家在它的一切特殊事物中,都被这个"民族精神"所鼓舞。"关于这个精神,必须有一种明白的自觉,而这种知识的中心便是宗教。艺术和科学仅仅是这同一内容的不同的方面和形式。"② 黑格尔所谈论的宗教是一种最为广义的宗教。"一个民族对于它认为是'真'的东西所下的定义,便是'宗教'。"③ 在黑格尔的语境中,宗教所集中体现的就是作为民族精神的客观精神。但是,在当代中国,我们正面临着有可能丢弃我们的民族传统、失去我们的民族自我、丧失我们民族精神的危险。"我们发展了现代化的高科技,建起了现代化的高楼广厦,享受到了高消费的现代化物质生活,却丢掉了我们固有的文明传统,失去了我们中华民族的自我特质,到头来中国不再像中国,中国人也不再像中国人,只剩下一个个体区界的我性。在这点上,一个民族和一个人也同样,如果失去了自我,失去了自我的特质,那也就是失去了我们民族特有的存在价值和意义。"④ 民族精神是我们建设社会主义核心价值观的核心内容,也是中华民族民族自我与民族个性的标志。

社会主义精神—文化建制的另一个主要内容是时代精神。所谓"时代精神",就是标志社会不同发展阶段的、具有特定历史内涵的"生活世界"的意义。"时代精神"是时代的理论表征,蕴涵着时代问题,体现着时代的呼声。对于我们时代而言,最重要的问题是驯服资本的问题。因此,这

---

① 黑格尔:《历史哲学》,王造时译,上海:上海书店出版社,2001年版,第50页。
② 黑格尔:《历史哲学》,王造时译,上海:上海书店出版社,2001年版,第50页。
③ 黑格尔:《历史哲学》,王造时译,上海:上海书店出版社,2001年版,第51页。
④ 高清海:《思想解放与人的解放》(高清海哲学文存续编卷一),哈尔滨:黑龙江教育出版社,2004年版,第176页。

种与社会主义市场经济体制相匹配的精神—文化形态的建制必须围绕"驯服资本"来展开。换句话说，精神家园的建构必须对抗资本的逻辑，而不是抽象地强调以什么文化传统为主来进行建构。当代中国的精神重建只能由此种可能性来获得基本定向。"离开理论自身生长的具体时空条件，抽象掉历史现实的内容，背离思想的当下使命和对当下社会发展走向的预见，再伟大的思想也会失去其应有的魅力，再天才的理论都将蜕变为空泛的教条。"① 因此，精神文化的建构必须聚焦于当代中国的问题。马克思主义哲学中国化、传统儒学现代化、西方哲学本土化，都必须以解决中国问题为理论旨归。只有面对中国自己的问题，才能建构属于中华民族自己的哲学理论。这种精神—文化的建制必须是超越资本逻辑控制的一种新文明形态：其一，这种文明类型不是以资本为原则的，不是以资本的逻辑为本质根据的，换言之，它不是资本主义文明，而是具有特定性质与内容的社会主义文明。其二，由于它积极地扬弃现代资本主义文明，它摆脱了资本逻辑对生活世界的控制，是一种以"驯服资本"为前提的文明的新形态。

作为精神—文化建制的社会主义核心价值观是民族精神和时代精神的统一，以驯服资本为其建构前提，在此种意义上，它是一种客观精神，是一种属于文明新形态的文化建制，一种"超越资本"的文明。

三、"驯服资本"的制度建构

当代中国要想超越"资本的文明"，仅仅有形而上的精神—文化建制是远远不够的，还必须诉诸政治—法律建制。虽然，当代中国的政治—法律建制包括各方面、多层次的制度建设内容，但是以"驯服资本"为目的的制度建构应该成为最根本的价值取向，这是由我国的社会主义本性决定的。因此，当代中国的政治—法律建制也应该从马克思的历史唯物主义思

---

① 侯小丰：《精神家园、情感依恋与马克思主义哲学中国化》，载《学术研究》，2007年第9期，第55—56页。

想尤其是关于共产主义的论述当中汲取理论资源。

但是，当我们从马克思文本中寻找关于未来社会共产主义的论述时却不免陷入困惑。因为，马克思关于共产主义社会的制度建构要么语焉不详、含混不清，要么一笔带过，着墨不多。这使得我们无法获得现成的关于未来社会的制度建构方案。究其原因是因为马克思根本不想"教条式地预料未来"，未来社会的建构是一个开放性的方案。在致卢格的信中，马克思指出："新思潮的优点又恰恰在于我们不想教条式地预期未来，而只是想通过批判旧世界发现新世界。"① 马克思的这句话对我们理解共产主义至关重要。马克思不想把共产主义作为一个完美的固定社会状态进行预言，共产主义社会是在批判旧世界过程当中发现的新世界。作为新世界的共产主义不是一个理性的谋划，而是在旧世界亦即在资本主义社会批判当中发现的。因此，共产主义要求我们必须对资本主义社会进行批判。"如果我们的任务不是构想未来并使它适合于任何时候，我们便会更明确地知道，我们现在应该做些什么，我指的就是要对现存的一切进行无情的批判，所谓无情，就是说，这种批判既不怕自己所作的结论，也不怕同现有各种势力发生冲突。"②

可见，马克思与传统乌托邦式的思想家有着根本的不同，马克思从来不热衷于对未来社会的描述和建构。正如伊格尔顿所指出的："马克思对那个没有痛苦、死亡、损坏、失败、崩溃、冲突、悲剧甚至劳动的未来根本不感兴趣。事实上，他根本不关心未来会怎样。众所周知，马克思根本无法描述出社会主义社会或者共产主义社会究竟是什么样子。"③ 熊彼特曾经指认马克思是一个"先知"。即使马克思是一位先知，也不是作为预言家的先知。"《圣经》中的先知也从来没有试图预知未来。恰恰相反，先知的伟大之处在于他们谴责现世的贪婪、腐败和权力欲，并向我们发出警

---

① 《马克思恩格斯文集》(第10卷)，北京：人民出版社，2009年版，第7页。
② 《马克思恩格斯文集》(第10卷)，北京：人民出版社，2009年版，第7页。
③ 伊格尔顿：《马克思为什么是对的》，李杨、任文科、郑义译，北京：新星出版社，2011年版，第69页。

告：如果不能做出改变，人类将根本没有未来。马克思正是这样的一位先知，而不是什么预言家。"① 实际上，马克思对预言未来充满了警惕，他一直试图避免把共产主义变成教条的抽象概念。马克思说："我不主张我们树起任何教条主义的旗帜，而是相反。我们应当设法帮助教条主义者认清他们自己的原理。例如共产主义就尤其是一种教条的抽象概念。"② 正是在此意义上，马克思批判了当时流行的各种类型的社会主义或共产主义学说。与这些"想象"的和"现实"的共产主义对共产主义的描述和实践不同，马克思更愿意在"人性"的意义上去理解共产主义。马克思指出："共产主义是私有财产即人的自我异化的积极的扬弃，因而是通过人并且为了人而对人的本质的真正占有；因此，它是人向自身、向社会的即合乎人性的人的复归，这种复归是完全的，自觉的和在以往发展的全部财富的范围内生成的。"③ 马克思把共产主义看作是人对人的本质的真正占有，是向合乎人性的人的复归。而这一运动过程是需要通过私有财产的扬弃来实现的。

因此，在马克思的语境中，共产主义的制度建构从来都没有一种现成的方案，它是在批判旧世界中发现新世界。换言之，马克思的共产主义是与资本主义批判联系在一起的。这样，马克思的共产主义研究就转化为对资本主义的批判。对于资本主义的发展变化的分析，才是马克思的真正遗产和他的研究工作的旨趣所在。但是，这并不意味着马克思对共产主义漠不关心，而是因为马克思对共产主义的理解不是从与资本主义相割裂的角度去阐释，而是与资本主义相联系的角度去理解。实际上，马克思对资本主义的研究，在某种意义上就是对共产主义的研究。"去理解共产主义，不是去把它当作本质上与资本主义分离开的东西而同资本主义相对照。去理解共产主义就是去理解资本主义本身，因为资本主义的动态变迁或演化

---

① 伊格尔顿：《马克思为什么是对的》，李杨、任文科、郑义译，北京：新星出版社，2011年版，第71页。
② 《马克思恩格斯文集》（第10卷），北京：人民出版社，2009年版，第7页。
③ 马克思：《1844年经济学哲学手稿》，北京：人民出版社，2000年版，第81页。

包含着共产主义的出现。"① 一种真正艰难的未来局面不是对现在的单纯延续，也不是与现在的彻底决裂。真正的未来是在对现在的批判中展现。马克思指出："实际上，而且对实践的唯物主义者即共产主义者来说，全部问题都在于使现存世界革命化，实际地反对并改变现存的事物。"② 对于共产主义的理解首先在于对资本主义的批判。正是在"使现存世界革命化"，"实际地反对并改变现存的事物"的过程中，亦即在资本主义批判中，发现共产主义。

因此，共产主义不仅仅是一种未来的社会制度，更重要的是它是一种共产主义运动。在《德意志意识形态》中，马克思非常明确地表明了对共产主义的这一理解："共产主义对我们来说不是应当确立的状况，不是现实应当与之相适应的理想。我们所称为共产主义的是那种消灭现存状况的现实的运动。"③ 这一现实的共产主义运动，在理论的意义上，共产主义是人向人的本性复归的运动，是一切历史之谜的解答；在实践的意义上，共产主义是扬弃私有财产的运动，是资本主义批判。马克思关于共产主义论述的这两个要点应该成为当代中国政治—法律建制所应遵循的基本原则。

由于共产主义是人向人的本性的复归，因此，当代中国的政治—法律建制遵循的第一个原则就必须是"以人为本"：尊重人性和保障人权。这里需要注意的是，马克思在谈到共产主义的时候强调："代替那存在着阶级和阶级对立的资产阶级旧社会的，将是这样一个联合体，在那里，每个人的自由发展是一切人的自由发展的条件。"④ 站在马克思的立场上看，"以人为本"应该是切切实实的以"每个人的自由发展"为本，而不应当是以"一切人的自由发展"为本，以抽象的"人民群众"为本。这就意味

---

① 詹姆斯·劳洛：《马克思主义哲学和共产主义》，《当代英美哲学地图》（欧阳康主编），北京：人民出版社，2005年版，第644页。
② 《马克思恩格斯文集》（第1卷），北京：人民出版社，2009年版，第527页。
③ 《马克思恩格斯文集》（第1卷），北京：人民出版社，2009年版，第539页。
④ 《马克思恩格斯文集》（第2卷），北京：人民出版社，2009年版，第53页。

着我们在进行政治—法律建制时，不能以公共权力为中心来设计政治制度和制定国家法律。如果以"公共权力"为中心，这是国家本位，是以抽象的人民群众或者说是以一切人的自由发展为本。这样做的话，就是本末倒置，把结果当成了前提。社会主义的政治—法律建制应该逐步转向人的本位，即从国家本位到人本位或者公民本位。如果以公共权力为中心设计国家的政治制度和法律制度，设计社会秩序，其原则就是先国家后集体再个人，这在本质上就会对人的权利造成侵害。如果转向以人为本，国家存在的目的就是为了实现人的权利，是为了使每个人更有尊严，活得更幸福。所以，我们必须以"公民的权利"为中心，来建构政治体制和法律秩序。

由于共产主义是在对资本主义的批判过程中实现的，因此，社会主义政治—法律建制所要遵循的第二个原则就是与"资本逻辑"的对抗。邓小平曾经明确指出："我们提出改革时，就包括政治体制改革。现在经济体制改革每前进一步，都深深感到政治体制改革的必要性。不改革政治体制，就不能保障经济体制改革的成果。"[①] 如果我们的政治体制改革不以驯服资本、驾驭资本为目的，不建立起社会主义本质的政治—法律制度，那么经济体制改革或者说整个改革开放的成果都将付之东流，不能施惠于民。在"后改革开放时代"，政治—法律建制的建设则应该解决和规避改革开放或资本逻辑所带来的负面效应，以驯服资本为制度建构导向。这一政治—法律建制的思路是可以成立的。邓小平认为，"多搞点'三资'企业，不要怕。只要我们头脑清醒，就不怕。我们有优势，有国营大中型企业，有乡镇企业，更重要的是政权在我们手里"[②]。邓小平的这一论述意味着，我们完全可以通过国有资本和国家政权去驾驭和引导资本的逻辑，进行社会主义国家的政治—法律建制。

黑格尔在《法哲学原理》中提出了"伦理国家"的概念，这对于现阶

[①] 《邓小平文选》（第3卷），北京：人民出版社，1993年版，第176页。
[②] 《邓小平文选》（第3卷），北京：人民出版社，1993年版，第372—373页。

段中国的政治—法律建制具有重要的借鉴意义。黑格尔认为,解决财产分配和贫困问题的根本途径在于"国家的普遍行动",建立起主观善良与客观制度相统一的"道德政治"和"国家善政",即"伦理性的国家"。在某种意义上说,社会主义政治—法律的建制就是这种"伦理国家"的践行。在市场力量与国家力量之间,国家的重要性高于市民社会,高于资本和市场,只有通过"国家善政"才能实现"道德政治",这是对资本主义自由主义政治哲学的抵制。就后改革开放时代的中国来看,承认多种所有制并存以实现经济快速增长的前提下,通过国家宏观调控来抑制资本逻辑所推动的各种恶性市场行为,这就是作为"伦理国家"或"道德政治"的当代中国所应实现的目标。在资本全球化的今天,在资本逻辑肆虐的时代,除了实行善政的"伦理国家",恐怕没有任何别的政治力量可以和资本的力量相抗衡。

中国特色社会主义的精神—文化建制是一种"客观精神"建设,政治—法律建制是一种"伦理国家"建构,两者都必须建立在驯服资本逻辑的基础上。由于共产主义是一种共产主义运动,这就决定了无论是社会主义的精神—文化建制,还是社会主义的政治—法律建制都不可能一蹴而就,而是一个不断的渐进过程。在后改革开放时代,当代中国只有超越"资本的文明",才有可能真正建立起一种"超越资本"的文明。

第十五章　批判的辩证法与共产主义

关于共产主义，马克思的论述要么语焉不详、含混不清，要么是一种近乎诗意的存在论表达。这使得"共产主义"成了马克思全部思想中最令人费解的概念。近年来，西方一些激进左派思想家主张放弃社会主义，重回共产主义。"共产主义的回归"成了当今一些左翼用来标榜自己激进立场的新政治话语。西方右翼的思想家们则将20世纪共产主义政治体制的命运等同于马克思思想的失败，因而宣告"历史的终结"的到来。无论左翼还是右翼，都将关注点聚焦于"共产主义"，"共产主义"逐渐成为当代马克思主义研究中的一个关键的核心问题。如果我们要对马克思主义进行合法性辩护，必须重新审视马克思的共产主义概念。而这种重新认识必须在一种更新了的、对于马克思思想的后苏联式的理解中展开。这就要求我们既要立足于马克思的经典文本，又要立足于当代资本主义的发展趋势，在双重视阈中推进对共产主义的理解。

一、理解共产主义的辩证法立场

关于共产主义，罗素从辩证法的视角对马克思提出了一个强烈的质疑和诘难。罗素认为："黑格尔是以普鲁士国家来结束他对历史的辩证叙述的。按照黑格尔的说法，普鲁士国家就是绝对观念的完美体现。对于普鲁士国家毫无感情的马克思，把这种说法看作是一种站不住脚的和软弱无力的结论。他说，辩证法在本质上应该是革命的，似乎暗示辩证法不可能达到任何最后的静止状态。然而我们却没有听说共产主义建立之后还要再发生什么革命。"① 根据罗素的论述，如果说马克思的辩证法是批判的、革命的，那么就不可能达到任何最终的静止状态，而共产主义似乎正是这样一个终极状态。因此，罗素接着指出："马克思的辩证法并不比黑格尔的辩证法更革命些。况且，按照马克思的说法，既然一切人类的发展都是由阶级冲突所支配的，而且既然在共产主义之下将只有一个阶级，由此可见，就不能有更进一步的发展，人类就必然永远都处于拜占庭式的静止状态中。"② 可见，在罗素看来，马克思的辩证法并不比黑格尔的辩证法更革命，因为共产主义在马克思的思想中是一个最终的静止状态，在这个意义上，共产主义也就依然是黑格尔意义上的绝对观念的完美体现。

罗素把马克思的共产主义社会比照为黑格尔的"普鲁士国家"，一个"拜占庭式的静止状态"。然而马克思却声称自己的辩证法是批判的、革命的，批判的辩证法意味着对任何终极静止状态的消解。因此，罗素在这里揭示的是马克思思想当中的一个矛盾：批判的辩证法与共产主义之间的矛盾。如果说，马克思的辩证法是批判的、革命的，那么共产主义就绝不是一个拜占庭式的静止状态。如果说共产主义是一个终极的绝对观念的完美体现，那么马克思的辩证法就与黑格尔并无二致，绝不是批判的、革命的辩证法。马克思方法和体系之间存在着矛盾。

我们可以发现，罗素对马克思的批判在某种意义上就是马克思、恩格斯对黑格尔批判的翻版。马克思在《资本论》第二版跋中强调："辩证法，在其神秘形式上，成了德国的时髦东西，因为它似乎使现存事物显得光

---

① 罗素：《论历史》，何兆武、肖巍、张文杰译，北京：生活·读书·新知三联书店，1991年版，第167页。
② 罗素：《论历史》，何兆武、肖巍、张文杰译，北京：生活·读书·新知三联书店，1991年版，第167—168页。

彩。辩证法，在其合理形态上，引起资产阶级及其空论主义的代言人的恼怒和恐怖，因为辩证法在对现存事物的肯定的理解中同时包含对现存事物的否定的理解，即对现存事物的必然灭亡的理解；辩证法对每一种既成的形式都是从不断的运动中，因而也是从它的暂时性方面去理解；辩证法不崇拜任何东西，按其本质来说，它是批判的和革命的。"[1] 在马克思看来，他的辩证方法与黑格尔之间的辩证方法不仅是不同的，而且和它截然相反。马克思要发现黑格尔辩证法神秘外壳中的合理内核。这一合理内核就是辩证法的否定性。马尔库塞曾经就此明确指出，在黑格尔最高水平的著作《逻辑学》中，"黑格尔反复强调，辩证法具有'否定'的特征。否定'构成了辩证理性的本质'。'趋向理性的真正概念'的第一步是'否定的一步'；否定'构成了真正的辩证过程'"[2]。黑格尔的辩证法本质特性就是否定性。"对于马克思来说，如同对待黑格尔一样，辩证法注重于这一事实：内在的否定实际上就是'运动和创造的原则'，辩证法就是'否定的辩证法'。"[3] 马尔库塞确实看到了辩证法的否定的理论本性，但同时也抹杀了黑格尔辩证法与马克思辩证法之间的本质性区别。虽然黑格尔辩证法也是一种否定的辩证法，但与马克思的否定的辩证法之间存在着本质的不同。

恩格斯在《路德维希·费尔巴哈与德国古典哲学的终结》中不仅指出了黑格尔辩证法的理论贡献，同时也指出了黑格尔辩证法的局限，并且表明了马克思主义辩证法与黑格尔辩证法这种根本性的不同。恩格斯指出："黑格尔哲学的真实意义和革命性质，正是在于它彻底否定了关于人的思维和行动的一切结果具有最终性质的看法。哲学所应当认识的真理，在黑

---

[1] 《马克思恩格斯文集》（第5卷），北京：人民出版社，2009年版，第22页。
[2] 马尔库塞：《理性和革命——黑格尔和社会理论的兴起》，程志民等译，重庆：重庆出版社，1993年版，第112页。
[3] 马尔库塞：《理性和革命——黑格尔和社会理论的兴起》，程志民等译，重庆：重庆出版社，1993年版，第256页。

格尔看来，不再是一堆现成的、一经发现就只要熟读死记的教条了；现在，真理是在认识过程本身中，在科学的长期的历史发展中，而科学从认识的较低阶段向越来越高的阶段上升，但是永远不能通过所谓绝对真理的发现而达到这样一点，在这一点上它再也不能前进一步，除了袖手一旁惊愕地望着这个已经获得的绝对真理，就再也无事可做了。"① 黑格尔辩证法作为否定性的辩证法终结了"人的思维和行动的一切结果具有最终性质的看法"，但同时在"绝对精神"面前不能前进一步、袖手旁观、无事可做。正是在这个意义上，恩格斯批判了黑格尔，指出黑格尔的体系和方法之间是矛盾的。"黑格尔体系的全部教条内容就被宣布为绝对真理，这同他那消除一切教条东西的辩证方法是矛盾的；这样一来，革命的方面就被过分茂密的保守的方面所窒息。"②

马克思主义辩证法与黑格尔辩证法的本质性区别正在于此。恩格斯站在批判的辩证法的立场上指出："历史同认识一样，永远不会在人类的一种完美的理想状态中最终结束；完美的社会、完美的'国家'是只有在幻想中才能存在的东西；相反，一切依次更替的历史状态都只是人类社会由低级到高级的无穷发展进程中的暂时阶段。"③ 完美的社会状态和完美的国家同批判的辩证法之间是格格不入的。从辩证法的角度来看，人类社会的发展是一个无穷发展的过程，包括资本主义在内的任何一个社会阶段都是一个暂时性阶段。当马克思和恩格斯批判黑格尔方法和体系之间存在着矛盾的时候，意味着他对这个问题有了充分的理论自觉。显然，他不会重蹈覆辙，从而把共产主义理解为黑格尔意义上的绝对完美观念的体现。也就是说他不会成为他所批判的东西。如果批判的辩证法对共产主义无效的话，那就违反了马克思辩证法的批判本性，而重新沦落为黑格尔哲学的翻版。批判的辩证法是马克思主义的理论方法，共产主义是马克思想要实现

---

① 《马克思恩格斯文集》（第4卷），北京：人民出版社，2009年版，第269—270页。
② 《马克思恩格斯文集》（第4卷），北京：人民出版社，2009年版，第271页。
③ 《马克思恩格斯文集》（第4卷），北京：人民出版社，2009年版，第270页。

的理论旨趣。我们不应该仅仅把批判的辩证法看作是共产主义实现的理论途径,共产主义本身也应当在批判的辩证法的意义上获得理解。

二、共产主义与资本主义批判

在批判的辩证法的意义上去理解共产主义,最重要的就是要破除对共产主义进行一种静止的、完美的理想状态的解读。熊彼特认为,马克思主义是一种宗教,而马克思本人是一位"先知"。"马克思主义关于社会主义人间天堂的学说,对于千百万人的内心意味着一道新的光线和新的生活意义。"① 在熊彼特的理论视阈中,马克思的共产主义就是一种完美的人类社会的理想状态,是一种"人间天堂"。因此,马克思主义不过是人类的乌托邦之梦。它将希望寄托于一个完美的社会,那里没有艰难,没有痛苦,没有暴力,也没有冲突。在共产主义的世界里,没有对抗、私利、占有、竞争或者不平等,物质产品极大丰富,人人平等,毫无贵贱之分。共产主义是一种完美理想状态,是一种乌托邦,而马克思本人是一位先知。这是绝大部分当代西方思想家对马克思的评价。实际上,马克思与传统的乌托邦式的思想家有着根本的不同,马克思从来不热衷于对未来社会的描述和建构。正如伊格尔顿所指出的:"马克思对那个没有痛苦、死亡、损坏、失败、崩溃、冲突、悲剧甚至劳动的未来根本不感兴趣。事实上,他根本不关心未来会怎样。众所周知,马克思根本无法描述出社会主义社会或者共产主义社会究竟是什么样子。"②

马克思不仅对描绘未来不感兴趣,并且他认为对未来的描绘会陷入一种教条的抽象概念。马克思在1843年致卢格的信中指出:"我不主张我们树起任何教条主义的旗帜,而是相反。我们应当设法帮助教条主义者认清

---
① 熊彼特:《资本主义、社会主义与民主》,吴良健译,北京:商务印书馆,1999年版,第46页。
② 伊格尔顿:《马克思为什么是对的》,李杨、任文科、郑义译,北京:新星出版社,2011年版,第69页。

他们自己的原理。例如共产主义就尤其是一种教条的抽象概念,不过我指的不是某种想象的和可能存在的共产主义,而是如卡贝、德萨米和魏特林等人所讲授的那种实际存在的共产主义。这种共产主义本身只不过是受自己的对立面即私有制度影响的人道主义原则的特殊表现。所以,私有制的消灭和共产主义决不是一回事;除了这种共产主义外,同时还出现了另一些如傅立叶、蒲鲁东等人的社会主义学说,这不是偶然的,而是必然的,因为这种共产主义本身只不过是社会主义原则的一种特殊的片面的实现。"① 可见,马克思绝不主张对共产主义作一种固定的、僵化的、教条主义的理解,因为这会使共产主义成为一种教条的抽象概念。

马克思主义即使是一种乌托邦,也不是一种对未来社会的空想,而是一种吉登斯所谓的"乌托邦现实主义";马克思即使是一位先知,也不是作为预言家的先知。"《圣经》中的先知也从来没有试图预知未来。恰恰相反,先知的伟大之处在于他们谴责现世的贪婪、腐败和权力欲,并向我们发出警告:如果不能做出改变,人类将根本没有未来。马克思正是这样的一位先知,而不是什么预言家。"② 实际上,马克思对预言未来充满了警惕,马克思从来"不想教条式地预料未来"。在马克思的时代,充满了各种对未来的预测——而几乎所有这些预测都出自不可救药的理想主义激进分子之手。先知的伟大不在于预测未来,而在于谴责现世。因此,"对于资本主义的发展变化的分析,才是马克思的真正遗产和他的研究工作的旨趣所在"③。

马克思指出:"实际上,而且对实践的唯物主义者即共产主义者来说,全部问题都在于使现存世界革命化,实际地反对并改变现存的事物。"④ 对

---

① 《马克思恩格斯文集》(第10卷),北京:人民出版社,2009年版,第7—8页。
② 伊格尔顿:《马克思为什么是对的》,李杨、任文科、郑义译,北京:新星出版社,2011年版,第71页。
③ 詹姆斯·劳洛:《马克思主义哲学和共产主义》,《当代英美哲学地图》(欧阳康主编),北京:人民出版社,2005年版,第628页。
④ 《马克思恩格斯文集》(第1卷),北京:人民出版社,2009年版,第527页。

于共产主义的理解首先在于对资本主义的批判。"去理解共产主义,不是去把它当作本质上与资本主义分离开的东西而同资本主义相对照。去理解共产主义就是去理解资本主义本身,因为资本主义的动态变迁或演化包括着共产主义的出现。"① 共产主义是什么?共产主义就是对资本主义的批判。对资本主义的研究也就是对共产主义的研究。马克思将资本主义作为其一生的研究课题,其根本的原因就在于此。未来不是与现在相割裂的状态,在当下中孕育着未来。因此,对于马克思来讲,重要的任务不是对未来的共产主义社会进行多么精细的描述,关键在于对当下的资本主义社会进行深刻地剖析,找到一条通往未来的现实道路。

"任何有闲暇时间的人都可以设计出一个更美好的未来,就像有些人一生都在构思一部伟大的小说,却从来没有动笔写过一个字。马克思认为,重要的不是对于理想未来的美好憧憬,而是解决那些会阻碍这种理想实现的现实矛盾。而为人们指引解决问题的合理方向,正是马克思和所有马克思主义者的历史使命。"② 而要想实现这一真正的历史使命,就必须把资本主义社会的生产关系所掩藏的剥削关系揭示出来,在此基础上找到一条通向未来社会的通道。未来不是一个既定的现实状态,未来所意味的正是资本主义生产关系的扬弃。"马克思正是在现实逻辑的自相矛盾中找到了一个完全不同的未来的轮廓。现实的溃败就是未来的真正形象。"③ 在《法兰西内战》中,马克思充分的表达了革命工人阶级的这一历史使命:"工人阶级并没有期望公社做出奇迹。他们不是要凭一纸人民法令去推行什么现成的乌托邦。他们知道,为了谋求自己的解放,并同时创造出现代社会在本身经济因素作用下不可遏止地向其趋归的那种更高形式,他们必须经过长期的斗争,必须经过一系列将把环境和人都加以改造的历史过

---

① 詹姆斯·劳洛:《马克思主义哲学和共产主义》,《当代英美哲学地图》(欧阳康主编),北京:人民出版社,2005年版,第644页。
② 伊格尔顿:《马克思为什么是对的》,李杨、任文科、郑义译,北京:新星出版社,2011年版,第73页。
③ 伊格尔顿:《马克思为什么是对的》,李杨、任文科、郑义译,北京:新星出版社,2011年版,第83页。

程。工人阶级不是要实现什么理想，而只是要解放那些由旧的正在崩溃的资产阶级社会本身孕育着的新社会因素。"[1] 如果要使这种希望超越无聊的幻想，就应该采取行动让那个令人心动的美好未来成为可能。共产主义的理想就是对现实的无情的批判，就是资产阶级社会本身的不断地崩溃。因此，无产阶级的任务就是解放新的社会因素。

马克思指出："新思潮的优点又恰恰在于我们不想教条地预期未来，而只是想通过批判旧世界发现新世界。"[2] 马克思的这句话对我们理解共产主义至关重要。马克思不想把共产主义作为一个完美的固定社会状态进行预言，共产主义社会是在批判旧世界过程当中发现的新世界。因此，共产主义要求我们必须对资本主义社会进行批判。"如果我们的任务不是构想未来并使它适合于任何时候，我们便会更明确地知道，我们现在应该做些什么，我指的就是要对现存的一切进行无情的批判，所谓无情，就是说，这种批判既不怕自己所作的结论，也不怕同现有各种势力发生冲突。"[3] 这意味着马克思共产主义的理解不是从与资本主义相割裂的角度去阐释，而是与资本主义相联系的角度去理解，去实现。正如劳洛所指出的，"对于资本主义消失之后而来到的截然不同的社会制度，马克思的确着墨不多。不过，这并非因为马克思的更大的兴趣是批判资本主义而不是描绘他认为'应当'取代资本主义社会的共产主义社会。真正的原因在于，马克思根本不是以这种方式来看待资本主义与共产主义之间的差别"。因此，"与唯心主义和空想家的虚无主义途径相反，理解共产主义的惟一科学道路，就是辩证地理解资本主义，把它理解成一个在其'母体'中孕育着共产主义的发展过程"。[4] 一种真正艰难的未来局面不是对现在的单纯延续，也不是

---

[1] 《马克思恩格斯文集》（第3卷），北京：人民出版社，2009年版，第159页。
[2] 《马克思恩格斯文集》（第10卷），北京：人民出版社，2009年版，第7页。
[3] 《马克思恩格斯文集》（第10卷），北京：人民出版社，2009年版，第7页。
[4] 詹姆斯·劳洛：《马克思主义哲学和共产主义》，《当代英美哲学地图》（欧阳康主编），北京：人民出版社，2005年版，第644页。

与现在的彻底决裂。真正的未来是对现在的批判。马克思的批判的辩证法是对现实的一切进行无情的批判，是在批判旧世界当中发现新世界。因此，共产主义就是对资本主义的批判，对不公正社会的反驳，在批判的辩证法的意义上，共产主义不是一种完美的、理想的社会制度，它所表达的是人类对这种美好事物的向往，共产主义就是共产主义运动。

三、消灭现存状况的现实运动

马克思在《德意志意识形态》中非常明确地表达了对共产主义的这一理解："共产主义对我们来说不是应当确立的状况，不是现实应当与之相适应的理想。我们所称为共产主义的是那种消灭现存状况的现实的运动。"① 这一现实的共产主义运动，在理论的意义上，是人向人的本性复归的运动；在实践的意义上，则是扬弃私有财产从而消除资本逻辑的运动。

在《巴黎手稿》中，马克思指出："共产主义是私有财产即人的自我异化的积极的扬弃，因而是通过人并且为了人而对人的本质的真正占有；因此，它是人向自身、向社会的即合乎人性的人的复归，这种复归是完全的，自觉的和在以往发展的全部财富的范围内生成的。"② 马克思把共产主义看作是人对人的本质的真正占有，是向合乎人性的人的复归。而这一运动过程需要通过私有财产的扬弃来实现。"对私有财产的积极的扬弃，就是说，为了人并且通过人对人的本质和人的生命、对象性的人和人的作品的感性的占有，不应当仅仅被理解为直接的、片面的享受，不应当仅仅被理解为占有、拥有。人以一种全面的方式，就是说，作为一个总体的人，占有自己的全面的本质。"③ 马克思把对私有财产的积极的扬弃和人作为一个总体的人占有自己的全面本质看作是一个过程。这一扬弃过程在马克思

---

① 《马克思恩格斯文集》（第 1 卷），北京：人民出版社，2009 年版，第 539 页。
② 马克思：《1844 年经济学哲学手稿》，北京：人民出版社，2000 年版，第 81 页。
③ 马克思：《1844 年经济学哲学手稿》，北京：人民出版社，2000 年版，第 85 页。

看来就是人类自由解放的过程。"对私有财产的扬弃，是人的一切感觉和特性的彻底解放；但这种扬弃之所以是这种解放，正是因为这些感觉和特性无论在主体上还是在客体上都成为人的。"① 在《资本论》中，马克思进一步把共产主义对私有财产的扬弃转化为对资本的批判，具体而言就是对资本逻辑的批判。可见，马克思并不仅仅想在理论的意义上把这一扬弃过程揭示出来。换言之，马克思扬弃的不仅仅是私有财产的观念，而且也是现实当中的私有财产。"要扬弃私有财产的思想，有思想上的共产主义就完全够了。而要扬弃现实的私有财产，则必须有现实的共产主义行动。历史将会带来这种共产主义行动，而我们在思想中已经认识到的那正在进行自我扬弃的运动，在现实中将经历一个极其艰难而漫长的过程。"②

因此，在政治哲学的意义上，马克思的共产主义作为"运动"就绝非一种理性政治，而是知性政治。理性政治是一种宏大的政治。理性政治把历史总体化，把所有问题综合起来，对未来社会做出一个完美的理性规划，从而一举解决所有问题。这对人类历史而言是一个崭新的开端，人类藉此得以重生。柏拉图的理想国、康帕内拉的太阳城、莫尔的乌托邦皆是一种理性政治的谋划，马克思的共产主义社会与它们的区别正在于此。知性政治并不企图一劳永逸地解决所有问题，它逐个地解决问题，永远在解决问题的途中。马克思的共产主义并不是理性政治的完美谋划，而是作为知性政治的共产主义运动。与此相应，在社会理想的意义上，共产主义是一种调节性理想，而非建构性理想。共产主义社会就是对现存社会的反驳，就是现存社会的反义词。它作为人类的一种价值诉求引导着人类向更加美好、更加符合人性的社会迈进。共产主义作为共产主义运动，在现代社会的条件下，就表现为对资本主义的批判。"共产主义是作为否定的否定的肯定，因此，它是人的解放和复原的一个现实的、对下一段历史发展

---

① 马克思：《1844 年经济学哲学手稿》，北京：人民出版社，2000 年版，第 85—86 页。
② 马克思：《1844 年经济学哲学手稿》，北京：人民出版社，2000 年版，第 128 页。

来说是必然的环节。共产主义是最近将来的必然的形态和有效的原则，但是，这样的共产主义并不是人类发展的目标，并不是人类社会的形态。"① 正是由于共产主义社会是"最近将来的必然的形态和有效的原则"，共产主义永远都是社会下一阶段发展的目标，但这个目标实现之后就不再是共产主义了，下一个阶段就成了共产主义了，共产主义总是作为历史发展的必然环节而存在的。因此，共产主义是社会状态与价值诉求的统一。如果说共产主义是一种社会状态的话，那么这一状态并不是静止的，而是一个动态的过程。

然而，西方右翼对共产主义运动的理解往往等同于经验事实意义上的国际共产主义运动的历史。从而也就把苏联与东欧共产主义政治体制的瓦解等同于共产主义运动的失败，进而等同于马克思共产主义思想的破产。正是基于此，当代西方发达的资本主义社会也就自然而然地被看作是资本主义的彻底胜利，看作是历史的终结。实则不然，当代西方资本主义的发展在某种意义上确证的恰恰是社会主义或共产主义运动的胜利。我们透过当代资本主义的发展可以发现，共产主义运动并没终结，而是活生生地存在于这样的现实当中。"资本主义无疑没有被共产主义所取代，但同样确定的是，资本主义也并没有在马克思所目睹的那种狄更斯式的形式上继续存在。在马克思逝世后的一个世纪里，工业化国家的政府采取了大量改革措施来改善劳动人民的生活水准：劳工法、最低限度工资法、社会福利和保障、平价住房、公共卫生体系，遗产税、累进所得税，等等。如果在马克思的时代，这些措施就会被贴上'社会主义'的标签；马克思甚至在《共产党宣言》里描述过许多这样的措施，而且，难以理解，不采取这些措施，资本主义怎么还能存活下来。"② 可见，发达资本主义社会在很大程度上实现了马克思所设想的共产主义的某些重要方面，正是在此意义上，

---

① 《马克思恩格斯文集》（第1卷），北京：人民出版社，2009年版，第197页。
② 詹姆斯·劳洛：《马克思主义哲学和共产主义》，《当代英美哲学地图》（欧阳康主编），北京：人民出版社，2005年版，第629—630页。

它们的确是发达的。与其说马克思的遗产已经被苏联自封的共产主义遮蔽了，不如更准确地说，它已经被 20 世纪资本主义的主要发展证明了。当代资本主义的发展确证了社会主义的现实性，体现着追求共产主义价值诉求的发展态势。

另一方面，在发达资本主义消极界限的意义上，也更加确证了马克思思想尤其是共产主义思想的正确性。马克思所揭示的资本主义本身所固有的矛盾和问题在发达资本主义时代被放大，更加尖锐地表现出来。人在非神圣形象中的异化被膨胀为整个社会的现实。资本运行的逻辑由工业资本主义时代的"G—W—G′"发展为金融资本主义时代的"G—G′"。这种"以实在货币为起点和终点的流通形式 G…G′，最明白地表示出资本主义生产的动机就是赚钱。生产过程只是为了赚钱而不可缺少的中间环节，只是为了赚钱而必须干的倒霉事。因此，一切资本主义生产方式的国家，都周期地患一种狂想病，企图不用生产过程作中介而赚到钱"①。这使得资本逻辑所支配的现代人没有国家概念，没有道德底线，也无所谓社会责任。因为，现代社会的金融资本主义已经不再需要传统意义上的"勤劳和努力"等美德了，它的"美德"是"机会主义"。正像马克思在《资本论》中所指出的，"在每次证券投机中，每个人都知道暴风雨总有一天会到来，但是每个人都希望暴风雨在自己发了大财并把钱藏好以后，落到邻人的头上。我死后哪怕洪水滔天！这就是每个资本家和每个资本家国家的口号。"② 以金融资本主义为主要标志的现代资本主义社会把资本拜物教放大到了极致。只要资本主义存在，作为资本主义批判的共产主义运动就不会过时。

作为共产主义运动的共产主义更多的昭示的是一种道德理想或价值诉求，而非社会制度的建构。共产主义运动就是对共产主义价值诉求的无穷

---

① 《马克思恩格斯文集》(第 6 卷)，北京：人民出版社，2009 年版，第 67—68 页。
② 《马克思恩格斯文集》(第 5 卷)，北京：人民出版社，2009 年版，第 311 页。

无尽的指向性。关于共产主义，海德格尔的与众不同之处就在于，他不是从党派斗争或世界观的角度，而是从存在论的角度出发来解读马克思的共产主义学说的历史意义的："人们可以以各种不同的方式来对待共产主义的学说及其论据，但从存在的历史的意义看来，确定不移的是，一种对有世界历史意义的东西的基本经验在共产主义中自行道出来了。"① 共产主义永恒的人类性意义就在于它是对人类存在状态的本质性道说。正因如此，作为道德预言家的马克思将与世长存。

"马克思对解放的认识既反对平稳的延续，也反对彻底的割裂。从这个意义上来说，他是那种世间少有的奇才，一个能保持清醒现实主义头脑的理想主义者。他将注意力从未来的美好幻想转移到枯燥的现实工作中。但正是在这里，他找到了真正丰富多彩的未来。他对过去的看法比很多思想家都更为阴郁，但他对未来的憧憬与很多思想家相比都更具希望。"② 共产主义之所以是一个谜一般的概念，是因为这个概念是理想主义与现实主义的统一，它是价值诉求和社会批判的统一。正是在这种统一之中，才能在批判的辩证法的意义上理解共产主义，才能把握共产主义概念的本质性内涵。共产主义就是共产主义运动。这一命题中蕴涵着马克思共产主义概念的全部秘密。即使这一命题告诉我们：共产主义的理想状态永远无法完全实现。但是，我们必须得有共产主义，如果没有对共产主义的追求，世界就变得缺乏希望。所以詹姆逊提醒我们："社会主义丧失了人们的信任之后，不存在任何伟大的集体性的社会理想或目的。因为资本主义本身是没有社会目的的。"③ 虽然我们永远在途中，但我们永远在回家的路上。

---

① 海德格尔：《海德格尔选集》（上卷），孙周兴选编，上海：上海三联书店，1996 年版，第 384 页。
② 伊格尔顿：《马克思为什么是对的》，李杨、任文科、郑义译，北京：新星出版社，2011 年版，第 80—81 页。
③ 詹姆逊：《全球化与政治策略》，《当代国外马克思主义评论》第二辑，上海：复旦大学出版社，2001 年版，第 285 页。

主要参考文献

一、中文参考文献

（一）著作

1. 马克思：《资本论》（第1—3卷），北京：人民出版社，2004年版。
2. 马克思：《剩余价值学说史》（第1—3卷），郭大力译，北京：人民出版社，2009年版。
3. 《马克思恩格斯全集》（第1卷），北京：人民出版社，2001年版。
4. 《马克思恩格斯全集》（第2卷），北京：人民出版社，2005年版。
5. 《马克思恩格斯全集》（第3卷），北京：人民出版社，2002年版。
6. 《马克思恩格斯全集》（第30卷），北京：人民出版社，1995年版。
7. 《马克思恩格斯全集》（第31卷），北京：人民出版社，1998年版。
8. 《马克思恩格斯全集》（第32卷），北京：人民出版社，1998年版。
9. 《马克思恩格斯全集》（第33卷），北京：人民出版社，2004年版。
10. 《马克思恩格斯文集》（第1—10卷），北京：人民出版社，2009年版。
11. 《马克思恩格斯选集》（第1—4卷），北京：人民出版社，1995

年版。

12. 《马克思恩格斯〈资本论〉书信集》，北京：人民出版社，1976年版。

13. 马克思：《1844年经济学哲学手稿》，北京：人民出版社，2000年版。

14. 恩格斯：《路德维希·费尔巴哈和德国古典哲学的终结》，北京：人民出版社，1997年版。

15. 列宁：《列宁专题文集（论马克思主义）》，北京：人民出版社，2009年版。

16. 列宁：《哲学笔记》，北京：人民出版社，1993年版。

17. 康德：《纯粹理性批判》，北京：人民出版社，2004年版。

18. 康德：《实践理性批判》，北京：人民出版社，2003年版。

19. 康德：《历史理性批判文集》，北京：商务印书馆，1990年版。

20. 黑格尔：《逻辑学》（上卷），北京：商务印书馆，1966年版。

21. 黑格尔：《逻辑学》（下卷），北京：商务印书馆，1976年版。

22. 黑格尔：《精神现象学》（上卷），北京：商务印书馆，1962年版。

23. 黑格尔：《精神现象学》（下卷），北京：商务印书馆，1979年版。

24. 黑格尔：《法哲学原理》，北京：商务印书馆，1961年版。

25. 黑格尔：《小逻辑》，北京：商务印书馆，1980年版。

26. 黑格尔：《精神哲学》，北京：人民出版社，2006年版。

27. 黑格尔：《历史哲学》，上海：上海书店出版社，2006年版。

28. 亚当·斯密：《国民财富的性质和原因的研究》，北京：商务印书馆，1972年版。

29. 亚当·斯密：《国富论》，北京：中央编译出版社，2011年版。

30. 亚当·斯密：《道德情操论》，北京：中央编译出版社，2011年版。

31. 亚当·斯密：《亚当·斯密哲学文集》，北京：商务印书馆，2012年版。

32. 大卫·李嘉图：《政治经济学及赋税原理》，北京：华夏出版社，2005年版。

33. 休谟：《人性论》（上下卷），北京：商务印书馆，1980年版。

34. 蒲鲁东：《什么是所有权》，北京：商务印书馆，1963年版。

35. 蒲鲁东：《贫困的哲学》，北京：商务印书馆，1961年版。

36. 希法亭：《金融资本》，北京：商务印书馆，1994年版。

37. 罗莎·卢森堡：《资本积累论》，北京：生活·读书·新知三联书店，1959年版。

38. 罗莎·卢森堡、尼·布哈林：《帝国主义与资本积累》，哈尔滨：黑龙江人民出版社，1982年版。

39. 考茨基：《资本论解说》，北京：九州出版社，2012年版。

40. 考茨基：《考茨基文选》，北京：人民出版社，2008年版。

41. 约瑟夫·熊彼特：《资本主义、社会主义与民主》，北京：商务印书馆，1999年版。

42. 约瑟夫·熊彼特：《经济分析史》（第1卷），北京：商务印书馆，1996年版。

43. 约瑟夫·熊彼特：《经济分析史》（第2卷），北京：商务印书馆，2001年版。

44. 约瑟夫·熊彼特：《经济分析史》（第3卷），北京：商务印书馆，1994年版。

45. 卢卡奇：《历史与阶级意识》，北京：商务印书馆，1999年版。

46. 柯尔施：《马克思主义和哲学》，重庆：重庆出版社，1989年版。

47. 柯尔施：《卡尔·马克思——马克思主义的理论和阶级运动》，重庆：重庆出版社，1993年版。

48. 科西克：《具体的辩证法——关于人与世界问题的研究》，北京：社会科学文献出版社，1989年版。

49. 科拉柯夫斯基：《马克思主义的主流》（一），台北：远流出版事业股份有限公司，1992年版。

50. 马尔库塞：《理性和革命——黑格尔和社会理论的兴起》，重庆：重庆出版社，1993年版。

51. 路易·阿尔都塞：《保卫马克思》，北京：商务印书馆，2006年版。

52. 路易·阿尔都塞、艾蒂安·巴里巴尔：《读〈资本论〉》，北京：中央编译出版社，2008年版。

53. 路易·阿尔都塞：《哲学与政治：阿尔都塞读本》，长春：吉林人民出版社，2011年版。

54. 雷蒙·阿隆：《社会学的主要思潮》，上海：上海译文出版社，1988年版。

55. 雷蒙·阿隆：《想象的马克思主义：从一个神圣家族到另一个神圣家族》，上海：上海译文出版社，2012年版。

56. 安东尼·吉登斯：《资本主义与现代社会理论：对马克思、涂尔干和韦伯著作的分析》，上海：上海译文出版社，2013年版。

57. 约翰·罗尔斯：《政治哲学史讲义》，北京：中国社会科学出版社，2011年版。

58. 特里·伊格尔顿：《马克思为什么是对的》，北京：新星出版社，2011年版。

59. 奈格里：《〈大纲〉：超越马克思的马克思》，北京：北京师范大学出版社，2011年版。

60. 伯尔基：《马克思主义的起源》，上海：华东师范大学出版社，2007年版。

61. 哈贝马斯：《后形而上学思想》，南京：译林出版社，2001年版。

62. 鲍德里亚：《符号政治经济学批判》，南京：南京大学出版社，2009年版。

63. 柯亨：《自我所有、自由与平等》，北京：东方出版社，2008年版。

64. 柯亨：《马克思与诺齐克之间——G. A. 柯亨文选》，南京：江苏人民出版社，2007年版。

65. 弗朗西斯·惠恩：《马克思传》，北京：中央编译出版社，2009年版。

66. 丹尼尔·本赛德：《马克思主义使用说明书》，北京：红旗出版社，2013年版。

67. 大卫·哈维：《跟大卫·哈维读〈资本论〉》，上海：上海译文出版社，2014年版。

68. 莱博维奇：《超越〈资本论〉——马克思的工人阶级政治经济学》，北京：经济科学出版社，2007年版。

69. 欧内斯特·孟德尔：《〈资本论〉新英译本导言》，北京：中共中央党校出版社，1991年版。

70. 梅扎罗斯：《超越资本——关于一种过渡理论》（上下），北京：中国人民大学出版社，2003年版。

71. 弗雷德里克·詹姆逊：《重读〈资本论〉》，北京：中国人民大学出版社，2013年版。

72. 迈克尔·佩罗曼：《资本主义的诞生——对古典政治经济学的一种诠释》，桂林：广西师范大学出版社，2001年版。

73. 海尔布隆纳：《资本主义的本质与逻辑》，北京：东方出版社，2013年版。

74. 海尔布隆纳：《资本主义：支持与反对》，北京：东方出版社，

2014年版。

75. 托马斯·皮凯蒂：《21世纪资本论》，北京：中信出版社，2014年版。

76. 广松涉：《资本论的哲学》，南京：南京大学出版社，2013年版。

77. 宫川彰：《解读〈资本论〉（第一卷）》，北京：中央编译出版社，2011年版。

78. 柄谷行人：《马克思，其可能性的中心》，北京：中央编译出版社，2006年版。

79. 柄谷行人：《跨越性批判——康德与马克思》，北京：中央编译出版社，2011年版。

80. 望月清司：《马克思历史理论的研究》，北京：北京师范大学出版社，2009年版。

81. 内田弘：《新版〈政治经济学批判大纲〉的研究》，北京：北京师范大学出版社，2011年版。

82. 俞吾金：《实践与自由》，武汉：武汉大学出版社，2010年版。

83. 张一兵：《回到马克思——经济学语境中的哲学话语》，南京：江苏人民出版社，2009年版。

84. 唐正东：《从斯密到马克思——经济哲学方法的历史性诠释》，南京：江苏人民出版社，2009年版。

85. 唐正东：《资本的附魅及其哲学结构》，南京：江苏人民出版社，2013年版。

86. 孙承叔：《真正的马克思——〈资本论〉三大手稿的当代意义》，北京：人民出版社，2009年版。

87. 孙承叔：《资本与历史唯物主义——〈资本论〉及其手稿当代解读》，上海：复旦大学出版社，2013年版。

88. 聂锦芳：《〈资本论〉及其手稿再研究：文献、思想与当代性》，北京：经济科学出版社，2013年版。

89．聂锦芳、彭宏伟：《马克思〈资本论〉研究读本》，北京：中央编译出版社，2013年版。

90．韩立新：《〈巴黎手稿〉研究》，北京：北京师范大学出版社，2014年版。

91．陈岱孙：《从古典经济学派到马克思》，北京：商务印书馆，2014年版。

92．孙正聿：《思想中的时代：当代哲学的理论自觉》，北京：北京师范大学出版社，2004年版。

93．孙利天：《让马克思主义哲学说中国话》，武汉：武汉大学出版社，2010年版。

94．贺来：《有尊严的幸福生活何以可能》，北京：中国社会科学出版社，2013年版。

95．张盾：《马克思的六个经典问题》，北京：中国社会科学出版社，2009年版。

96．张盾、田冠浩：《黑格尔与马克思政治哲学六论》，北京：学习出版社，2014年版。

97．白刚：《瓦解资本的逻辑：马克思辩证法的批判本质》，北京：中国社会科学出版社，2009年版。

98．高云涌：《社会关系的逻辑：马克思辩证法理论的合理形态》，北京：中国社会科学出版社，2009年版。

99．《〈1857—1858年经济学手稿〉研究》（《马克思主义研究资料》第5卷），北京：中央编译出版社，2014年版。

100．《〈资本论〉结构与形成研究》（《马克思主义研究资料》第9卷），北京：中央编译出版社，2014年版。

101．《〈资本论〉基本理论问题研究》（《马克思主义研究资料》第10

卷），北京：中央编译出版社，2014 年版。

(二) 论文

1. 诺曼·莱文：《黑格尔与〈资本论〉1861—1863 年手稿》，《马克思主义与现实》，2012 年第 2 期。

2. 孙正聿：《"现实的历史"：〈资本论〉的存在论》，《中国社会科学》，2010 年第 2 期。

3. 孙正聿《〈资本论〉与马克思主义哲学》，《学习与探索》，2014 年第 1 期。

4. 孙正聿：《列宁的"三者一致"的辩证法——〈逻辑学〉与〈资本论〉双重语境中的〈哲学笔记〉》，《中国社会科学》，2012 年第 9 期。

5. 孙正聿：《辩证法：黑格尔、马克思与后形而上学》，《中国社会科学》，2008 年第 3 期。

6. 吴晓明：《当代中国的精神建设及其思想资源》，《中国社会科学》，2012 年第 5 期。

7. 吴晓明：《社会现实的发现：黑格尔与马克思》，《马克思主义与现实》，2008 年第 2 期。

8. 孙利天、黄杰：《寻求根基性的存在经验》，《社会科学辑刊》，2014 年第 3 期。

9. 贺来：《哲学如何回应"祛魅"的现代世界——理解现当代哲学的重要视角》，《天津社会科学》，2012 年第 5 期。

10. 张盾：《财产权批判的政治观念与历史方法》，《哲学研究》，2011 年第 8 期。

11. 张盾：《财产权批判与〈资本论〉的主题》，《江海学刊》，2011 年第 6 期。

12. 张盾、袁立国：《论马克思与古典政治经济学的理论渊源》，《哲学研究》，2014 年第 3 期。

13. 聂锦芳：《〈资本论〉哲学思想研究的学术史清理》，《学习与探索》，2013 年第 1 期。

14. 仰海峰：《历史唯物主义的政治经济学解读》，《学习与探索》，2011 年第 6 期。

15. 仰海峰：《政治经济学批判中的历史唯物主义》，《中国社会科学》，2010 年第 1 期。

16. 仰海峰：《劳动力成为商品意味着什么——关于〈资本论〉的经济学—哲学研究》，《中国高校社会科学》，2015 年第 2 期。

17. 卜祥记：《〈资本论〉的理论空间与哲学性质》，《中国社会科学》，2013 年第 10 期。

18. 马拥军：《对〈资本论〉的九个根本性误读》，《天津社会科学》，2015 年第 2 期。

19. 吴猛：《阿尔都塞〈资本论〉解读的困境及其意义论根源》，《哲学研究》，2009 年第 8 期。

20. 孙乐强：《〈资本论〉形象的百年变迁及其当代反思》，《马克思主义与现实》，2013 年第 2 期。

二、外文参考文献

1. *Marx-Engels Werke*, Berlin：Dietz, 1956 – （40 volumes）

2. *Karl Marx and Frederick Engels：Collected Works*, London：Lawrence and Wishart, 1975 – （50 volumes）

3. *MEGA Karl Marx, Friedrich Engels：Gesamtausgabe*, Berlin：Dietz, 1975 – , Akademie, 1993 – （some 60 columes）

4. Althusser, Louis, *For Marx*, London：Verso, 2005

5. Althusser, Louis, *Reading Capital*, London：Verso, 1998

6. Foley, Duncan, *Understanding Capital: Marx's Economic Theory*, Harvard University Press, 1986

7. Aveling, Edward, *The Students' Marx: An Introduction to the Study of Karl Marx' Capital*, Swan Sonnenschein & Co., 1892

8. Read, Jason, *The Micro-Politics of Capital: Marx and the Prehistory of the Present*, State University of New York Press, 2003

9. Marsden, Rechard, *The Nature of Capital*, London: Routledge, 1999

10. Fine, Ben, *Marx's Capital*, London: Macmillan, 1975

11. Itoh, Makoto, *The Basic Theory of Capitalism: The Forms and Substance of the Capitalist Economy*, Hampshire: Macmillan Press, 1998

12. Lebowitz, Michael, *Beyond Capital: Marx's political economy of the working class*, New York: St Martin's Press, 1992

13. Mandel, Ernest, *Marxist Economic Theory*, London: Merlin, 1968

14. Albritton, Robert, *Economics Transformed: Discovering the Brilliance of Marx*, Pluto Press, 2007

15. Albritton, Robert, *Dialectics and Deconstruction in Political Economy*, New York: St Martin's Press, 1999

16. Arthur, Christopher, *The New Dialectic and Marx's Capital*, Leiden: Brill, 2002

17. Beamish, Rob, *Marx, Method and the Division of Labour*, Urbana: University of Illinois Press, 1992

18. Cunningham, John Wood, *Karl Marx's Economics: Critical Assessments*, London: Croom Helm, 4 vols 1987

19. Milios, John, *Karl Marx and the Classics: An Essay on Value, Crises and the Capitalist Mode of Production*, Hampshire: Ashgate, 2002

20. Postone Moishe, *Time, Labour and Domination: A Reinterpretation of*

Marx's Critical Theory, Cambridge University Press, 1993

21. Rosenthal, John, *The Myth of Dialectics: Reinterpreting the Hegel-Marx Relation*, New York: St Martin's Press, 1998

22. Wood, Euen, *The Origin of Capitalism*, New York: Monthly Review Press, 1999

23. Zeleny, Jindrich, *The Logic of Marx*, Oxford: Blackwell, 1980

24. Harvey, David, *A Companion to Marx's Capital*, Verso, 2010

25. Bidet, Jacques, *Exploring Marx's Capital: Philosophical, Economic and Political Dimensions*, translated by Fernbach, Brill, 2007

26. Croce, Benedetto, *Historical Materialism and the Economics of Karl Marx*, translated by Meredith, George, Allen & Unwin, 1914

27. Trotsky, Leon, *The Living Thoughts of Karl Marx based on Capital*, Cassell and Company, 1940

28. Bellofiore, Riccardo, *Marxian Economics: A Reappraisal: Essays on Volume III of Capital*, Macmillan Press, 1998

29. Shapiro, Stephen, *How to Read Marx's Capital*, Pluto Press, 2008

30. Böhm-Bawerk, *Karl Marx and the Close of His System*, Augustus M. Kelley, 1949

31. Fine and Saad-Filho, *Marx's Capital*, Pluto Press, 2004

32. Sayer, Derek, *Marx's Method: Ideology, Science and Critique in Capital*, The Harvester Press, 1979

33. Cleaver, Harry, *Reading Capital Politically*, Anti/Theses, 2000

34. Smith, Tony, *The Logic of Marx's Capital: Replies to Hegelian Criticisms*, State University of New York Press, 1990

后　记

　　于我而言，研究马克思的《资本论》发端于两个机缘：一个是课题机缘，另外一个是学理机缘。

　　2012年，我跟随孙正聿教授赴北京参加国家社科基金重大项目"《资本论》哲学思想的当代阐释"申报答辩。当时参与该项目申报的一共有来自全国各地高校和科研院所的9家科研团队。每一个学术团队在《资本论》研究方面都造诣颇深，具有不俗的实力。因此，竞争可谓空前激烈。最终，我们非常幸运地争取到了这一国家社科基金重大项目。我作为子课题负责人，承担了"《资本论》哲学思想的当代意义研究"。2014年，我申报的教育部人文社会科学重点研究基地重大项目"《资本论》与当代社会发展道路研究"获准立项。由于承担了这两个重大项目的研究工作，我开始将自己学术研究的重心聚焦于《资本论》。

　　自2006年撰写博士毕业论文开始，辩证法理论就一直是我一个重要的研究方向。列宁在《哲学笔记》中指出：虽说马克思没有遗留下"逻辑"，但他遗留下《资本论》的逻辑。在《资本论》中，唯物主义的逻辑、辩证法和认识论（不必要三个词：它们是同一个东西）都应用于一门科学，这种唯物主义从黑格尔那里吸取了全部有价值的东西并发展了这些有价值的东西。马克思本人在《资本论》的跋中，针对当时德国知识界把黑格尔当作一条"死狗"抛掉的现状，公开承认自己是这位大思想家的学生，并且在关于价值理论的一章中，甚至卖弄起黑格尔特有的表达方式。根据列宁的论断和马克思本人的论述，我们要研究马克思的辩证法必须诉诸他最重要的著作《资本论》。在研究马克思辩证法的过程中，我逐渐认识到辩证法和历史唯物主义之间存在着内在的本质上的一致性。因此，2010年左右，我开始关注马克思的历史唯物主义研究。恩格斯《在马克思墓前的讲话》中指出，马克思不仅发现了人类历史的发展规律，还发现了现代资本主义生产方式和它所产生的资产阶级社会的特殊的运动规律。我们经常把前者称为唯物史观，而把后者称为剩余价值学说。殊不知，剩余价值学说只不过是人类历史发展规律中的一个阶段的特殊规律。人类社会发展的一般的历史规律和资本主义社会特殊的运动规律，共同构成了马克思历史唯物主义的核心内容，并且在马克思的《资本论》中得到了集中展现。

无论是马克思的辩证法，还是其历史唯物主义，都无一例外地指向了马克思最为重要的著作——《资本论》。《资本论》是马克思最为重要的著作，其重要性不仅在于《资本论》是马克思耗时整整40年的成熟时期的著作，更重要的是《资本论》构建了马克思的"新哲学"。我们应当在马克思主义哲学与《资本论》的"互释"中，既阐释《资本论》的哲学思想，又重新理解马克思主义哲学。

在这两个机缘，尤其是学理机缘的促发下，我开始了对马克思《资本论》的研究。本书是我研究《资本论》的论文汇编，但绝不意味着这些论文是松散地、外在地罗列在一起的，细心的读者会发现，它们之间存在着内在的逻辑关联，并展现了我研究《资本论》的基本思路。

我的研究生刘建卓帮我校对了全文。本书的责任编辑苗永姝女士为本书的出版多有辛劳，并提出了很多中肯的建议，在此一并致谢！

王庆丰
2015年仲夏于吉林大学匡亚明楼

图书在版编目（CIP）数据

《资本论》的再现/王庆丰著.
—北京：中央编译出版社，2015.12
ISBN 978-7-5117-2881-4

Ⅰ.①资⋯
Ⅱ.①王⋯
Ⅲ.①《资本论》-马克思著作研究
Ⅳ.①A811.23

中国版本图书馆CIP数据核字（2015）第293398号

《资本论》的再现

出 版 人	刘明清
责任编辑	苗永姝
责任印制	尹 珺
出版发行	中央编译出版社
地　　址	北京西城区车公庄大街乙5号鸿儒大厦B座（100044）
电　　话	（010）52612345（总编室）　（010）52612335（编辑室）
	（010）52612316（发行部）　（010）52612317（网络销售）
	（010）52612346（馆配部）　（010）55626985（读者服务部）
传　　真	（010）66515838
经　　销	全国新华书店
印　　刷	北京溢漾印刷有限公司
开　　本	787毫米×1092毫米　1/16
字　　数	236千字
印　　张	17.75
版　　次	2016年1月第1版第1次印刷
定　　价	55.00元
网　　址	www.cctphome.com　　邮　箱：cctp@cctphome.com
新浪微博	@中央编译出版社　　微　信：中央编译出版社（ID：cctphome）
淘宝店铺	中央编译出版社直销店（http://shop108367160.taobao.com）　（010）52612349

本社常年法律顾问：北京嘉润律师事务所律师　李敬伟　问小牛
凡有印装质量问题，本社负责调换，电话：（010）55626985